古代歷史文化 研究輯刊

十 編

王明蓀 主編

第29冊

南京政府時期的留學教育（下）

孔繁嶺 著

國家圖書館出版品預行編目資料

南京政府時期的留學教育(下)／孔繁嶺 著 — 初版 — 新北市：
花木蘭文化出版社，2013〔民 102〕
目 4+194 面；19×26 公分
（古代歷史文化研究輯刊 十編；第 29 冊）
ISBN：978-986-322-357-3（精裝）
1. 留學教育　2. 南京國民政府
618　　　　　　　　　　　　　　　　　　102014439

ISBN-978-986-322-357-3

古代歷史文化研究輯刊
十　編　第二九冊　　　　　　ISBN：978-986-322-357-3

南京政府時期的留學教育（下）

作　　　者	孔繁嶺
主　　　編	王明蓀
總 編 輯	杜潔祥
出　　　版	花木蘭文化出版社
發 行 所	花木蘭文化出版社
發 行 人	高小娟
聯絡地址	235 新北市中和區中安街七二號十三樓
	電話：02-2923-1455／傳真：02-2923-1452
網　　　址	http://www.huamulan.tw 信箱 sut81518@gmail.com
印　　　刷	普羅文化出版廣告事業
初　　　版	2013 年 9 月
定　　　價	十編 35 冊（精裝）新台幣 62,000 元

南京政府時期的留學教育（下）

孔繁嶺　著

目

次

下　編

戰火中的波折（1937～1949）

　　抗戰爆發後，正常發展的中國留學教育被打亂，國外留學人員紛紛回國，留日學生政府停止派遣，留學歐美人數銳減。抗戰後期，國民政府採取較爲積極的留學政策，並注意出國留學人員質量，1943 年大致恢復到 1937 年的水平。戰時，約有 1500 名學子被派赴海外，主要前往美英。與此同時，淪陷區各僞政權積極推行留日奴化教育，連同臺灣，約有 1.8 萬人前往敵國。再加上滯留海外未歸的 2500 人，這兩萬餘名中國海外學子，情況各異，總體上說較爲艱難。然而多能刻苦攻讀，故成績斐然。抗戰勝利後，因當時國內外形勢的影響，造成了短暫的留學熱尤其是留美熱，但由於內戰的蔓延，留學教育又由盛而衰。南京政府時期的留學教育，佔主導地位的是國民政府的留學教育；其次是淪陷區奴化留日教育；另外還有中共不正規的特殊留蘇教育。

第九章　留學生投身抗戰

　　「七‧七」事變後，主要激於愛國義憤，歐美留學生的近半，關內留日學生的幾乎全部毅然回國；無論過去回國的老留學生，還是新回國的留學生，大多積極地投身到抗戰的洪流之中：或直接奔赴前線，或在後方進行戰時服務，都普遍為抗戰的勝利做出了自己的貢獻。

一、抗戰初期的回國潮

　　1937 年盧溝橋事變之後，海外學子紛紛輟學歸國。留日學生首當其衝，他們身處敵邦，悲憤返歸。在不到兩個月的時間，近 4000 人踏上返途；到 10 月下旬，6000 餘人幾乎全部回國。留學歐美的中國學生，也紛紛回返共赴國難。抗戰前夕，中國在歐美各國的留學生共約 4000 人，到 1938 年 5 月，回歸者幾乎佔了總人數的一半。據不完全統計，抗日戰爭爆發的第一年，歸國效力的留學生總數約 8000 餘人。

　　抗戰初期回國潮的形成，固然有留日學生不堪迫害，歐美留學生經濟來源中斷，國民政府教育部勒令回國等原因，但強烈的憂患意識和共赴國難的使命感，無疑是起決定作用的內在原因。他們在歸國宣言中說：「我們回國並不是貪生怕死，想息影家園，我們回國完全是為了祖國。」有些不顧即將到手的學位，毅然返歸，他們大聲疾呼：「寧肯做獨立國的平民，不願做亡國奴的博士。」有些放棄如旅天堂的優厚條件，回到戰亂的中國進行艱苦創業，他們說：「為了祖國母親的強大和安全，我們甘願做對祖國、對人民、對科學有用的傻子。」

　　後來有中國現代「文化崑崙」之譽的錢鍾書，當時正和妻子楊絳在巴黎過著法國情調舒適安逸的留學生活，但內心卻不平靜。他於 1935 年夏婚後不久，

和妻子一塊到英國牛津大學愛克賽特學院深造，兩年後又一起轉到法國巴黎高年級班進修。本想攻讀學位，已著手寫博士論文。但是，身處異國他鄉，這裏的山水景色近於江南，常常觸起他的鄉愁。他在巴黎有一首《哀望》詩曰：「白骨堆山滿白城，敗亡鬼哭亦吞聲。熟知重死勝輕死，縱卜他生惜此生。身即化灰尚齎恨，無爲積氣本無情。艾芝玉石歸同盡，哀望江南賦不成。」亡國之民命如螻蟻，愛國志士身爲國殤，他只恨自己不能殺敵效國，空有一腔報國之情亡國之恨。眷戀家國的思歸之情，使他「衣帶漸寬終不悔，爲伊消得人憔悴」，再也無法在法國繼續讀書，遂於1938年和夫人、幼女回國〔註1〕。

中國水利水電專家張光斗院士，是1934年考取的清華留美公費生。他回憶說：「七·七」事變後，在哈佛的中國留學生五六人，「經常聚會，閱讀報紙上的抗戰消息，愛國情緒高漲。大家都想回國參加抗戰工作。我愛國心切，決定棄學回國，威斯脫茄特教授和薩凡奇博士都勸留，最後同意我回國，並說哈佛大學的門永遠是對我開的，隨時歡迎我返校學習，獎學金保留。我與其他三位同學一起回國。」〔註2〕

中國岩石礦床學家王恒升院士，1937年獲瑞士蘇黎世大學理學博士學位，「七·七」事變後決定盡快回國。他也回憶道：「當我向教授提出時，尼格里教授說：『王先生，你的博士論文很有創建性，你留在這裏工作，一定大有前途。再者你是受過高等教育頗有才智的地質科學青年，如果在戰爭中犧牲了，豈不可惜？』我說：『我是中國人，我不能眼看著祖國遭日本帝國主義者的蹂躪，現在祖國正是需要我的時候，我一定要回國抗擊侵略者。』我的一番肺腑之言，感動了教授，他說『王先生，中國抗戰一定能夠勝利，因爲中國有你這樣的好兒女。』」〔註3〕

面對危亡中的祖國，海外中華赤子莫不痛心疾首。在英國最高學府——劍橋大學物理系獲得該校最優秀成績的26歲的年輕學者王竹溪，毫不猶豫地踏上歸國旅途，直奔他的母校——由北大、清華、南開組成的西南聯大。幾乎與他同時，28歲的青年數學家華羅庚和地球物理學家翁文波也由英國歷經艱險分別回到昆明與重慶。與上述三位從英國歸國的青年才俊幾乎同時，從

〔註1〕 丁曉禾：《中國百年留學全紀錄》（三），珠海出版社1998年版，第944～946頁。

〔註2〕 中國科學院學部聯合辦公室編：《中國科學院院士自述·張光斗》，上海教育出版社1996年版，第832頁。

〔註3〕 《中國科學院院士自述·王恒升》，第506頁。

大洋彼岸的美國最高學府哈佛大學與麻省理工學院等著名大學回來的有年輕的遺傳學家談家楨、力學家徐芝綸和水利學家張光斗。與他們同時或前後回國的海外赤子還很多，例如從法國歸來的青年畫家常書鴻，音樂家冼星海，數學家曾毅，冶金學家陸達、考古學家裴文中等等。

　　爲更好地引導、使用歸國留日學生，國民政府在上海、武漢、廣州、重慶、西安等城市，設立歸國留日學生招待所。1937 年 10 月，600 多名留日學生到南京紫金山參加中央政治學校留日歸國學生訓練班集訓。不久，上海、太原陷落，南京告急，訓練班學員轉移到廬山，1938 年 4 月，又轉移到武漢。最初，訓練班聲稱，要學習軍事知識，武裝留學生的思想，三個月結業，到抗戰前線。終因戰局的複雜、混亂，使這些歸國留日學生在接受了 8 個月的軍事訓練、思想引導後，才告結束。留日學生訓練班作爲當時抗日民族統一戰線時期國共合作的特殊產物，爲抗日戰場輸送了大批政治幹部和抗日中堅，畢業生中的許多人在抗戰中都走上了抗日前線和抗日的工作崗位，爲抗戰勝利做出了各自的貢獻和成績〔註4〕。

　　抗戰爆發後，有些正在海外訪問的專家學者也匆忙回國。如中國現代物理學家嚴濟慈，盧溝橋事變時，正在巴黎訪問，不久動身而歸。

　　一些曾受國民黨當局迫害通緝而被迫流亡海外的知識分子，如郭沫若、陶行知、王禮錫等，也陸續重返祖國，投身抗日。流亡知識分子雖不能歸屬於正式留學生之列，但他們在海外的活動及其歸國情形，與留學生有著密切的聯繫和相似之處。

二、投身抗戰，爲國效力

　　抗戰爆發後，無論過去回國的老留學生，還是新回國的留學生，大多積極地投身到抗戰的洪流之中。要麼直接奔赴前線，要麼在後方進行戰時服務，都普遍爲抗戰的勝利做出了自己的貢獻。

1、奔赴沙場，英勇抗敵

　　少數軍事留學生直接奔赴抗日前線，奮勇殺敵，屢建奇功。如愛國將軍溫鳴劍，少年考入黃埔軍校潮州分校，後入陸軍大學學習、任教，被送到美

〔註4〕沈殿成主編：《中國人留學日本百年史》，遼寧教育出版社 1997 年版，第 570～574 頁。

國西點軍官學校深造。「七・七」事變時，剛好結束學業。驚聞此變，乃喟然而曰：「丈夫當橫刀立馬，爲國爲民效命沙場。」於是回國投奔抗日戰場。初任上校旅長，龍衢一仗，殺得日寇大敗而逃，初立戰功，升任副師長。後又領軍在長沙以北，作爲武漢保衛戰的外圍拱衛。再戰殺敵遍野，保衛了武漢和長沙以北一帶江漢平原，升少將師長兼任戰區參謀長。1942 年春，中國十萬遠征軍出征緬印，初戰失利後又誤入野人山而損失官兵大半。這年冬同盟軍中國戰區參謀長史迪威將軍爲培訓中國遠征軍，指名要求溫鳴劍出任中國遠征軍的副參謀長。於是溫又出現在印緬戰場，重招十萬青年，以雲南昆明爲訓練中心，在昆明近郊的黑林鋪、幹海子、北較場爲營地，參照印度藍伽的訓練方法，分步、炮、工、通訊、輜重、參謀、後勤、軍醫等科目，設專科訓練班，每期六周，分批訓練。經過大量的組織、人員的補充，輪訓，換裝，充實裝備，約半年時間，新的十萬遠征軍建立起來，爲滇西大反攻準備了條件。1944 年秋，盟軍中國戰區司令長官蔣介石將其調回國內任青年軍 209 師的中將師長，以訓練新軍，準備大反攻。於是他又回到福建，以上杭爲中心，招募淪陷區的流亡青年和在校青年學生從軍，提出「一寸河山一寸血，十萬青年十萬軍」、「有國，哪有家！」響亮口號。1945 年春，209 師青年軍成軍之後，立即投入訓練。後在中國抗日大反攻中顯示了威力，閩、浙戰場屢立戰功。溫將軍後僑居瑞士，曾應邀多次回國訪問〔註5〕。

許多歸國留學生將領作戰勇敢，不畏艱險，直至爲國捐軀，用鮮血和生命抒寫了愛國主義的壯麗詩篇。「九・一八」事變後罷學回國的留日學生、第4 軍 90 師 540 團上校團長宮惠民，淞滬會戰中在南翔線陣地一帶率部同日軍進行了多次惡戰。9 月 27 日，親自率領殘部 300 餘人向敵發起反衝鋒，同日軍展開白刃血博，終於守住陣地。10 月中旬，升任 207 旅少將旅長。之後，在嘉定縣的一次戰鬥中，到前線一掩蔽部組織部隊反擊，不幸犧牲〔註6〕。

67 軍軍長吳克仁，也是一位歸國留日生。1937 年 9 月率軍在華北子牙河一帶孤軍頑強抗敵，阻滯了日軍的攻勢，迫使日軍付出了巨大代價。1937 年10 月率部前往淞滬作戰，在黃浦江北岸的防守戰中，親臨前線督戰，後在指

〔註5〕 余立，李順松：《抗日名將溫鳴劍》，www.ngjc.net/forum_view.asp 敘 forum_id=40&view_id...20K 2005-3-1。

〔註6〕 黨德信，楊玉文主編：《抗日戰爭國民黨陣亡將領錄》，解放軍出版社 1987 年版，第 287～288 頁。

揮部隊轉移時中彈殉國〔註7〕。

　　日軍由河北入侵山西時，留日回國學子、第33軍69師203旅少將旅長梁鑒堂，奉命率部進入茹越口陣地阻擊。他慷慨激勵部下說「爲國殺敵，效命疆場，乃軍人之天職，死何足惜！茹越口關係至巨，我惟有立於此，至死爲止。」在這次戰役中，他率部奮戰，壯烈犧牲〔註8〕。

　　1929年赴日學習過軍事的鍾毅，留學期間，「認眞瞭解日本的軍事裝備情況，研究日本軍隊的戰略戰術」。抗日戰爭開始，他任第31軍138師414旅少將旅長，率軍北上抗日，擔任律浦路南段的守備任務。1938年初，南京保衛戰後，率部多次打退日軍進攻。1938年夏，武漢保衛戰開始後，在鄂東阻擊日軍，以戰功晉升173師中將師長。1939年夏，在隨棗會戰中，因戰功榮獲軍事委員會頒發的陸、海、空甲等獎章。1940年，在棗宜會戰中，率部突圍，彈盡糧絕，官兵傷亡殆盡。鍾將軍胸負重傷，血染前襟。他下令士兵分散突圍，然後將機要物品埋在蘆葦根下，從容舉起左輪手槍，自戕殉國〔註9〕。

　　在爲國英勇捐軀的國民黨將領中，還有不少，如被稱爲「抗日天神」的空軍上校驅逐司令、留法學生高志航，國民黨軍高級政工人員殺敵陣亡的第一名烈士、蘇魯戰區政治部中將、留日學生周復烈，身先士卒屢建戰功、中將師長、早年就讀於日本士官學校的方叔洪等等。

　　共產黨抗日將領中，不少人也是歸國留學生。如朱程，早年在黃埔軍校學習，1934年入東京鐵道學院，專攻鐵路管理學。1937年5月，爲參加抗日救亡，未待畢業提前回國。後在河北民軍中任職，1939年率部投奔八路軍，歷任華北抗日軍司令員、華北抗日民軍第一旅旅長，兼冀魯豫軍區第一軍分區司令員，冀魯豫五分區司令員。1943年9月28日，在山東曹縣反「掃蕩」中英勇犧牲。

2、利用特長，宣傳抗日

　　數千名歸國留日學生，除少數學業未競的學生入國內學校續讀外，多數參加了戰時服務。其中主要從事宣傳、教育、研究和技術工作。他們留日日久，熟悉敵情，而且日文嫻熟，所以，在抗日宣傳方面一展所長。尤其是抗

〔註7〕　沈殿成主編：《中國人留學日本百年史》，遼寧教育出版社1997年版，第568頁。
〔註8〕　《中國人留學日本百年史》，第569頁。
〔註9〕　黨德信，楊玉文主編：《抗日戰爭國民黨陣亡將領錄》，解放軍出版社1987年版，第121頁。

戰初期,文藝演出、創辦刊物,發表論文,舉辦各種講演、講座,分析日本侵華的原因、戰略和策略,介紹日本的政治、經濟、軍備以至民情。

留日學生最先回到上海,顧不上與家人團聚,就投入了救亡工作。他們組織了上海留日同學抗敵救亡會,擔負起宣傳、募捐、和慰勞前線殺敵將士的任務,學習戲劇電影的留日女子顏一煙任理事。她隨上海救亡演劇第五隊出發,9月轉入上海救亡演劇第二隊,任秘書,寫劇本並演出。

黃薇,原僑居新加坡,1933年留學日本,盧溝橋事變後,懷著抗日救國的熱情,回到烽煙彌漫的祖國。作為《星洲日報》的特派記者,她去過徐州前線,訪問了革命聖地延安。毛澤東曾多次接見她。本想留在延安學習,毛澤東以為當記者的作用更大,隨後就到華北敵人後方進行採訪。又到重慶,向海外僑胞報導了祖國人民英勇抗日的事跡。1941年赴菲律賓從事抗日宣傳工作,1942年加入中國共產黨。曾主編華僑導報。

從上海同濟大學赴日留學的趙安博,就讀於東京第一高等學校,回國後,參加八路軍120師359旅,在對日作戰中,發揮自己日語好的優勢,從事對日軍的反戰宣傳工作,並任延安日本工農學校副校長,改造、教育日本軍隊的俘虜。日本工農學校畢業的日軍俘虜,日後成了抗日戰爭中一支獨特的反戰隊伍,成了中日和平的橋梁和使者。趙文博以自己的能力和膽識,在抗日戰爭和解放戰爭中屢建奇功,全國解放後曾任中聯部副部長。

後來成為著名外交家的喬冠華,當年回國後主要從事理論宣傳工作。他1933年清華大學畢業,滿懷尋求救國之道的豪情,前往日本公費留學。因進行反日活動,1935年被日本警察押送回上海。隨即同季羨林同去德國留學。盧溝橋事變爆發,留學生紛紛回國,他也呆不住了,提前寫了篇關於莊子哲學的博士論文,交給了德國老師,也顧不得是否通過,便與幾個同學一道去巴黎,同中國留法學生會取得聯繫,於1938年2月3日乘「霞飛」號郵船回到香港。回國後,他在《時事晚報》的任務是寫國際時評,每天一篇,有一篇曾被毛澤東大加賞識。那是蘇聯和芬蘭戰爭爆發後,他寫的《從東線到西線》的國際時評,揭露了有人利用蘇芬戰爭來推波助瀾,發動一場反蘇戰爭的國際大陰謀。在延安窯洞裏,毛澤東一口氣讀完此文,手中的煙早已熄滅而沒有察覺。他興奮地對周恩來說:「好文章!好文章!」「此文可頂戰場上兩個師!」正是這篇文章讓毛澤東第一次瞭解了喬冠華〔註10〕。

〔註10〕丁曉禾:《中國百年留學全紀錄》(三),珠海出版社1998年版,第1042~1043頁。

　　有的回國後，利用專業藝術，積極進行統戰工作。如留法畫家韓樂然，在武漢參加周恩來、郭沫若領導的國民政府軍事委員會政治部第三廳工作。1939 年經閻寶航介紹，到李濟深領導的戰地黨政委員會任少將指導員。他冒著日軍的炮火，到山西、陝西國共兩軍駐地臨界地帶進行宣傳團結抗日和統戰工作。1940 年在寶雞被國民黨特務機關逮捕入獄，經過黨組織多方營救，於 1943 年初，被假釋出獄。1943 年夏，他攜學生黃冑去華山寫生，以一個藝術家對祖國古代文化的執著追求，幾乎走遍了西北大地，挖掘考察古文化遺產。他以細膩生動的線條，鮮明的色彩，不拘陳規，獨具一格的畫技創作出了大量的藝術作品，其中的《尼斯一角》、《高昌古城遺址》、《位樂飛天》等均屬主要作品。在此期間，他在西安、蘭州、烏魯木齊舉辦數次美術展覽，蜚聲西北，現存作品多藏於中國美術館。他在西北之時，還通過考古和藝術活動接近國民黨上層人物，開展統戰工作，爲大西北的解放貢獻甚大。

　　郭沫若 1937 年回國，次年任國民政府軍委會政治部第三廳廳長，負責抗日文化宣傳工作。在 1941～1943 不到一年半的時間裏，連續寫出了《棠棣之花》、《屈原》、《虎符》、《高漸離》、《孔雀膽》、《南冠草》6 部歷史劇。向黑暗勢力進行不妥協的反抗是貫穿這些劇本的主線；反對侵略、反對賣國、反對暴政，主張愛國愛民、團結禦敵是其從不同角度反映出來的共同主題。劇中一幕幕的悲劇喚起人們對現實深刻的思考和認識。如《屈原》，1942 年夏在重慶公演，人們揮淚爭相觀看，「雷電頌」廣泛流傳。演出的效果，達到了作者要「借屈原的時代來象徵我們當前的時代」的目的〔註11〕。

　　去延安的回國留學生中，文化人更多。如現代作家和詩人柯仲平、田間、高長虹、雷加、臧文遠，著名版畫家劉峴，女劇作家顏一煙，經濟學家丁日初等。新四軍中曾受到葉挺軍長表揚的陳子谷，是泰國首都曼谷的大富商陳眰峰的孫子。1934 年到日本留學，參加了東京的左翼作家聯盟。盧溝橋事變爆發後，直奔延安陝北公學，畢業後，在新四軍 2 支隊擔任敵工幹事。他經常到各連隊，教戰士喊日語口號，以瓦解敵軍。1939 年被批准加人中國共產黨。陳子谷又是詩人，在日本參加左聯活動中，寫有詩集《宇宙之歌》，深受郭沫若的好評。在緊張的戰鬥生活中，仍然經常寫詩，其中豪邁高昂的戰鬥詩篇《我們戰鬥在茅山下》，在新四軍戰地服務團廣爲流傳，鼓舞著新四軍戰士勇往直前。冼星海在延安十分艱苦的物質條件下創作了「在太行山上」、「生

〔註11〕郭沫若：《序俄文譯本史劇〈屈原〉》，《人民日報》1952 年 5 月 28 日。

產大合唱」、「黃河大合唱」等傑作，振奮了全民族精神，鼓舞全國軍民奮勇殺敵，爲抗日戰爭的勝利作出了巨大貢獻。

3、立足後方，解決抗戰急需

除文科之外，軍、工、理、醫等專業的留學生在抗戰時期尤爲各方面所急需，回國後他們在科研設備和原材料奇缺的情況下，仍作出突出的成績。醫學奇才南洋華人林可勝，27 歲時就已經從英國獲得了兩個博士學位；回國後被聘爲北平協和醫學院生理學教授兼系主任。盧溝橋事變之後，北平被日軍佔領，但作爲美國的產業，協和醫學院當時並沒有被日本人接收，而且仍有從美國而來的經費，所以研究依然可以繼續。但林可勝坐不下去了，南下把子女送到老家新加坡安置好了之後，又隻身北上，到武漢組建中國紅十字總會救護隊。不久後，又在貴陽圖雲關創設救護總站，除建立藥品和醫療器械製造廠之外，還培養了大量戰地醫護人員，並先後向全國各戰區派出了 100 多支救護隊。這些救護隊改善了傷兵收容所的醫療狀況，爲祖國的抗戰事業做出了卓越的貢獻。後成爲著名生理學家，1942 年美國科學院外籍院士，1948 年中央研究院院士，1965 年美國科學院院士。

現代著名光學家龔祖同，1934 年公費留德，抗戰爆發，他顧不上答辯，捨棄即將到手的博士學位，匆忙趕回祖國。回國後，創辦起中國第一個光學工廠，爲製造前線急需的光學儀器而努力攻關。經過千辛萬苦，終於在 1938 年試製成功我國第一臺軍用望遠鏡和機槍瞄準鏡，經大批生產後用於前線。中國當代電訊工程學家、中國科學院院士蔡金濤，1933 年考取清華赴美留學，1935 年獲哈佛大學碩士學位，1937 年 9 月從美國經意大利的熱內亞乘輪船回國，幾經周折，於年底到湘潭下攝司，協助籌建資源委員會中央電工二廠真空管車間，並於 1938 年生產出中國歷史上第一批真空管。1938 年 7 月，奉派負責上海物理研究所遷往廣西桂林的工作，將該所無線電試驗室的圖書、設備、器材等從上海運到桂林，建立了桂林工作站（隸屬李四光領導的桂林科學試驗館），任研究員。在該站領導組建了無線電話通信隊，「舉辦了兩期報話人員培訓班，爲前方輸送了 200 多名報話人員分配到廣西的抗日前線。」〔註12〕顧功敘 1938 年回國，當時抗日戰爭剛開始，就去已搬遷到雲南省昆明的北平研究院物理研究所任研究員。雖然工作條件十分困難，但仍在雲南、貴州兩省的某些礦區進行了地球物理勘探工作。中國現代物理學家嚴濟慈，在昆明北郊黑龍潭龍泉觀的古廟裏，

〔註12〕《中國科學院院士自述·蔡金濤》，第 942 頁。

進行了艱苦的科學研究。鑒於戰時前方部隊和後方醫療器械的缺乏和需要，決定從事水晶振蕩器、測距鏡、顯微鏡等的研製。從光學計算、鏡片磨製，到裝配和檢驗，無不親自動手。4 年內製成 1000 多具無線電收發報機穩定波頻用的水晶震動器，300 多套步兵用五角測距鏡和望遠鏡，以及 500 架 1500 倍顯微鏡，同時訓練了青年徒工 10 餘人〔註 13〕。鑒於他對抗戰所做出的卓越貢獻，被授予勝利勳章。

有的回歸後努力創建水電事業，為兵工廠的用電作出了貢獻。中國水利水電專家、中國科學院院士張光斗，1937 年底到資源委員會龍溪河水力發電工程處工作。先設計獅子灘水電站，因工程太大，政府無力修建，轉向小水電站，設計了桃花溪和下清淵硐兩水電站，裝機 4000 餘千瓦。1939 年又任瀼渡河水力發電工程處主任，負責修建仙女硐和鯨魚口兩水電站，裝機 2000 餘千瓦〔註 14〕。這些電站雖然規模很小，但都是我國自己修建的第一批水電站，全部供給兵工廠用電，對堅持抗戰發揮了一定的作用。

抗戰急需鋼鐵，有的留學生回國後在這方面貢獻出聰明和才智，冶金學家靳樹梁就是其中的突出代表。他於 1938 年 2 月提前回國，第一個任務是參加拆遷漢陽鋼鐵廠等至四川大渡口重建的工作。苦幹了三個月，終於在日軍逼近時，完成了預定的拆遷 100 噸高爐和兩座 300 噸平爐的任務。後鑒於修建大型高爐需時長和本地礦層貧薄，提出了修建 20 噸高爐的方案，由他負責完成。他還為永榮鐵廠和雲南鋼鐵廠分別設計了 5 噸和 50 噸高爐。終於爭得了時間，較快地為抗戰提供了生鐵。1940 年資源委員會為補充大渡口鋼鐵廠生鐵的不足，接辦了威遠鋼鐵廠並調靳樹梁為廠長。當時廠內異常荒涼，建廠 11 年耗資 10 萬銀元，未能出鐵。他到任後進行了艱苦地復廠建廠工作。同時針對小型高爐普遍存在的焦耗高、產量低問題，進行了深入研究和試驗，設計出了「小型煉鐵爐標準爐喉」。此成果曾獲國民政府經濟部 305 號五年專用證書及教育部學術審計委員會獎金 1000 元。他還從多方面進行研究，改進進風嘴傾角；防止爐缸冷凝；增加爐底防潮設置，以及被人們稱為「靳氏」的簡易燒結法等，均在實際生產中收到一定效果。威遠鐵廠生產逐年上升，1942 年產鐵 18.44 噸，1943 年為 1704.23 噸，1944 年雖因水災停爐大修兩個月，但各類生鐵總產量仍上升到 2430.87 噸，為抗戰出鐵奉獻了力量〔註 15〕。

〔註 13〕《中國科學院院士自述‧嚴濟慈》，第 61 頁。
〔註 14〕《中國科學院院士自述‧張光斗》，第 832 頁。
〔註 15〕《中國科學院院士自述‧靳樹梁》，第 936 頁。

留德學子陸達回國後，前往延安，在抗日根據地從事金屬冶煉工作，後來成為新中國冶金工業戰線的領導人之一。

也有的留學生投身於農村，進行農田水利建設。水利專家和海岸工程專家嚴愷院士回憶道：「我在完成了在荷蘭的學業後，急欲回國參加抗戰工作，」經千辛萬苦，「輾轉來到抗戰的後方昆明，並響應當局的號召：『前方抗戰，後方生產』，投身雲南省農田水利建設。在一年多的時間裏跑遍了雲南省，查勘和策劃了工程項目。」〔註16〕雲南省彌勒縣的竹圓壩引水灌漑工程是他從事的第一項灌漑工程建設。

4、充實高校師資，致力於教學科研

回國後留學生進入教育界的爲數最多，它充實了抗戰時期的師資隊伍。抗戰爆發後，平滬等地各大專院校紛紛遷至西南大後方，許多年事已高、拖家帶口的大學教授未能隨去，而大批歸國留學生進入高校，正好彌補了這個空缺，甚至有所擴大，使戰時的高等教育反而比戰前有了一定的發展。曾任國民黨中央立法委員的女教育家陳久敬，抗戰前已在哥倫比亞大學獲得教育碩士學位，本計劃攻讀博士學位，但日軍侵華消息不斷傳來，使她日夜不能安心，並激起對日軍的仇恨，渴望歸國，爲祖國出一把力，盡炎黃子孫之責。1938年夏，便乘船經香港繞道回到抗戰首都四川重慶，受成都光華大學之聘，教授三班大學生英語，培訓專業人才〔註17〕。中國科學院院士、工程力學家徐芝綸，1937年獲哈佛大學碩士學位，有兩位教授勸讀博士學位，並保證領取最高獎學金或者研究助教，但他都婉言謝絕，而回國後到浙江大學任教。他回憶當年的情形時說：「浙江大學只講了一個半月的課，以後遷到建德、吉安、泰和、宜山、遵義，每到一處就在廟宇裏或在地主的祠堂裏上課，或者臨時搭一些草棚子上課。同學們買不到教科書，學校也無法印出講義，教學內容全靠教師在黑板上寫。晚上沒有電燈，只好在荼油燈下備課。更苦的是常要躲空襲，有時一天兩次，上午躲了，下午又要躲，甚至不得不在防空洞裏備課。當時我年輕力壯，有些課程沒有人教，我就頂上去。在浙大的六年期間，我教過應用力學、材料力學、結構力學、彈性力學、結構設計、橋梁設計、土壤力學、基礎工程、水力學、水力發電工程、水工結構、壩工設計

〔註16〕《中國科學院院士自述・嚴愷》，第780頁。
〔註17〕陳久敬：《爲民族昌盛而留學》，山東省政協文史委員會編：《留學生活》，山東人民出版社1992年版，第298頁。

等十多門課程。」時鈞院士當年婉言謝絕了麻省理工學院化工系主任懷德曼
教授的盛情挽留，於 1938 年 6 月抵達漢口，在國民政府軍政部化學兵隊任教
官。不久，日本侵略軍進攻武漢，他由長沙長途跋涉，經湘西、貴州，於 1939
年 2 月到達重慶，從此開始了一生的執教生涯，先後受聘在中央工專、中央
大學、重慶大學、兵工大學及動力油料廠研究生班任教，主講「物理化」、「化
工計算」、「化工原理」、「工業化學」、「化工熱力學」、「化工經濟」等多門課
程。他才華橫溢、學識淵博，授課時，廣徵博引、條理分明、深入淺出，深
受學生的敬重和愛戴，被譽爲「娃娃教授」。華羅庚於 1938 年毅然回到雲南
昆明，應清華大學之聘任教授，在西南聯合大學執教。這時他雖然仍繼續其
數論研究，並完成他的專著《堆壘素數論》，但主要研究興趣已致力於群論、
矩陣幾何學、自守函數論與多個複變數函數論的研究。圍繞這些學科，華羅
庚與其他數學家一起倡導並主持了各種討論班。參加過他的討論班而以後聞
名的數學家中有段學復、閔嗣鶴、樊畿、徐賢修、鍾開萊與嚴志達等人，還
有優秀青年王湘浩、孫本旺、彭慧雲、田方增、徐利治等聽過他的課。這時
華羅庚的研究領域已從數論向很多領域開拓，並取得卓越的成就。柯召院士
也是不顧老師莫德爾的再三挽留，滿懷報國之心，毅然回到正受日本侵略軍
蹂躪的祖國。他和留英的李華宗都來到了成都，受聘爲四川大學教授，講授
代數和幾何方面的課程。翌年夏，他任四川大學數學系主任。這時，爲躲避
日本侵略軍的空襲，四川大學由成都遷往峨嵋。儘管抗戰大後方條件極爲艱
苦，他仍堅持教書育人，積極從事科學研究；在此期間他與李華宗合作，進
行了矩陣代數方面的研究。特別是他主持數學系之後，很注意科研工作和學
生能力的培養，除課堂教學外，定期舉辦全系的學術討論會。在四川大學校
史上有這樣一段記載：「1938～1942 年在峨嵋期間，數學系每周設專題研究
課，召集全系師生作集體研究，各人闡述自己的研究心得，共同討論，這種
專題研究十分吸引人……它造就了一批在數學上銳進不已的人材。」他和李
華宗合作的論文，以及和他的學生朱福祖合作的二次型方面的論文，都是這
個專題研究課的產物。

　　著名物理學家吳大猷，在後方極其簡陋的環境中，不但培養出了楊振寧、
李政道、黃昆、朱光亞等著名物理學家，他本人還於 1940 年出版了《多原分
子之結構及其振動光譜》一書。這不但是中國科學家在該領域的第一本專著，
還是中國人寫的第一本物理學專著，具有很高的學術成就。他本人 1948 年被

聘爲中央研究院院士，曾任臺灣「中央研究院」院長。

1939 年中共中央決定在延安創辦自然科學院，剛從德國回來的有機化工博士陳康白擔任了副院長，後任院長。陳 1932 年留德，1937 年回國，次年加入中國共產黨。他曾親自主講有機化學等課程。延安自然科學院是解放區的第一所理工科大學，在該院領導中，留學歸國者還有教育處長屈伯川（留德博士）、總務處長楊作材（留日學生）等。曾毅也冒著蔣介石特務的阻攔和暗殺危險奔赴革命聖地延安，參與籌建和領導了延安自然科學院，爲抗戰培養了大量技術人材。

有機化學家邢其毅院士，1937 年，年僅 26 歲。作爲美國的博士、德國的博士後、諾貝爾獎獲得者的學生、中央研究院化學研究所副研究員、已經做出了重要發現的青年化學家，在他踏上祖國國土後僅僅幾個月，殘暴的日軍就對中國開始了全面的侵略。歷經艱險到達昆明之後，受一個同學的影響——聽到日軍侵華消息之後，該同學從美國趕回中國參軍，並戰死於抗日前線——他要到抗戰第一線去！而當時的新四軍也急需藥學人才。於是，經以前在上海結識的地下黨朋友的介紹，他又歷經艱辛、拖妻挈子從大後方來到了長江以北的新四軍駐地。隨即，他被安排到位於安徽天水的華中軍醫大學，在那兒一邊教書一邊製藥，直到抗日戰爭結束。

第十章　國民政府的留學歐美教育

　　戰時，鑒於外匯的緊缺和戰後的需要，國民政府留學政策經歷了前嚴後鬆的變化。抗戰爆發後，國民政府的留日教育畫上了句號，有限的學生主要派往了美國和英國。

一、留學政策的演變

　　抗戰初期和後期，中國的留學政策有兩次大的變化：第一次是變寬鬆為嚴緊，嚴格限制出國留學；第二次是突破限制，較大幅度增加出國留學派遣數量，並把重點放在培養高級技術專精人才和業務管理人才上。

1、初期的限制政策

　　抗戰爆發以前，南京政府教育部有關公費、自費留學的政策、法規較為鬆緩，管而不嚴。有人說過：「國外留學生，在歐美各國，罔不加以嚴密之限制，我國過去（指抗戰前）對於出國留學之舉，向採取放任主義」〔註1〕。如1933年教育部公佈的經過修正的《國外留學規程》第二章第五條關於公費留學規定：「各省市考送派赴國外研究專門學術者，應注重理、農、工、醫等專科。研究科目之種類，公費名額、留學國別、年限及經費狀況等，經由各省市依其地方情況之需要及所研究科目之性質，於每屆招生前詳為規定，呈部核准施行。」〔註2〕

〔註1〕　王煥琛編著：《留學教育——中國留學教育史料》，臺灣國立編譯館1980年版，第1991頁。
〔註2〕　《留學教育——中國留學教育史料》，第2082頁。

　　教育部把公費生派遣的相當大一部分權力，交由各省市掌管，而沒有在全國實行對留學的「統制」或限制。對自費留學，更近於放任自流，只要是在國內大學畢業，具備證件，呈請教育部審查核准，發給留學證書，即可出國留學。

　　自全面抗戰爆發之日始，有限的財力都用於抗戰，經費嚴重緊缺，外匯尤其匱乏，國家實已無法承擔大批留學人員的巨大費用。因此之故，不得不對留學教育加以限制。1938 年 4 月國民黨臨時全國代表大會通過之《戰時各級教育實施方案》第十三條規定：「改訂留學制度，務使今後留學之派遣，成爲整個教育計劃部分，而於私費留學亦加以相當統制，革除過去分歧放任積弊。」〔註3〕故戰時初起，中國曾一度限制留學生之出國。唯獲特准得有外匯獎學金或補助費者，仍得出國，但以改習軍、工、理、醫等科目爲限，所以一面節約外匯，一面提高留學生素質，俾學有所長，且配合國防需要。

　　1938 年 6 月公佈由教育部與財政部會商擬訂的《限制留學暫行辦法》共有以下四條：

　　第一，凡選派公費留學生及志願自費留學生，研究科目一律以軍、工、理、醫各科有關軍事、國防爲目前急切需要者爲限。

　　第二，凡公費或私費留學生須具有下列資格之一：公私立大學畢業後，曾繼續研究或服務二年以上，著有成績者；公私立專科學校畢業後，曾繼續研究服務四年以上，著有成績者。

　　第三，現在國外留學生領有留學證書，其有特殊成績，確須繼續在國外研究，或其所習科爲軍、工、理各科有關軍事國防者，經肄業學校及駐外各大公使館證明后，得以通融延長。

　　第四，現在國外留學生，未領留學證書者，請求外匯時，教育部一律不予證書，其願即行回國經駐外大公使館證明屬實者，得呈請教育部發給回國旅費外匯證明書〔註4〕。

　　以上「暫行辦法」從學習科目、服務年限、工作和研究實績等方面對公費、私費出國留學作了限制。

　　1939 年 4 月，國民政府行政院會議通過了《修正限制留學暫行辦法》，教

〔註3〕　第二歷史檔案館編：《中華民國檔案資料彙編》第 5 輯第 2 編，教育（一），
　　　　　江蘇古籍出版社 1997 年版，第 15 頁。

〔註4〕　國民政府教育部檔案，中國第二歷史檔案館藏。轉引自王春南：《抗戰時期的
　　　　　中國留學教育》，《南京大學學報》1993 年第 4 期。

育部於該年 8 月 1 號公佈。《辦法》對出國留學的限制較前更嚴。它共有 9 條，其中第一條規定：「在抗戰期內，公費留學生，非經特准派遣者，一律暫緩派遣；自費留學生，除得有國外獎學金，或其他外匯補助費，足供留學期間全部費用，無須請購外匯者，一律暫緩出國。」第六條規定：「已在國外之公費生，所習科目非軍、工、理、醫有關軍事國防之科學，而出國已滿三年者，應令即行回國，但出國未滿三年，而成績不佳者，得令提前回國」。第七條規定：已在國外之自費生，「如成績不佳，應令提前回國」〔註5〕。

　　根據以上修正了的「暫行辦法」，非經「特准」，不得公費出國留學；而自費留學，必須獲得有足夠的國外獎學金或外匯補助費，無須請購外匯。這樣，無論公費出國留學還是自費出國留學，都極是不易，不僅國內的極少能出去，已在國外學習的，也不得不大批回國。

　　《限制留學暫行辦法》及《修正限制留學暫行辦法》是根據戰時形勢和抗戰需要制定的，是一種不得已的政策。在具體實施過程中，既有利也免不了有弊，且越往後，弊端越是明顯。實施的結果，使大批有為青年學生失去了出國深造的機會，同時造成了留學教育在科目上的「跛足」，除跟國防有直接關係的軍、工、理、醫等之外，其他科目的學生，數年間幾乎不再有出國留學的可能。由此帶來的是人才在專業結構上的某種失調，及行政部門、研究機關、各級學校尤其是高等學校文、哲科人才的嚴重缺乏。因此，留學政策的調整勢在必然。

2、後期的突破限制大量派遣

　　1943 年，國民政府鑒於國際形勢好轉，抗戰勝利在望，戰後建設亟需人才；又鑒於中美新約、中英新約的簽定，國際環境向中國的留學教育提供了較前有利的條件，乃決定突破以往的限制政策，大量派遣留學生。蔣介石 1943 年 4 月 28 日機密（甲）第 7628 號手令提出：「以後對於留學生之派遣應照十年計劃，估計理工各部門高中低各級幹部所需之數目，擬具整個方案呈報為要。」〔註6〕據此教育部擬訂了中程五年留學教育計劃《留學教育方案》和短期計劃《三十二年度教育部遣派公費留學英美學生計劃大綱》。南京政府中央設計局也會商教育部、經濟部、交通部擬製派遣國外學習人員計劃。其中教

〔註5〕　《教育部公佈修正限制留學暫行辦法》，《中華民國檔案資料彙編》第 5 輯第 5
　　　　編，教育（一），江蘇古籍出版社 1997 年版，第 865～866 頁。
〔註6〕　《留學教育——中國留學教育史料》，第 2082 頁。

育部《留學教育方案》規定：「修訂限制留學辦法爲戰時留學辦法」，「留學生之派遣，以適應實業計劃實施之需要，培植高級技術專精人才及業務管理人才爲主要方針，同時顧及國家各項建設之需要，並造就高等教育師資。」計劃從 1943 年至 1947 年，由教育部每年選派公費留學生 1000 名，自費留學生每年亦 1000 名，在 5 年之內，公費自費留學共 1 萬名〔註7〕。

1943 年 10 月，《教育部國外留學自費生派遣辦法》出臺。《辦法》規定，「自費留學生每年派遣人數」「暫以六百名爲最高額」，學科「暫定習實科（包括理工醫農等科）佔十分之六，文科（包括文法商教育等科）佔十分之四」；資格爲「曾在國內公立或已立案之專科以上學校畢業，並須經過本部考試，考試及格後，由部發給留學證書」；報名應試時除提供必要證件外，還要有「留學費用證明書（是項證明書須由銀行商號或擔保該生費用之機關或公私法人出具正式證件，無論國幣或現存外匯須詳細注明數字，並應估計留學期間應需各項費用及往返旅費，填明確實數字，以憑審核）。」〔註8〕以上規定，除須考試一項外，較之過去皆有所放寬。次年 4 月，教育部又頒發《大學教授、副教授自費出國進修辦法》四條，規定在抗戰期內，除研究社會學科者外，「現任各大學教授、副教授，其資格曾經本部審查認可，並任職滿 5 年以上，所教授或研究之學科確有出國進修之必要，而自行籌足經費者，准予出國進修」。並須呈繳國內外大學畢業證書、出國進修費用證明、出國進修計劃等；進修時間「以兩年爲限，並應如期返國服務」〔註9〕。

3、其他政策

（1）回國留學生登記辦法

爲統籌抗戰期間留學生服務及繼續學業起見，1939 年 1 月 31 日，教育部公佈《抗戰期間回國留學生登記辦法》。規定：申請登記之留學生，以領有教育部發給之留學證書者爲限；登記地點在重慶本部，但在外埠者得用通信登記；申請登記時，須填具登記表，並呈繳國內學校畢業證件及國外學歷證明文件。登記經審查合格後，按以下兩種情況分別處理之：（一）國外專科以上學校畢業或大學畢業後在國外研究院研究一年以上者，由教育部就可能範圍

〔註7〕 《留學教育──中國留學教育史料》，第 2084～2087 頁。
〔註8〕 《教育部國外自費生派遣辦法》，《中華民國史檔案資料彙編》第 5 輯第 2 編，教育（一），江蘇古籍出版社 1997 年版，第 872～873 頁。
〔註9〕 《教育部頒發大學教授、副教授自費出國進修辦法》，《中華民國史檔案資料彙編》第 5 輯第 2 編，教育（一），江蘇古籍出版社 1997 年版，第 875 頁。

內，按照本人專門研究，分別介紹服務，並得由教育部指定相當工作，酌給生活費。（二）出國前在國內專科以上學校尚未畢業，出國後在國外專科以上學校亦未畢業者，由教育部按照其所習學科，分發於國內同等學校試讀，俟學期試驗及格後，編為正式生〔註10〕。

1940年4月，教育部長陳立夫在致行政院《請轉給各部會錄用回國留學生服務呈》中指出，前曾訂定，《抗戰期間回國留學生登記辦法》，以謀解決，「即凡在國外專科以上學校畢業者，由本部在可能範圍內，按其專長，分別介紹服務，並由本部指定相當工作，酌給生活費。辦理以來，收效尚宏，唯查回國之留學生自謀工作者固多，其未有工作機會而來部登記，由部發給生活費者，亦復不少（截至最近為止共計一百一十九名），其由部介紹工作之機關，大抵限於教育有關方面，如派往國立編譯館服務，及介紹至各大學擔任教職或研究工作。」他認為「抗戰期間，百端待舉，各方需材孔殷，回國之留學生既各學有專長，自應代謀適當之位置，俾就其所學，作特殊之貢獻，報效黨國，以符總理『人盡其才』之至意。如僅限於教育方面工作之介紹，殊不足以宏圖國家培養人才之本旨。查國內農工採礦及其他交通運輸、建設等技術機關，值此抗戰建國兼程邁進之際，此項專才，需用孔亟。擬請院通令各部會轉給所屬機關，以後需用是項技術人材，及舉辦各項建設事業，希能盡量聘用回國留學生擔任工作，並經由各部會咨請本部介紹，庶留學生回國免生抱才向隅之憾，而亦所承恢弘國家百年樹人之大議。」〔註11〕

（2）留學生分發服務簡則

1939年7月28日，教育部頒發《抗戰期間回國留學生分發服務簡則》17條，規定留學生分發工作為編譯、研究、教學、技術及其他工作，由教育部審查時依其專長及志願，酌量分派給生活費；留學生分派在學校或機關任研究工作者，應自行撰寫研究詳細計劃，商得主管人員同意呈部核定後開始工作；留學生分派在各校研究或服務者，各校如有需要得指定其擔任教學或其他工作，惟教學時間以六小時為度；分配擔任編譯工作之留學生，應自行擬定編譯計劃，呈部核定，每月所編文稿，至少須滿一萬五千字以上，如係譯稿，每月至少須滿二萬字以上；應於每月底呈繳工作成績，以憑核發生活費；留學生分發服務後，立即呈繳不兼職證明書，證明人須具下列資格之一：

〔註10〕《中華民國史檔案資料彙編》，同上，第861～862頁。
〔註11〕行政院檔案，見《中華民國史檔案資料彙編》第5輯第2編，教育（一），江蘇古籍出版社1997年版，第881頁。

（甲）現任薦任以上公務員；（乙）現任專科以上學校校長。如查明擔任其他有給職務者，追還已領生活費，取消登記資格〔註12〕。

（3）獎助金設置辦法

為獎勵國外留學成績優良而家境清寒者，1942 年 7 月，教育部頒布《國外留學生獎助金設置辦法》。獎助金分在歐美各國設置，其科目以各國擅長學科為主，名額為四十名，具體為：英國 8 名，其中文藝學科、社會學科、理科、工科各 2 名。美國 12 名，其中文藝學科、農礦科各 2 名，社會學科 4 名，工科 5 名。德國 10 名，其中文藝學科、醫科、理科各 2 名，工科 4 名。法國 10 名（比、瑞附），其中文藝學科、工科各 3 名，社會學科 4 名〔註13〕。

獎助金每名年給美金一千元，經部核定後由各駐外大使館轉發。

獎助金每年評定一次，申請之學生，須將學業成績單、研究報告及著作等件（均須由原任教授簽字，經使館蓋章驗證），並填具申請書兩份，呈由各駐外使館轉部辦理。教育部組織審查委員會，分別審核，決定錄取名額。

（4）加強統一領導

抗戰後期，國民黨政府在施行黨化教育，加緊對教育界實行控制的同時，強調應加強當局對留學教育的統一領導。1943 年底，教育部規定，凡自費留學生需經過統一考試，經教育部核准合格後，才能出國留學。同年 10 月，教育部組織了考選委員會，12 月舉行了第一屆自費留學生考試。參加考試的共751 人，結果錄取 327 人，於次年陸續前往國外留學。

國民黨政府還於 1944 年宣布，所有官費留學生的派遣一律由中央辦理，取消各省派遣留學生的權力。同年，雲南省政府主席龍雲提出將派 44 名學生赴美留學，教育部以這 44 人成績太差為由，不予派遣。於是，各省官費派遣留學生逐漸減少而至廢止。各省考生必須在全國統一的留學考試中，參加激烈的競爭，這對來自邊遠省份的考生十分不利。

上述南京政府的留學政策，有些實行了，有些並未實行，尤其是抗戰後期「宏偉」的留學計劃，大半流產。其主要原因是「計劃」脫離實際，政府戰時財政緊絀，一下子拿不出那麼多錢派人出國。

〔註12〕同上，第 864～865 頁。
〔註13〕《教育部國外留學獎助金設置辦法》，《中華民國史檔案資料彙編》第 5 輯第 2 編，教育（一），江蘇古籍出版社 1997 年版，第 866～868 頁。其中美國共 12 名，而各科總數為 13 名，有誤。

二、戰時留學歐美教育概觀

根據國民政府檔案，抗戰期間，從 1937 年到 1945 年，國民政府共派出留學生 1566 人，這當中，1937 年度含有抗戰爆發前夕的部分人員，眞正抗戰期間的不足 1500 人。其中美國最多，爲 1073 人；英國次之，爲 310 人；再次爲德、法、印等國；其餘幾國則不足 10 人，少的僅 1 人。詳見下表：〔註14〕

1937～1945 年留學生留學國別表

學年度別	共計	美國	英國	德國	法國	比利時	意大利	日本	奧地利	加拿大	菲律賓	安南	印度
1937	365	201	37	52	14	4	1	49	2	3	2	0	0
1938	93	15	40	22	8	2	0	0	0	4	1	1	0
1939	65	39	26	0	0	0	0	0	0	0	0	0	0
1940	86	85	0	1	0	0	0	0	0	0	0	0	0
1941	57	54	3	0	0	0	0	0	0	0	0	0	0
1942	228	170	46	0	0	0	0	0	0	0	0	0	12
1943	359	358	1	0	0	0	0	0	0	0	0	0	0
1944	305	149	156	0	0	0	0	0	0	0	0	0	0
1945	8	2	1	0	0	0	0	0	5	0	0	0	0
累計	1566	1073	310	75	22	6	1	49	7	7	3	1	12

抗戰期間，除新出國留學者外，尚有滯留國外的部分留學生。據 1938 年 5 月國民政府教育部統計，在國外的公、自費留學生尚有 2500 人，他們主要是歐美留學生，以美國分佈最多。留美生 1937 年爲 1733 人，1939 年 5 月統計，爲 1163 人，減少了三分之一左右。

1、戰時派遣的留美生

庚款生：清華大學利用歷年節餘的庚款基金，資助部分學生留美。如 1938 年舉行第六屆考試，錄取汪敬熙、呂保維等 17 人，其中工科 11 人，醫科 2 人，農科 2 人，法、商科各 1 人〔註15〕。本擬 1939 年賡續舉辦的第七屆留美

〔註14〕 此表據國民政府檔案（見第二歷史檔案館編：《中華民國史檔案資料彙編》第 5 輯第 2 編，教育（一），江蘇古籍出版社 1997 年版，第 892～893 頁）改製。其中 1937 年度的數字多爲戰前所派，如日本的 49 人顯係抗戰之前，因七七事變後南京政府再未向日本派遣留學生。

〔註15〕 李喜所等：《近代中國的留美教育》，天津古籍出版社 2000 年版，第 122 頁。

公費生考試，因戰事推到 1943 舉行，次年錄取楊振寧、吳仲華、曹建猷等 32
人，於 1945 年夏放洋。

　　獎學金生：1944 年，美國麻省理工大學、萬國農具公司等以及英國文化
協會和工業協會贈與我國一批獎學金。教育部是年 12 月在重慶、昆明、貴陽、
成都、西安、蘭州、建陽七地舉行英美獎學金研究生實習生考試，應試者 1824
人，錄取 209 人，其中留美研究生 61 名（工科 41 名、農具學 20 名），中華
農學會復試生 14 人。均於 1945 年暑假陸續赴美〔註 16〕。

　　軍事留學生：1943 年 6 月下旬，軍委會派海軍軍官 50 名赴美國學習，由
翟瑞樂中校協助訓練。另據《中央日報》1943 年 3 月 12 日報導，一批中國空
軍留美學生學成畢業，在美西部空軍基地舉行畢業典禮。由居里博士宣讀羅斯
福總統的致詞中說：「諸君乃在美國受訓之最近一批中國飛行員，諸君已維持第
一批受訓人員所建立之崇高水準，吾人對於諸君之成就亦極感榮耀。」由此可
知空軍留美生不只一批。抗戰後期國民政府為鼓勵知識青年應徵入伍，規定優
秀者可赴美深造。據 1944 年 9 月 22 日《中央日報》載：「已有若干人考入留美
空軍或陸軍，雙流縣從軍學生劉源，已被選派研習炮科，在赴美途中。」

　　政府部門選派生：1943 年教育部選派 75 名專科以上學校理工農醫各科副
教授以上研究人員，10 名中央研究院理工農醫研究人員，10 名教育行政人員赴
英美考察研究，期限 1 年到 1 年半。1943 年美國國務院邀請中國中央大學、西
南聯大、浙江大學、武漢大學、四川大學、雲南大學各派 1 名教授赴美講學，
教育部選派蔡翹、金岳霖、張其昀、劉乃誠、蕭作梁、費孝通前往。次年又選
派楊振聲、汪敬熙、薩本棟、陳序經、陳容光、容啟東等教授赴美講學。1945
年又有梅貽寶、嚴濟慈、鄭作新、袁敦禮、林同濟等人出國。1945 年 4 月交通
部派出 110 人赴美實習鐵道業務。他們俱為我國具有資歷之高級技術人員，包
括曾任鐵路局局長，現任總工程師及副總工程師人員，平均年齡 35 歲以上。

　　租借法案下實習生：1944 年在租借法案（C.E.F）項下中國政府從各機關
工作人員中挑選 1200 人赴美實習〔註 17〕。

　　自費生：1943 年 12 月教育部舉行首屆自費生考試，分為文科（文、法、
商、教）25 個專業和實科（理、工、農、醫）36 個專業。從報考的 751 人中，
錄取 327 人，於 1944 年全部赴美學習。內有學英國文學的葉君健、學經濟的

〔註 16〕《近代中國的留美教育》，第 124 頁。
〔註 17〕王奇生：《中國留學生的歷史軌迹》，湖北教育出版社 1992 年版，第 390 頁。

施建生、學歷史的黃紹湘。

2、戰時派出的留歐學生

抗戰爆發後，留英教育趨於停頓。30 年代中期是中國人留學英國的鼎盛時期，1934～1936 年達 500 人〔註18〕。而 1937～1942 年教育部簽發留學證書不過 152 人〔註19〕。1933～1946 年中英庚款董事會舉行了 9 次考試，共選拔庚款留學生 193 人〔註20〕，其中 1937～1944 年舉行四屆：1937 年第五屆錄取戴文賽等 25 人；1938 年第六屆有王大珩等 20 人；1939 年第七屆郭永懷等 24 人，1944 年第八屆黃昆等 28 人。1939 年第七屆錄取的 24 名，因歐戰爆發，無法赴英，改送英領地加拿大。1942 年後，同盟國之間為加強文化聯繫，有互換教授和留學生之舉，1942 年英國文化董事會設置 10 名中國留學生獎學金名額。教育部於 9 月 25 日 26 日在重慶、昆明、桂林、漢中四地進行考試，錄取沈元等 8 人。同年，英國工業協會亦資助 31 名中國工科學生赴英國工廠實習。前述 1944 年英國文化委員會和英國工業協會等機構再次贈送 65 名留英研究生名額和 69 名實習生名額〔註21〕，經考試選拔，1945 年放洋。

抗日戰爭是留德教育由盛而衰的契機。1936 年中國留德人數已達 500 人，1937 年增至 700 人，其中公費佔 20%。抗戰爆發後，不少留德學生輟學歸國，而赴德者廖廖無幾。1937 年為 52 人，1938 年為 22 人。德國發動二戰後，赴德留學完全終止，當時滯留德國的中國留學生約 200 餘人〔註22〕，這批學生絕大多數學理工科，文科只 31 人。歐戰爆發後，有的轉徙到北歐一帶謀生，也有的歷盡艱辛回到祖國，多數進入德國工廠作工維持生活。德國戰時工廠缺人，一些留學生在裏面擔任工程師。「因為戰時生活的痛苦，與在德常受外來的刺激，大部分留學生均真正埋頭苦幹。多數同學能在德工作者，皆受人相當敬重。」〔註23〕

派出留學法國者 1937 年 14 人，1938 年 8 人，歐戰爆發不久，法國投降，

〔註18〕《留學制度之商榷》，《教育雜誌》第 25 卷第 10 期，1935 年 10 月。

〔註19〕《中華年鑒》（1948 年），（下），中華年鑒社 1948 年版，第 1747 頁。

〔註20〕教育部年鑒編委會：《第二次中國教育年鑒》，商務印書館 1948 年版，第 1580～1581 頁。。

〔註21〕同上，第 889～890 頁。

〔註22〕國民政府行政院檔案，中國第二歷史檔案館藏，一（1）～393。轉自王奇生：《中國留學生的歷史軌迹》，湖北教育出版社 1992 年版，第 84 頁。

〔註23〕《1946 年留德返國學生登記表》，國民政府教育部檔案，中國第二歷史檔案館藏。轉自《中國留學生的歷史軌迹》，湖北教育出版社 1992 年版，第 85 頁。

留法教育嘎然而止。以後連續 7 年皆爲零。

三、歐美生的海外留學生活

上述抗戰爆發後仍滯留海外的公自費留學生 2500 人，加之抗戰期間出國的 1500 人，合計 4000 名中國學子，構成了戰時中國留學歐美教育的規模。數千遊子在第二次世界大戰的炮火中，度過了他們不尋常的海外留學生活。

1、艱難的困境

戰時留學生生活異常艱苦，隨著戰爭的進展，一部分留學生家庭淪陷於戰區，經濟來源中斷；即使家庭未陷於戰區的學生，也因戰爭衝擊和國民政府統制戰時外匯，經濟遠不如戰前充裕。

歐戰開始後，英法兩國或國土淪喪，或炮火連天，許多高等學府或陷或毀，或停或遷。其本國學生大都奔赴前線，中國留學生則被迫四處流浪。此時還在留學德國的 200 餘學生，有的轉徙到北歐一帶謀生，也有的歷盡艱辛回到祖國，但多數則進入德國工廠作工維持生活，還有少數學生被法西斯抓進集中營，慘遭迫害。留學生們的艱難處境曾得到社會的捐助，如德國實業家伍爾福氏將 10 萬馬克資助我國工程人員來德實習。其中先將 1.5 萬馬克交遠東協會辦理救濟留德中國學生，後又把餘下的 8.5 萬交由中國駐德大使館全權支配，作爲留德青年研究及生活之用。中國駐德大使館爲愼重起見，特組織「伍爾福獎學金委員會」，決定支配原則及核計補助金辦法〔註 24〕。

太平洋戰爭爆發後，中美之間的國際匯兌渠道受阻，留美學生的經濟來源完全中斷，幾有流落海外之虞。據 1942 年初北美中國學生基督協會報告稱，留美中國學生尙有 987 人〔註 25〕。爲了維持他們的學習和生活，中國駐美大使館與美國政府洽商，美國政府同意延長中國學生的居留時間，並取消移民律中不准留學生做有酬工作的禁令。此後數百名中國學生分別被美國一些國防工業、政府機關聘任，參加美國的戰時工作〔註 26〕。美國國務院從總統緊急用款項下撥出 80 萬美圓，以每人每月 75 美圓資助成績優秀而生活困難的中國學生。國民黨政府也撥出 30 萬美圓，在美國組織留美中國學生戰時

〔註 24〕國民政府教育部檔案，見《中華民國史檔案資料彙編》第 5 輯第 2 編教育（一），江蘇古籍出版社 1997 年版，第 880 頁。
〔註 25〕《新華日報》1942 年 5 月 14 日。
〔註 26〕《新華日報》1942 年 6 月 17 日。

學術計劃委員會，以獎勵留美學生的戰時學術研究，並對經濟困難的留美學生予以適當救濟。該委員會由外交部長宋子文兼任主席，聘請趙元任、侯德榜等一批專家學者為委員〔註27〕。

2、抗日宣傳及活動

抗戰時期，中國留學生身在海外，心繫祖國，他們不能親自在國內戰場殺敵，也想為抗擊日寇盡上點力量，利用各種機會和條件，積極進行抗日宣傳工作，便成為不少人的一項重要活動。曾任山東大學校長、山東政協副主席的吳富恒教授，1940年赴美留學，他同哈佛大學學生會主席周一良一道，發起過一次中國思想演講會，請瑞恰慈講《孟子》，趙元任講「中國學」等，目的是用宣傳中國文化來宣傳抗日。他回憶說；「我們有時還到波士頓的教堂講演，講中國人民的抗日戰爭，以引起美國人對中國抗戰的同情和支持。」〔註28〕他們還組織時局討論會，探討抗戰的有關問題。

後來的中國女外交家龔普生，1941年9月到美國哥倫比亞大學攻讀碩士學位。留美期間，在美上層人士和青年中做了大量工作。在取得學位後，具備了被各種團體邀請演講的條件，經常進行各種演說，藉以揭露德意日法西斯罪行。她常常拎著一隻衣箱從這個城市到那個城市，有時一天要去三四個地方講演或座談。她到過美國東、西、中、南的各個著名大學，足跡踏遍半數以上的州。就在這時，認識了美國一些知名人士，如美國總統羅斯福的夫人、著名黑人歌唱家保羅・羅伯遜、女作家賽珍珠等，向他們交談了中國的抗日問題，他們成了龔的朋友〔註29〕。

解放前曾任山東省教育廳廳長的留英學子李泰華先生也回憶說：「倫敦附近鄉鎮的民眾團體大都同情中國，紛紛要求當時的『中英協會』派人參加他們的座談會或俱樂部，給他們講述中國的抗戰形勢及其前途，該會都是讓我去出席。我為此幾乎有一年時間未到學校聽課，未按時呈交博士論文。遲至1939年秋始取得博士學位後，才回到抗戰陪都重慶任國立中央大學法學院教授。」〔註30〕

〔註27〕《解放日報》1942年7月28日。
〔註28〕吳富恒：《學好本領 為祖國服務》，山東省政協文史資料委員會編：《留學生活》，山東人民出版社1992年版，第23～24頁。
〔註29〕丁曉禾：《中國百年留學全紀錄》（三），珠海出版社1998年版，第1053頁。
〔註30〕李泰華：《留學經過概略》，《留學生活》，山東人民出版社1992年版，第296頁。

電影明星王瑩，留美期間，1942 年曾作爲中國代表出席世界青年學生代表大會，發表了洋溢著戰鬥豪情的精彩演說。她介紹了中國人民抗戰的情況，謳歌了中國人民不屈不撓的反抗精神，痛斥了日本法西斯野蠻罪行，呼籲東西方國家團結一致，奪取反法西斯戰爭的最後勝利。會後，作爲代表團成員，又到美國各地的工廠、大學發表演說。美國多種報刊紛紛介紹王瑩事跡和演說，有的稱其是「從她的戰鬥經歷的土壤中開放出來的勇敢、樂觀和國際友誼之花」。1943 年春，王瑩到白宮演出了街頭劇《放下你的鞭子》和中國抗戰歌曲，受到美國總統和夫人的讚揚〔註 31〕。

二戰中，英國進步人士曾組織了英國援華會，該組織的一項重要工作，是派人赴各地宣傳中國的抗戰。許多留學生參加了這項活動，成爲該組織的特約講解員，英格蘭、蘇格蘭、南威爾士，到處留下他們奔波的足跡。此外，在英國民眾強烈呼籲開闢西歐第二戰場以鉗制德軍的活動中，也可以看到中國留學生的身影〔註 32〕。

3、刻苦攻讀與拼搏

抗戰時期，許多中國海外學生，忍受了空前的飢餓和戰亂的環境，在艱難困苦中，攻讀不輟，頑強拼搏。

世界著名的東方學家，我國當代著名的語言學家季羨林教授，1935 年憑藉在清華四年全優的成績考取德國留學。初到哥廷根大學，他選課以希臘文爲主，但不久就轉攻梵文。這是一種在世界上已知的語言中語法最複雜的古代語言，形態變化之豐富，同漢語截然相反。季起初也覺得困難，但鼓足勇氣要征服它。根據德國規定，考博士須三個系：一個主系，兩個副系。季選的主系是梵文、巴利文等印度學，副系是英國語言學和斯拉夫語言學。這是他在爲自己增加壓力，本可選漢學作副系，但他早在國內就已立下大誓：決不寫有關中國的博士論文。因當時有些留學生在國外，用老子和莊子謀得了博士頭銜，令洋人大喫一驚；然而回國後講的卻是康德、黑格爾。季鄙薄這種人，決不步他們的後塵。學習一種新語言是很艱苦的，同時還得作博士論文和課程考試的準備，時間之緊，任務之艱可想而知。他把時間安排得井井有條，每天在家喫早點，然後到梵文研究所去，中午在外面喫飯，飯後仍回研究所，從來不睡午覺，晚上六點

〔註 31〕丁曉禾：《中國留學全紀錄》（三），珠海出版社 1998 年版，第 1032～1033 頁。
〔註 32〕李喜所主編、元青等著：《五千年中外文化交流史》第四卷，世界知識出版社
　　　　2002 年版，第 291 頁。

多才回家。後來他又學習了吐火羅文，成爲我國現代屈指可數的梵文專家，也是世界上少數幾個通曉吐火羅文的學者之一〔註33〕。

中國著名社會學家費孝通，1935 年畢業於清華研究院，1936 年到英國倫敦經濟學院留學，在學業上也是十分勤奮的。據該院檔案記載，他曾在人類學系、殖民地問題系選課，考試成績都很好。對於英語，花了很大功夫。開始在參加學術討論會時，連聽懂語言都很困難，於是堅持每天上午閱讀半小時的《泰晤士報》，或收聽電臺廣播，到後來開始博士論文寫作時，英文的表達能力就已很不錯了。費的性格是開朗的，但不喜應酬。據說，他每晚沿著泰晤士河散步，就是爲躲避都市的喧囂，認眞地思考問題。1939 年間，他將從國內帶來的開弦村的調查材料進行了重新整理和分析，以人類學學者的眼光和研究，創作了博士學位論文《中國農民的生活》，提供給專門的考試委員會。論文並迅速出版，引起國際人類學界的重視。因爲它沒有局限於對異民族、原始部落的描述，而將研究視野轉向了本地社區和文明社會，帶有一定的社會學研究的意味，從而把人類學研究推進了一步。兩年的留學生活，爲他日後成爲中國著名社會學家奠定了堅實的基礎〔註34〕。

山東人大常委會副主任、七屆人大代表曾呈奎院士，1940～1946 年在美國留學和工作，他回憶說：「當時國內正在抗戰，前方將士爲國拼死禦侮，全國人民亦陷在戰亂和困苦之中。我只想到美國學到有用的知識，回來發展我們的海洋科學事業，造福人民。我覺得倘貪圖美國之舒適環境，不抓緊時間學成歸國，就對不起國人。有此決心，所以我在美國學習工作爭分奪秒，不曾稍歇。我讀博士學位時，開始也像他人一樣白天工作，晚上休息。後來覺得時間不夠用，就晚上再到實驗室。開始時工作到夜裏 12 點，後來逐漸延長至凌晨一二點，再後來就一直工作到第二天早上 8 點。別人來上班，我就回去睡覺。睡到中午 12 點，喫過午飯後，再到實驗室工作。這樣我一般每天睡四五個小時。這種工作方式持續了一年多。」〔註35〕1942 年 5 月完成了博士論文，後來分幾個部分發表在美國的有關學術刊物上。

中國當代著名民族史學家馮家一，1937 年留美，在哥倫比亞大學一邊工作，一邊讀書。先是讀東方學的課程，如阿爾泰比較語言學、突厥文、回鶻

〔註33〕《中國百年留學全紀錄》（三），珠海出版社 1998 年版，第 1072 頁。
〔註34〕同上，第 1096 頁。
〔註35〕曾呈奎：《海外留學　造福人民》，《留學生活》，山東人民出版社 1992 年版，第 7 頁。

文等課程，後來又進入人類學系，專門研究人類學和考古學。他的研究興趣雖仍是中國邊疆史，但重心已從東北史轉到西北史，尤其是古代維吾爾族史。突厥文、回鶻文研究的學者，在世界上是不多的，馮開創了我國這方面的研究工作。馮家一是一位勤奮過人的學者，在美期間，利用一切機會學習德文、法文、俄文，利用美國國會圖書館和哥倫比亞大學圖書館藏書豐富的條件，摘錄過大量的有關火藥、絲織等史料，探討過科技史的問題，爲日後繼續研究作好了準備〔註36〕。

四、抗戰期間出國留學的名人

抗戰期間中國政府派出留學人員不多，但培養出一些科技人才，他們對現代中國的發展產生重要影響。這裏僅就戰時出國留美留英留法學生中的佼佼者簡介於下：

1、留美生

著名的物理學家有楊振寧、葛庭燧、馬大猷、胡寧等。楊振寧（1922～），物理學家。美國國籍。生於中國安徽合肥。1942年畢業於西南聯合大學，1944年獲清華大學碩士學位。1945年夏啓程留學美國。1948年獲美國芝加哥大學物理學博士學位。1949年後歷任美國普林斯頓高等研究院教授、紐約州立大學石溪分校教授兼理論物理研究所所長、名譽所長。1986年起兼任香港中文大學博文講座教授。美國國家科學院院士，英國皇家學會外籍會員，俄羅斯、巴西、委內瑞拉科學院和西班牙皇家科學院外籍院士，臺灣「中央研究院」院士。50年代和R.L.米爾斯合作提出非阿貝爾規範場理論。1956年和李政道合作提出弱相互作用中宇稱不守恒定律，同獲諾貝爾物理學獎。在粒子物理和統計物理方面做了大量開拓性工作，提出楊·巴克斯特方程，開闢了量子可積系統和多體問題研究的新方向等。1994年當選爲中國科學院外籍院士。1999年自石溪分校榮休，同年出任清華大學教授，2003年底回北京定居。同時身兼廣東東莞理工學院名譽校長。葛庭燧（1913～2000），金屬物理學家。山東蓬萊人。1937年獲清華大學理學士學位，1940年燕京大學碩士學位，1941年赴美，1943年獲伯克利加州大學物理學博士學位。中國科學院固體物理研究所研究員、名譽所長。主要從事固體內耗、晶體缺陷和金屬力學性質研究，

〔註36〕《中國百年留學全紀錄》（三），第1100頁。

是國際上滯彈性內耗研究領域創始人之一。首創了「葛氏扭擺」，首先發現晶界內耗峰（葛峰），首先發現點缺陷與位錯交互作用以及位錯與晶界交互作用引起的非線性滯彈性內耗峰。馬大猷（1915～2012），物理學家。原籍廣東潮陽，生於北京。1936 年畢業於北京大學。1937 年赴美，1939 年獲美國哈佛大學碩士、哲學博士學位。中國科學院聲學研究所研究員。主要從事物理聲學建築聲學的研究，是房間聲學中簡正波理論，所提出的簡潔的簡正波計算公式和房間混響的新分析方法已成爲當代建築聲學發展的新里程碑，並已廣泛應用。50 年代領導設計建造了具有獨創性的中國第一個聲學實驗室，提出了語音統計分析分佈的新理論，成功地領導了北京人民大會堂的音質設計，並在吸聲結構、噴注噪聲及其理論和應用、環境科學、非線性聲學等多方面提出重要理論。胡寧（1916～1997），理論物理學家。江蘇宿遷人。1938 年畢業於清華大學。1941 赴美，1943 年獲美國加州理工學院物理學博士學位，1950年回國。北京大學教授，中國科學院理論物理研究所研究員。早年致力於流體力學中湍流理論的研究。40 至 50 年代，對介子的核力理論和廣義相對論、S 矩陣理論、量子電動力學和粒子理論、高能多粒子產生理論和強相互作用理論等作了深入研究，取得多項重要成果。60 年代中期與朱洪元共同領導建立和發展了強子內部結構的層子模型理論的工作，並對有關問題作了系統研究，獲一系列創見性成果。對高能物理實驗中發現的大量新強子和新現象作了分析並對強子結構和強相互作用動力機理作了探討。以上後面三位皆爲1955 年中科院學部委員。

傑出的化學家有侯祥麟、高鴻、郭慕孫、蔣明謙等。侯祥麟（1912～2008），化學工程學家。兩院院士。廣東汕頭人。1935 年畢業於燕京大學化學系。1944 年留美。1948 年獲卡內基理工學院博士學位。中國石油天然氣集團公司高級顧問、教授。曾任石油工業部副部長、全國政協副主席。長期負責石油科研機構和隊伍的組建，科研計劃的管理；參與歷次國家和部門科技發展規劃的制訂和實施，組織領導鉑重整流化催化裂化催化劑及其工藝等若干重大煉油技術的科研攻關並實現了工業化，使中國煉油工業技術水平大幅度提高，實現了油品立足於國內；指導研究解決了中國噴氣燃料腐蝕燃燒的特殊技術問題，領導研製並供應尖端工業急需的多種新型潤滑材料等。高鴻（1918～），分析化學家。陝西涇陽人。1943 年畢業於中央大學化學系。1944 年留美，1947 年獲伊利諾大學博士學位。南京大學與西北大學終身教

授。長期從事電分析化學基礎理論、新方法、新技術的研究，特別是極譜分析基礎理論研究。在懸汞電極研究方面，提出了汞齊擴散電流理論，金屬在汞中擴散係數測定方法與金屬在汞中的擴散公式等。對極譜學各分支的各種電極過程導出電流方程序並進行了實驗驗證，澄清了一些爭論的問題。系統地研究和發展了示波分析方法，開闢了一個分析化學的新領域。郭慕孫（1920～2012），化學工程學家。廣東潮州人。1943 年畢業於滬江大學化學系。1945年 5 月赴美國普林斯頓大學研究生院進修化工，1946 年 10 月獲碩士學位。1947 年獲美國普林斯頓大學化工碩士學位。中國科學院化工冶金研究所研究員、名譽所長。1997 年當選爲瑞士工程科學院外籍院士。早年發現液—固和氣—固兩種截然不同的流態化現象，分別命名爲「散式」和「聚式」流態化，已成爲化學工程術語。後將散式流態化理想化，提出了描述流體和顆粒兩相流最簡易的「廣義流態化理論」，可適用於顆粒物料的受阻沈降、浸取和洗滌、移動床輸送等工藝。對氣體和顆粒的聚式流態化，於 50 年代即指出其接觸差、能耗高的缺點，相繼研究稀相、快速、淺床等其他流態化方法，逐步形成無氣泡接觸體系理論。上述理論已多次應用於金屬提取等資源開發。1989 年在加拿大獲國際流態化成就獎。蔣明謙（1910～1995），化學家。四川蓬溪人。1935 年畢業於北京大學化學系。1941 年考取清華公費留美。1942年在馬里蘭大學藥學院獲碩士學位，1944 年獲伊利諾大學博士學位。中國科學院化學研究所研究員。從事有機化學、藥物化學研究，重視科學現象的個體性與整體性關係。早年從事藥物化學研究，側重藥物分子結構與藥理作用的關係。50 年代開始了有機化合物結構與性能定量關係的研究。1962 年提出了「誘導效應指數」，用於非共軛體系有機物性能的預測，得到了廣泛的承認。1977 年提出「同系線性規律」，適用於定量計算和預測所有有機同系物系列的性能與結構關係。以上後面三位皆 1980 年當選爲中國科學院學部委員。

卓越的醫學家有吳英愷、黃家駟、張香桐等。吳英愷（1910～2003），胸心外科學家。遼寧新民人。滿族。1933 年畢業於原遼寧醫學院，1941～1943年留美進修胸外科，1944～1948 年任重慶、天津中央醫院外科主任，1951 年後年任中國協和醫學院外科主任教授，解放軍胸科醫院院長兼外科主任，北京市心肺血管疾病研究所名譽所長。是中國胸心外科的開創人之一，1940 年他首次成功切除食管癌，50 年代末組織華北四省一市食管癌防治科研大協作，開展流行學病理和發病學研究，降低了死亡率、提高了治愈率，學術水

平達到國際前列。1958 年以來開展心血管病流行學及人群防治，1978 年組建
中國第一個心血管病流行預防教研組，推廣心腦血管病的調研防治，取得了
國內領先國際矚目的成果。曾任中華醫學會外科學會及心血管病學會主任委
員，美國外科學會及胸外科學會榮譽會員，美國外科醫師學院榮譽院士。1955
年選聘爲中國科學院學部委員。黃家駟（1906～1985），胸外科學家。江西玉
山人。1930 年畢業於燕京大學，獲理學士學位。1933 年畢業於北平協和醫學
院，獲醫學博士學位。1941 年留學美國，1943 年獲密西根大學醫學院碩士學
位，並獲美國外科專家證書。中國醫學科學院名譽院長，中國醫科大學和中
國首都醫科大學教授、名譽校長。中國胸外科學和生物醫學工程學的奠基人
之一。1945 年在上海醫學院創建中國胸腔外科專門化，在中國率先在控制壓
力麻醉下大量進行開胸肺切除、食管切除等手術，組建上海胸科醫院；多年
來擔任醫學界的領導工作，對推動與組織中國醫學科學事業的發展作出重大
貢獻。1955 年選聘爲中國科學院學部委員。張香桐（1907～1988），神經生理
學家。河北正定人。1933 年畢業於北京大學心理系。1943 赴美，1946 年獲耶
魯大學醫學院生理系哲學博士學位。中國科學院上海腦研究所研究員、名譽
所長。首先提出大腦皮層運動區是代表肌肉的論點；根據視覺皮層誘發電位
的分析提出視覺通路中三色傳導學說，發現「光強化」現象，被世界生理學
界命名爲「張氏效應」；首次發現樹突電位；從事針刺鎮痛機制研究，認爲針
刺鎮痛是兩種感覺傳入在中樞神經系統相互作用的結果。1957 年選聘爲中國
科學院學部委員。此外還有 1980 年選聘爲中科院學部委員的中國土壤農業化
學家李慶逵、植物胚胎學家王伏雄、植物生理學家婁成后、海洋生物學家曾
呈奎、遺傳育種學家蔡旭等。

　　知名的地學家有盧衍豪、徐克勤、趙金科等。盧衍豪（1913～2000），地
層古生物學家。福建永定人。1937 年畢業於北京大學地質系。1945 年赴美國
哈佛大學、芝加哥大學和美國國家地質調查所進修，1946 年回國。中國科學
院南京地質古生物研究所研究員。30 年代後期系統調查昆明附近早寒武世地
層，已成爲我國的標準層型。1950 年重新劃分東北南部的寒武紀地層，徹底
糾正了日本學者長期造成的錯誤，在國際上引起強烈反響。此後，對山東等
地寒武系進行深入研究，建立 10 個階和 32 個化石帶，得到國際公認，已作
爲亞洲、澳州、南極州標準分層和對比的依據。50 年代後期致力於奧陶紀三
葉蟲化石的系統研究，完成 92 萬字巨著《華中——西南奧陶紀三葉蟲動物

群》，得到國際古生物界的讚賞。70 年代創立了「生物——環境控制論」的學說，爲解釋全球早古生代動物群分佈規律提供了理論依據，並在國內應用於多元素金屬和非金屬礦床。80 年代完成專著《浙江西部寒武紀三葉蟲動物群》及《浙西寒武——奧陶系界線》，爲寒武紀地層的國際對比提供了重要依據。趙金科（1906～1987），地質學、古生物學家。河北曲陽人。1932 年畢業於北京大學地質系。1937 年赴美，在哥倫比亞大學作研究生，1939 年畢業回國。中國科學院南京地質古生物研究所名譽所長、研究員。30 年代，提出震旦紀地槽呈環狀分佈於極區泛大陸周圍和內部的理論。30 年代後期對廣西西部開展區域地質調查，證實地質力學理論闡述的廣西山字型構造的位置及形跡。40～50 年代，研究頭足類化石和二疊、三疊紀地層，取得突破性進展。晚年領導並具體參與對華南二疊系最高層位長興階的層型以及二疊——三疊系界線層型的專題研究，取得了豐碩成果。徐克勤（1907～2002），地質學、礦床學家。安徽巢縣人。1934 年畢業於中央大學地學院地質系。1939 年赴美，1944年獲明尼蘇達大學博士學位。次年回國。任南京大學教授、地質系主任。早年從事鎢礦地質研究。1943 年所著《江西南部鎢礦地質志》，對贛南區域地質及造山運動、花崗岩類與鎢礦關係、鎢礦床特徵等作了科學論述。長期從事很早就重視花崗岩類及其成礦作用的關係，以及華南鎢、錫、鐵、銅、金、硫鐵礦礦床和南嶺區域地質研究，對華南不同時代和不同成因系列的花崗岩類研究及噴流沉積與後期熱液迭加改造類塊狀硫化物礦床的研究，取得重大成果，分別獲得國家自然科學二、三等獎。發表《華南不同時代花崗岩類及其與成礦關係》、《湖南鎢鐵錳礦礦區中矽卡岩型鈣鎢礦的發現》及《華南花崗岩類的成因系列和物質來源》等專著。以上三位皆爲 1980 年當選爲中國科學院學部委員。

優秀的技術科學家有葉培大、陳學俊、梁守槃、呂保維等。葉培大（1915～2011），微波通信及光纖通信專家。上海南匯人。1938 年畢業於北洋工學院。1945 年留美，1948 年回國。北京郵電大學教授、名譽校長。主持設計、安裝和測試了我國第一部 100 千瓦大功率廣播發射機、當時全國最大的菱形天線網及南京淮海路廣播大廈，爲恢復我國大型廣播發射臺、天安門廣播系統等做出了貢獻。開展了微波圓波導 H01 通信的研究，並率先開展了大氣光通信的研究工作。在國內首次研製出微波波導校相器和直接耦合濾波器等，設計了 120 路數字微波通信系統。1976 年以來，主要從事光纖通信技術的研究工

作，在相干光纖通信系統、光纖通信系統中的極化噪聲、模分配噪聲、光纖非線性等方面取得了一系列成果。提出並主持完成「863」通信主題的立項論證工作。1980 當選爲中國科學院學部委員。鄒元爔（1915～1987），冶金和材料科學家。浙江平湖人。1937 年畢業於浙江大學。1942 赴美，1947 年獲匹兹堡卡耐基理工學院博士學位。中國科學院上海冶金研究所研究員。50 年代初，和周仁合作對包頭含氟稀土鐵礦高爐冶煉中氟的行爲和冶煉過程進行了研究，解決了含氟鐵礦高爐冶煉問題，使包鋼得以投入全面開發。1957 年承擔了攀枝花鐵礦煉試驗任務，在國際上首先採用釩鈦鐵礦高爐冶煉新工藝，實現了風口噴吹新技術。60 年代後致力於半導體材料和有關高純金屬及其物理化學研究。領導研製出高純金屬鎵、磷、砷等，爲我國高純金屬研究和生產奠定了良好的基礎。致力於砷化鎵材料質量的提高及缺陷的研究，用物理化學觀點研究結構缺陷，提出砷化鎵結構缺陷模型的新理論。陳學俊（1919～），熱能動力工程學家。安徽滁縣人。1939 年畢業於中央大學。1944 年赴美，1946 年獲美國普渡大學機械工程碩士學位。西安交通大學教授，曾任動力系主任、副校長。長期從事熱能動力工程方面的科研工作。是我國鍋爐專業、熱能工程學科的創始人之一。50 年代起，在國內最早開展應用基礎學科——兩相流與傳熱的理論研究，是國內這門新學科分支的奠基人。開設電力、熱能工程及鍋爐專業的大多數課程，編著有《鍋爐學》、等 11 本著作，爲高等院校所採用。梁守槃（1916～2009），航空工程專家。福建福州人。1937 年畢業於清華大學，1938 年自費赴美留學。1939 年獲美國麻省理工學院碩士學位。中國航天工業總公司高級技術顧問、教授。60 年代發明了雙層（金屬）容器，被國家科委授予發明創造獎。主要論著有《離心壓縮機的性能分析》等。呂保維（1916～2004），電波傳播科學家。江蘇常州人。1939 年畢業於清華大學，後留學美國，1944 年獲麻省理工學院碩士學位，1947 年獲哈佛大學博士學位。中國科學院電子學研究所研究員。我國電波傳播科研事業的創始人之一。主持規劃和建立合理布局的全國電離層觀測站網。主持對流層前向散射傳播實驗和從事理論研究，所得結果和經驗爲後來設計對流層散射通信設備和建立這種電路提供了依據。從事無線電波繞球地面的傳播理論的研究，提出了滑行傳播的理論。從事衛星式飛船與地面短波無線電聯絡中傳播問題的研究，提出了沿 F 層最大電子密度處「滑行」傳播的概念；提出一個關於電磁單位制的建議，建議創立兩種新的 CGS 制。提出過一種便於對各

種不同根數的人造衛星軌道攝動進行計算的方法。除以上五位 1980 年當選爲中國科學院學部委員者外，還有 1991 年當選爲學部委員的材料科學家顏鳴皋、火箭總體設計專家屠守鍔等。

2、留英生

物理學領域有理論物理學家彭恒武、固體物理半導體物理學家黃昆、核物理學家楊澄中等。彭恒武（1915～2007），原籍湖北麻城，生于吉林長春。1935 年畢業於清華大學，1938 赴英，1940 年獲愛丁堡大學哲學博士學位。中國科學院理論物理研究所研究員、所長。皇家愛爾蘭科學院院士。主要從事理論物理的基礎和應用研究並取得顯著成就。回國前研究固體理論、介子理論和量子場論。回國後研究輕原子核理論，對分子結構提出新的處理方法，並對鋼錠快速加熱工藝問題作過理論的應用研究，結果與同時的實驗符合。在反應堆理論與工程方面作過初期的培訓工作。幫助過核工廠制定臨界安全規定。在參與領導中國第一代原子彈和氫彈的理論研究設計工作中做出具體重要貢獻。黃昆（1919～2005），原籍浙江嘉興，生於北京。1941 年畢業於燕京大學。1945 年赴英國留學，1948 年獲英國布里斯託大學哲學博士學位，1948～1951 年在英國利物浦大學理論物理系任博士後研究員，1951 年回國。1980 年當選爲瑞典皇家科學院外籍院士。1985 年當選爲第三世界科學院院士。中國科學院半導體研究所研究員、名譽所長。主要從事固體物理理論、半導體物理學等方面的研究並取得多項國際水平的成果，是中國半導體物理學研究的開創者之一。1987～1991 年曾任中國物理學會理事長。50 年代與合作者首先提出多聲子的輻射和無輻射躍遷的量子理論即「黃－佩卡爾理論」；首先提出晶體中聲子與電磁波的耦合振動模式及有關的基本方程（被譽爲黃方程）。40 年代首次提出固體中雜質缺陷導致 X 光漫散射的理論（被譽爲黃散射）。證明了無輻射躍遷絕熱近似和靜態耦合理論的等價性，澄清了這方面的一些根本性問題。在 83 歲高齡時獲得了我國科技界的最高榮譽——2001 年度國家科學技術最高獎。楊澄中（1913～1987），生於江蘇常州。1937 年畢業於中央大學物理系，1945 年赴英，1950 年獲英國利物浦大學哲學博士學位。歷任中科院近代物理研究所研究員、所長，中科院蘭州分院副院長。主要從事靜電加速器、高壓倍加器和重離子加速器的研製及實驗核物理研究，並取得多項重要成果。50 年代以後，與趙忠堯一起領導了中國第一臺靜電加速器的研製，負責指導了碘化鉀（鉈）等閃爍晶體的製備，負責了中國第一臺高壓倍加器

的研製，組織領導了蘭州重離子加速器的建造和重離子核物理實驗研究工作，取得了許多創見性成果。

化學界有物理化學家盧嘉錫（1915～2001）。物理化學家，中國科學院院士。祖籍臺灣臺南，福建廈門人。1934 年畢業於廈門大學。1937 年赴英留學，1939 年獲倫敦大學物理化學專業哲學博士學位。1944 年獲美國科學委員會頒發的「科學研究與發展成就獎」。1945 年回國，歷任廈門大學化學系教授、主任、理學院院長、副校長，福州大學副校長、名譽校長，中國科學院院長，全國政協副主席，全國人大常委會副委員長等。1985 年被選爲第三世界科學院院士，同年被選爲比利時皇家科學院外籍院士。長期從事結構化學研究，他早年設計的等傾斜魏森堡照相的 Lp 因子倒數圖，曾爲國際 X 射線晶體學界普遍採用。1973 年在國際上最早提出固氮酶活性中心網兜模型之一，之後又提出過渡金屬原子簇合物「自兜」合成中的「元件組裝」設想，還系統地組織提出一些〔Mo3S4〕4+簇合物的「類芳香性」本質問題，因而使中國化學模擬生物固氮及有關原子簇合物的合成和結構化學研究躋身世界前列。他是我國物理化學學科及結構化學學科領域的奠基人之一，爲中國科學院的改革與發展、培養科技人才、發展國際學術交流等方面作出了卓越貢獻。

技術科學方面有光學專家王大珩、冶金學家李薰、工程熱物理學家燃燒學家史紹熙。王大珩（1915～2011），中國科學院院士，中國工程院院士。江蘇省吳縣市人。1936 年畢業於清華大學物理系，1938 年赴英留學，攻讀應用光學專業，獲碩士學位。1942 年被英國伯明翰昌斯公司聘爲助理研究員。1948 年回國，歷任大連大學教授，中國科學院儀器館館長，長春光機所所長，中國科學院長春分院院長，中國光學學會理事長等。我國現代國防光學技術及光學工程的開拓者和奠基人之一。在他領導下，開拓與發展了靶場光學測試技術、激光技術及太陽地面模擬等國防光學技術領域。爲配合我國中程地地導彈發射實驗，中國科學院承擔研製大型精密靶場光測設備的任務，他任總工程師，提出工程總體方案，解決關鍵技術問題，一次研製成功，性能達到當時同類儀器的國際水平，滿足了國防尖端武器試驗的急需。繼而在 G179、718 經緯儀和船體變形測量系統，170 跟蹤望遠鏡，331 電影經緯儀等研製任務中，對總體方案和技術路線進行指導，解決了許多關鍵技術問題。他對國家光學技術領域的長遠發展規劃的制定，研究方向、研製任務的確定，技術基礎的建議等方面，做了大量籌劃決策、組織領導和技術指導工作，並積極倡導建立研究——發展——小批量

生產一體化的體制。李薰（1913～1983），中國科學院院士。生於湖南邵陽。1936年畢業於湖南大學冶金系，1937年考取公費留學英國雪菲爾德大學冶金學院，1940年獲哲學博士學位後留校任研究員兼指導研究生工作。1951年8月回國，歷任中國科學院瀋陽分院院長、金屬研究所名譽所長、中國科學院副院長、《金屬學報》主編等職。留英期間，在研究飛機引擎主軸斷裂的原因中，就冷加工對鋼的組織和性能的影響以及氫在鋼中的作用進行了深入的研究，發現鋼中氫脆的奧秘和規律，證明了鋼的內部發裂是由於氫的存在引起的，其分佈則決定於內應力。並以擴散、溶解度和鋼的結構等關係，闡明了不同溫度下鋼材尺寸大小、時間與鋼中氫含量的關係。此規律對世界各國鋼鐵技術一直有著非常重大的影響，使他成為這一領域公認的創始人。在他的領導下金屬研究所開拓了鈾冶金、鑄造高溫合金、難熔金屬、高溫物理性能測試、稀土在鋼中應用等研究領域並取得許多重要成果。如提高鋼的產量和質量，支持創建武鋼、包鋼，建立中國合金鋼系統，綜合利用稀土資源，研製空心氣冷渦輪葉片，返回地面衛星蒙皮及其天線的材料與工藝等，為中國第一顆原子彈、第一顆重返地面人造衛星、第一架超音速噴氣飛機、第一艘核潛艇提供關鍵材料，作出了重要貢獻。1956年獲中國科學院自然科學三等獎、1985年獲國家科技進步獎二等獎。史紹熙（1916～2000），中科院院士。江蘇宜興人。1939年獲北洋大學學士學位，1945年赴英，1949年獲曼徹斯特大學博士學位。天津大學教授、副校長、校長，中國工程熱物理學會理事長，中國內燃機學會理事長，國際燃燒學會中國分會主席等職。發明了復合式燃燒系統，獲國家發明二等獎。推導出粒子在氣缸內渦流中的運動軌跡方程，提出了周邊混合氣流形成的原理。發明柴油機的熱混合理論。他還建立了周期性脈動式流動的能用速度分佈方程並求得了其頻率影響的無因次式，從而解決了層流流量計多率影響的無因次式，解決了層流流量計多年來未解決的理論問題和設計問題。他成功地研究開發了我國第一臺轉速為3000轉/分以上的高速柴油機和第一臺兩級自由活塞式發動機——壓氣機。

社會科學中有著名作家新聞記者蕭乾、哲學家教育家劉佛年等。蕭乾（1910～1999），祖籍黑龍江省興安嶺，生於北京。1935年在燕京大學畢業後，入《大公報》，主編天津、上海、香港等地《大公報》的文藝副刊，兼任旅行記者。1939～1942年任英國倫敦大學東方學院講師，兼任《大公報》駐英記者。1942～1944年為劍橋大學英國文學系研究生。1944年後任《大公報》駐英特派員兼戰地記者，曾在萊茵河前線、柏林和紐倫堡法庭進行採

訪。1946～1948年負責上海《大公報》國際問題社評兼復旦大學新聞系及英文系教授。第二次世界大戰結束後，往來於歐美兩洲，採訪聯合國成立大會和波茨坦會議，寫有《南德的暮秋》等特寫報導。1948年調香港《大公報》工作。至1956年歷任英文《人民中國》雜誌副總編輯、《譯文》編輯部副主任、《文藝報》副總編輯。1957年以後主要從事外文翻譯工作。1988年後任中央文史館館長。著有報告文學集《人生採訪》、短篇小說集《籬下集》、長篇小說《夢之谷》、散文集《珍珠米》、回憶錄《負笈劍橋》，翻譯作品有《好兵帥克》、《大偉人江奈生·魏爾德傳》、《莎士比亞戲劇故事集》等。劉佛年（1914～2001），中國科學院哲學社會科學部委員。醴陵人，1924年就讀於長沙明德中學。1935年畢業於武漢大學，1937年出國留學，先後入英國劍橋大學、法國巴黎大學攻讀哲學。1939年回國，歷任西北聯大、蘭田國立師範學院、暨南大學等校教授。中華人民共和國成立後，任復旦大學教授、上海師範學校校長、華東師範大學教育科學院院長等職，爲中國哲學研究會副會長、中國教育學會副會長。著有《杜威思想的再認識》、《唯物論與教育》等。

3、留法生

林學家鄭萬鈞（1904～1983）。1955年中科院學部委員。江蘇徐州人。1923畢業於南京江蘇第一農校林科。1939年4月，被選派赴法國圖盧茲大學森林研究所進修，同年11月即獲科學博士學位。回國後任雲南大學教授，中國林業科學院研究員、院長。在森林地理學和樹木學研究中，深入調查、考察與進行定位試驗，用動態的觀點研究森林生態、林木生理、樹木生長及林業經濟指標，提出科學經營林業技術措施與管理方法，倡導實驗森林地理學；根據樹木外部形態特徵及地理分佈鑒別樹種，研究樹種的環境條件、生活習性、適應性能和利用價值，主要經濟樹種在不同地區、海拔成片栽植，研究生長發育規律，創立了實驗樹木學；組織編寫了中國樹木志等重要學術專著；命名了100餘個樹木新種和三個新屬。1948年與胡先驌先生聯合發表的活化石——水杉，被世界植物學界譽爲近一個世紀以來最大的科學貢獻之一。

醫學寄生蟲學家毛守白（1912～1992）。生於上海。1937年畢業於上海震旦大學醫學系。1938～1939年在法國巴黎大學醫學院進修。1941年任國立上海醫學院寄生蟲學講師。1942年隨上海醫學院遷重慶，任寄生蟲學和細菌學副教授。1944年任中央衛生實驗院寄生蟲學技師，其間於1947～1948年赴美國、

英國和埃及進修和考察血吸蟲病，並與美國國立衛生研究院合作進行血吸蟲病研究。1950 年後任中央衛生研究院華東分院技師、研究員，中國醫學科學院寄生蟲病研究所研究員、所長，《中國寄生蟲學與寄生蟲病雜誌》主編，世界衛生組織全球醫學研究咨詢委員會委員。1984 年在日內瓦被授予里昂·伯爾納基金獎，1989 年被授予法國佩皮尼昂大學名譽博士稱號。他證明了中國大陸的釘螺是一個種，即湖北釘螺，而非十幾個種，創用肝卵抗原作皮內試驗。

女高音歌唱家周小燕（1917～）。湖北武昌人，生於上海。早年曾入上海國立音樂專科學校學習聲樂。1938 年赴法國入巴黎俄羅斯音樂學院學習聲樂，曾參加巴黎國家大劇院歌劇演出，並在盧森堡、柏林等地舉行音樂會。1947 年回國，任教於上海國立音樂專科學校，1949 年任上海音樂學院聲樂系教授、主任。1979 年任副院長。1979 年、1985 年被選爲中國音樂家協會第三、第四屆副主席。周小燕有很高的藝術修養，歌唱造詣精深。可用法、意、英、德等國語言演唱歐洲歌劇和藝術歌曲。也擅長演唱中國藝術歌曲。代表曲目有俄羅斯民歌《夜鶯》、M·拉韋爾《哈巴涅拉》和黃自《踏雪尋梅》、賀綠汀《我是快樂的百靈鳥》等。長期從事聲樂教學，發表多篇論文，培養了許多歌唱人才，如劉捷、張建一等。

第十一章　僞政權下的奴化留日教育

　　「七‧七」事變後，國民政府停止派遣留日學生，但中國人留日的歷史並未終結，因爲各僞政權積極向日本派遣留學生，沿海地區的青年學子自備資金赴日求學者也大有人在，因此，在國統區停派留日生之後，淪陷區的留日活動仍庚續未絕，中國近代留日教育完全進入奴化留學教育時期。抗戰期間各僞政權總共派遣了多少留日生，未有確切統計。有人「粗略估計，公、自費生合計在 8000 人左右」〔註 1〕，這不包括臺灣。在日本投降時，留日臺灣籍學生尚有近 5000 人〔註 2〕，抗戰期間，臺灣留日學生的總數估計也有此數的 2 倍，即萬人左右，這樣整個中國抗戰期間的留日學生要在 1.8 萬人左右。這個數字爲國統區派遣留學生的十多倍。

一、僞滿留日教育

　　奴化留日教育早在「滿洲國」建立後不久便已開始。它不但進行的早，而且制度也最爲完備。

1、僞滿留日教育的過程

　　僞滿留日教育以「七‧七」事變爲界，分爲前後兩個階段。「九‧一八」事變和「一‧二八」事變之後，中國留日學生憤慨臻於極點，幾乎全部退學歸國。稍後雖有不少人重返日本，但人數已較過去大減，許多接受中國留學生的日本學校學生不足，日本帝國主義操縱僞滿政權加緊了對東北青年留學生的派遣。

〔註 1〕 王奇生：《淪陷區僞政權下的留日教育》，《抗日戰爭研究》1997 年第 2 期。
〔註 2〕 同上。

1933 年 3 月僞文教部首次派遣公費留學生,「同年 7 月復將事變前各省各縣選派之留學生由文教部接管而整理之。當時名額,新舊計逾百名。」至 1934 年 2 月僞文教部「施行第二屆選拔試驗,選取百名」,於 4 月派遣留學,「視前倍增矣」〔註3〕。以後每年派出公費生百名左右。同時,鼓勵青年自費留學,使「青少年之向學心愈加熾烈,自費留學生數亦逐年愈見激增」〔註4〕。

據延安時事問題研究會所編《抗戰中的中國文化教育》一書統計,1932 ～1937 年僞滿留日學生數爲:1932 年 330 人,1933 年 500 人,1934 年 900 人,1935 人 1280 人,1936 年 1590 人,1937 年達到最高峰,爲 1837 人。另據僞民生部 1937 年 12 月統計,「滿洲國」留日學生當時爲 1844 名〔註5〕。總的呈逐年遞增趨勢。這當中,1932 年的數字是事變前派出的,1933 年及其以後的數字才是僞滿政權派遣的。至 1937 年的 5 年中,共派出留日學生估計將在 2500 名左右,平均每年約 500 名,其中 100 名內外爲公費生,其餘則爲自費。如 1937 年在 1844 名留日學生中,自費生爲 1464 人,公費生爲 380 人〔註6〕,自費者約佔總數的 80%。

眾多的東北青年之所以樂於赴日留學,其原因大致有以下幾點:

一是受全國重新掀起的留日高潮的影響。少數愛國分子爲了準備抗日,而深入虎穴,進一步瞭解日本;多數人既不安心於亡國奴的屈辱地位,又看不到正確的前途,在走投無路的情況下,以留學的形式暫避鋒芒,先學點知識,以待他日。而在當時貨幣匯率對華有利的情況下,使一些家境較好者也有經濟能力赴日學習。

二是日僞的鼓勵留學政策。僞滿政權除以各種形式派遣公費留學生外,還重用留學回國人員,「對於留學生之卒業者,與總務廳人事處協力幹旋,就職於諸官署或特殊銀行、公司等」〔註7〕。1935 年 12 月《滿洲帝國文教部第二次年鑑》稱「留學生歸國後之就職狀況觀之,以就職率言,幾近於百分之百。」〔註8〕後又下令凡經認可的留學生考試合格者政府特殊會社予以特典任

〔註3〕 武強編:《東北淪陷十四年教育史料》一,吉林教育出版社 1989 年版,第 320 頁。
〔註4〕 武強編:《東北淪陷十四年教育史料》二,吉林教育出版社 1993 年版,第 186 頁。
〔註5〕 同上,第 214 頁。
〔註6〕 同上,第 214 頁。
〔註7〕 同上,第 186 頁。
〔註8〕 《東北淪陷十四年教育史料》一,第 321 頁。

用。1936 年末，偽滿統治下的各主要城市舉行第一次留學生考試，卒業留學生全部被偽政府及各特殊會社錄用，並授予相當職務，偽滿各部局亦任用了一批留日學生〔註9〕。這樣，使留學具有很大吸引力。在職位的誘惑下，一些青年爲能找到個合適的工作，而樂於赴日鍍金。一些漢奸親日分子爲表其對主子的忠心，更積極地將子女送往日本。

上述種種因素的綜合，自然造成公、自費留日者絡繹不絕，大大超過了關內的留日熱。據 1936 年日華學會的統計，在 5909 名中國留學生中「滿洲國」學生有 1833 人〔註10〕，近佔三分之一。

這個階段，偽滿奴化留學教育體系已經確立，從留學宗旨方針政策到規章制度全部形成，先後制定頒布了《關於留學生之件》、《留學規程》、《留日學生須知》等。後一階段便是在這種體系下進行的。

1937 年「七・七」事變後，依據 1938 年 4 月偽滿確立的學席定額，每年派往日本國內的留學生 222 名，在日的偽滿留學生數 1938 年爲 1519 人〔註11〕，1939 年 1204 人〔註12〕，1940 年爲 900 人〔註13〕，1943 年 1004 人〔註14〕。其它幾年未見到確切數字，估計每年大體也在 1000 人上下。這樣，1938～1945 年之中偽滿政權派到日本的留學生大約 2000 人左右。這個數目大致和其他漢奸政權派出的留日學生相仿。不過由於他們留學教育時間短，進行晚，每年在日就讀的留學生數肯定比偽滿少得多，佔主導地位的是偽滿留學生。

這個階段的偽滿留日學生數雖年均仍超過千人以上，但比起戰前的高潮期有了明顯下降，1938 年以後的幾年呈遞減之勢。其原因大致有三：一是偽滿政權實行了留學生認可制，取消了公自費生的界限，改變了對自費生的放任政策，規定了留學的資格條件，這就限制了部分青年的出國。二是受抗戰形勢的影響。隨著全面抗戰的爆發，全國人民奮起禦敵，東北廣大愛國師生也紛紛走向了反滿抗日道路，在關內留學生集體輟學歸國並不再返回的情況下，許多東北青年也不願遠逃異國，腆顏事敵。三是原先高潮時期的留學生這時多到了畢業時間，畢業回國者多而留學赴日者少。以上三點造成了 1938、

〔註9〕 王春南：《抗日戰爭時期中國留學教育》，《南京大學學報》1993 年第 4 期。
〔註10〕 《留日學生名簿》（日華學會）第 10 版。
〔註11〕 延安時事問題研究會：《抗戰中的中國文化教育》，上海人民出版社 1961 版，第 16 頁。
〔註12〕 《東北淪陷十四年教育史料》二，第 256 頁。
〔註13〕 同上，第 330 頁。
〔註14〕 同上，第 402 頁。

1939、1940 三年的滑坡，同時 1938 年開始的每年 222 名留學生定額的學席制度實行，又使其在 1940 年後留學生數穩定在千人左右。

至抗戰結束時，中國留學生只剩下 456 人，其中公費 339 人，自費 117 人〔註 15〕。這些留學生戰後由國民黨政府資遣回國。至此，僞滿留日教育宣告結束，半個世紀的中國近代留日運動也劃上了句號。

整個僞滿時期究竟派出多少留日學生，未見到精確的數字，從上面所述情況推算，大體將在 4500 人左右，平均每年派出 300 餘人，常年在日學生千人以上。其規模不僅在東北近代史上空前絕後，而且在全國其他地區也是少有的。

2、僞滿留日學生的類別

僞滿時期的留日學生，從不同的角度可分成許多類別，由此可進一步窺探其留日教育的狀況。

第一，從留學學歷上分主要是大專學校留學生，另有中等學校留學生、教員留學生、社會教育指導者留學生等。

第二，從經費來源上分有補助費生和自費生。僞滿政府派出供給經費的公費生主要有文教部（民生部）補助費，另外還有日本外務省文化事業部補助費、滿鐵會社補助費等。據 1937 年 12 月末的統計，僞滿留日學生民生部補助費生 302 人，文化事業部補助費生 78 人，合計 380 人；自費生 1464 人，爲公費生的 3 倍。留學生補助費（月額）依留學學歷及地區不同而各異。

第三，從省別看，留日學生來自僞滿各省，而主要是奉天、吉林等日僞統治的重點地區。據 1939 年 8 月僞民生部的調查，留日人數各省（市州）分別爲：新京特別市 35 人，吉林省 167 人，龍江省 47 人，黑河省 5 人，三江省 7 人，牡丹江省 10 人，濱江省 117 人，間島省 16 人，通化省 7 人，安東省 38 人，奉天省 457 人，錦州省 36 人，熱河省 15 人，興安西省 6 人，興安南省 14 人，興安東省 10 人，興安北省 8 人，關東州 159 人，合計 1204 人〔註 16〕。從中可以看出，留日學生派出最多的省份仍是奉天省，超過總數的三分之一，其次爲吉林省和關東州，各佔八分之一。這和日本侵略者對其佔領地區的重視程度相一致，從一個側面反映出僞滿派遣留日學生爲維護日本殖民統治的目的。

第四，從性別上看，男生佔絕對多數，偏重於大專學校，其次爲中專學

〔註 15〕 國民政府教育部檔案，中國第二歷史檔案館藏，一——15363。
〔註 16〕 《東北淪陷十四年教育史料》二，第 256 頁。

校，女生主要集中在東京，偏重於專門學校及師範類學校。以 1943 年為例，在 1004 名留日生中，男生 821 人，近佔 82%；女生 183 人，約佔 18%。在分佈上，東京之部共 452 人，其中男生 349 人，女生 103 人；地方之部共 552 人，其中男生 472 人，女生 80 人〔註17〕。男生地方多於東京，而女生則東京多於地方，女生主要集中在中心城市，這合於一般規律。從就讀學校看，女生主要集中在專門學校，其次為高等師範及師範學校。而男生偏重於大專學校，其次為中等專業學校。仍以 1943 年為例，在上述 183 名女生中，就讀於官立私立專門學校並大學專門部者 109 人，佔女生的 60%，高等師範 23 人，師範學校 17 人，兩項合計 40 人，約佔 22%，其他學校則很少。男生，在 201 名官立大學學生中有 198 人，官立私立專門學校並二大學專門部 308 名中有 199 人，皆佔絕大部分，高等學校（即高中）並大學預科、中學校、工業學校、商業學校全是男生，農業學校 17 名學生中也僅有 2 名女生〔註18〕。

3、偽滿留日教育制度

偽滿留學教育的領導機構為偽文教部。東北「學生之留學，向由各省施行」，後改歸偽文教部統轄。自 1933 年 7 月將事變前各省各縣選派之留學生由偽文教部接管，其經費亦由該部支發〔註19〕。1937 年 7 月偽文教部縮為教育司，直轄於新設的偽民生部內，偽民生部成為留學教育的統制機構。1943 年 4 月再設教育獨立行政機構偽文教部。蒙古地方文教行政，屬興安總署（後改為蒙政部）統轄。偽滿政府對留日教育極為重視，為確保其奴化政策的貫徹，制定頒布了一系列完整嚴密的留學制度。主要有：

（1）留學生認可制度

為加強對留學生特別是自費生的統制，1936 年 9 月，偽滿當局「以敕令《關於留學生之件》並部令《留學生規程》制定公布，對於留學生認可制度亦得確立。」〔註20〕其中規定：第一，持有民生部大臣所發留學生認可證方可出國留學；獲得認可證須為「留學認可試驗合格者或畢業於其所指定之留學生預備教育施設者」。第二，留學認可試驗資格為「思想堅實，身體強健」之滿洲國人，具有國民高等學校（即高中）畢業證明或經國民高等學力檢定

〔註17〕同上，第 81 頁。
〔註18〕同上，第 402 頁。
〔註19〕《東北淪陷十四年教育史料》一，第 81 頁。
〔註20〕《東北淪陷十四年教育史料》二，第 186 頁。

合格者，「繕具留學生認可呈請書」，並附履歷書、畢業證書或畢業預定證明書、學業成績證明書、身份調查書、留學誓約書、三個月內免冠照片，呈經管轄住所地之省長或特別市長，轉呈民生部大臣。批准後方可參加。試驗分筆試、口試和身體檢查。筆試科目為國民道德、國語、數學等。第三，「留學生之留學地、應入之教育施設、學習學科及留學年限，由民生部大臣指定之」，「不能於民生部大臣所指定期間內辦竣入學手續時，則留學認可證失其效力。第四，留學生如違背留學規程，或身體虛弱、學習成績不良者，民生部大臣可取消其留學之認可。第五，成績特別優秀而家境貧困者，「支給留學補助費」，但畢業後有承擔民生部大臣所指定職務之義務〔註21〕。留學生認可制度取消了公自費生留學資格上的區別，改變了對自費生放任的做法，把其也納於統一監控之下；並且強化了民生部（文教部）大臣的管理權限，強調了補助費生的義務，從而大大加強了對留日學生的統制。認可制原只限於大專學校留學生，後隨著對中等學校留學生的重視，又分設高專之部及中等學校之部，中等學校留學生亦實行了這一制度。

（2）留學生預備校制度

伴隨留學生認可制度的施行，偽滿乃設置留學生預備教育以統制之。1937年5月偽文教部制定《留學生預備校規程》，公布實施。「置校舍新京特別市北大街，同年7月，開始授業，修業年限為1年，限本年為6個月，於年末為第一次卒業生畢業。其後至康德五年3月，為充實內容，以期訓育徹底計，乃制定公佈留學生預備官制。康德十年，該校舍遷移於奉天市北關區大北街，本年為第六次卒業畢業。」〔註22〕按照《留學生預備官制》，「留學生預備校屬民生部大臣之監督，綜理校務，統督所屬職員」；教官6人為委任，「承校長之指揮，從事學生教育」。校長就教官中選派學監，擔任學生訓育指導。「校長認為有必要時，得聘用講師。」〔註23〕《留學生預備校規程》規定留學預備生資格為「思想堅實，身體強健，而合於下列各款之一者之滿洲人」：一、國民高等學校（即高中）畢業或於該年度有畢業希望者；二、國民高等學校畢業程度學力檢定合格者；三、民生部大臣認為有特別事情者。入學者要經過試驗，試驗為筆試、口試及查體。筆試為國民道德、國語、數學及經民生部大臣許可、校

〔註21〕《東北淪陷十四年教育史料》一，第639～642頁。
〔註22〕《東北淪陷十四年教育史料》二，第400頁。
〔註23〕同上，第114～115頁。

長指定之科目。預備校修業年限自 1 月 1 日至 12 月 31 日。學習科目爲國民道德、日語、數學、英語、物理、化學或地理、歷史及訓練，每周授課總時數不得超過 42 時或不足 24 時。期滿校長認爲所定之全課程畢業者，授予畢業證書。民生部大臣對於留學生預備校畢業者發給留學認可證〔註24〕。僞滿專設留學生預備學校的目的，在於爲留日學生去日本之前在精神、學業等方面進行必要的訓練，爲去日本接受更深刻的奴化教育打基礎。這是日本侵略者爲培養高層次「中堅人才」，對留學人員進行思想統制的一種手段。

（3）學席設置制度

依據留學生認可制度，經過留學生認可考試或留學生預備校畢業，由僞文教部（民生部）大臣發給留學認可證之留學生，再由駐日滿洲國大使館發給入學介紹書，各赴留學地之指定學校爲辦理入學手續。但因所指定日本學校招收中國留學生人數不得而知，往往會出現多寡不均，有的派不夠而有的卻人員過多，造成許多人不能按計劃入校而再轉赴別處。爲解決這個問題，僞滿當局與日本文部省及有關機關協商，於 1938 年 4 月開設學席制度，除滿洲國日本方面大學外，日本國內有關高等學校（即高中）、專門學校及大學內，每年設立固定學席，允許一定新生入學。對此，每年僞政府可由文教部（民生部）直轄之留學生預備學校與認可考試合格者中，按計劃選派學生。開始時設置學席定數爲 222 名。學席設置並非意味可以無試驗入學，尤須受入學試驗。對於入學資格認爲不足者，使入特設預科或命其返國〔註25〕。

（4）修學手續

1937 年 3 月僞文教部、蒙政部、大使館聯合發出《留學生須知》，對修學手續等作了明確規定：第一，介紹入學。「凡受留學認可者，當到達留學地後，應立即繕具呈請發給入學介紹書文」，「並附留學認可證及像片 2 張」，呈送東京市麻布區櫻田町五〇番地駐日大使館，「請予發給本人所希准入學學校之入學介紹書。」第二，留日學生證明書。「入學後應立即繕具呈請發給留日學生證明書文」，「並附在學證明書，呈送大使館以便領受留日學生證明書。」第三，留學生登錄。「凡發給留日學生證明書之學生，由大使館登錄之」，「大使館對已登錄之留學生，給與留學中種種方便。」第四，休學、缺席、退學、轉校或轉科。留學生因病、因事休學、缺席要向大使館呈送報告書；擬退學、

〔註24〕同上，第 118～119 頁。
〔註25〕同上，第 399 頁。

轉校或轉科時，應從速備具保證人連署之呈請書，呈送大使館，請求許可。第五，考試。「留學生必須受在學學校所指定之試驗」，學年考試完畢，應立即將學校成績證明書呈送大使館。第六，就職之斡旋。「留學生欲向政府請求斡旋就職時，須於畢業前繕具願書，並附履曆書、家庭調查書、有畢業希望之證明書、畢業成績證明書及像片 2 張，呈送大使館。」第七，畢業登錄。留學生畢業時，應於 3 個月內，將畢業證明書並附學業成績證明書及像片 2 張，呈送大使館，請予畢業登錄。「凡未給畢業登錄者，政府對於其就職等事，不與以任何便利。」〔註 26〕

（5）監督制度

關於留學生的指導監督機關，1935 年 2 月在駐日滿洲國大使館內附設學務處。「學務處於駐日特命全權大使監督下，處理凡在日本國內之滿洲國學生之指導、監督並保護以及關於其他一切留學事務。」〔註 27〕1936 年廢止學務處，該年 9 月敕令發布的《關於留學生之件》中規定，「留學於日本國內學校之留學生，由駐紮日本帝國特命全權大使監督之。」〔註 28〕1937 年 3 月改正日本國駐在外交官制，留日學生指導監督由駐日特命全權大使直接掌管，對留學生的監督更為強化。《留學生須知》對此亦作了具體規定：首先，組織留日學生會，由留日學生相互監督。「留日學生必須為留日學生會會員，關於所屬組織須負連帶責任。」第二，對留學生身份予以嚴格控制。「留學生如改姓、改名或關於其他身份上有所變更時，須立即繕具變更呈報書」，「呈送大使館」；「補助費留學生擬從事有報酬之職務時，須受大使館之許可。」第三，住所。「留學生到達留學地後，應立即繕具住所呈報書」「呈送大使館」；變更住所時應立即向大使館呈報；「凡歸省轉地療養入院，或一星期以上之旅行時，應立即將其目的地及期間呈報大使館」；「大使館認為有必要時，得指定留學生之住所。」第四，服裝。「留學生於赴校或參列公式之場所時，必須穿制服，戴制帽」；「穿便服時務以質樸為主，不可流為輕佻奢華之留學生。」第五，集會結社。除遵守日本之法規外。擬集會或擬出席其他集會時，擬組織團體或擬加入團體時，擬發行雜誌或其他印刷物時，以特定之目的，擬向留學生中求署名時，或擬募款時，均須經大使館之許可。第

〔註 26〕同上，第 104～106 頁。
〔註 27〕《東北淪陷十四年教育史料》一，第 277 頁。
〔註 28〕同上，第 638 頁。

六，留學生違背有關法規，將受其懲戒。懲戒分譴責、停發或取消補助費、取消留學認可、勒令歸國四種；第一種由駐日特命全權大使行之，其餘三種由文教部大臣或蒙政部大臣行之〔註29〕。

　　以上制度，嚴格了日僞對留日學生的選拔及監督管理，加強了對留日教育的統制，爲確保其奴化教育方針的貫徹發揮了重要作用。

二、關內僞政權留日教育

　　關內相繼成立的各漢奸政權與僞滿一樣，在「溝通中日文化，培植興亞人才」的幌子下，積極推進奴化留學教育。不過相對於僞滿高度集中的留學教育體制而言，關內僞政權的留學教育呈現出放任和散漫的格局：沒有劃一的留學規章，沒有統籌的留學計劃，各個地方的僞政權可自行派遣。

　　華北方面：據「華北政務委員會」教育總署檔案記載，1938～1943 年，華北各省市，包括河北、河南、山東、山西、北平、天津、青島等僞政權，總共派遣留日學生 943 人，其中官費 411 人，自費 532 人，不過這個數字存有遺漏。有學者認爲，「保守的估計應在 1700 餘人之數，積極的估計可抵 2000 人之限。」〔註30〕在僞華北各省市中，僞河北省派遣最多，1940～1944 年間留日官費生爲 212 人〔註31〕。華北僞政權中，以冀東最早。1935 年 11 月漢奸殷汝耕在日人導演下，於通縣宣布成立「冀東防共自治政府」，這是當年日本帝國主義在中國關內扶植建立的第一個傀儡政權。從此，冀東的 22 縣淪爲日本的殖民地，直至日本投降。冀東僞政權奴化教育從中小學抓起，同時，爲加速殖民化人才的培養，還將青年學生選送日本留學深造。1938 年 1 月，冀東教育廳下發了《選派留日官費學生辦法》及《招生簡章》，考選 12 名學生留日。漢奸政權對留日教育十分重視，僞山西省的表現尤其突出：一是制定法規，精心考選。1939 年就擬定了《選送留日學生辦法》，決定自 1940 年起，每年派往日本官費留學生 10 名。規定本省籍高中畢業，年滿 19 歲的男女均可報考，及格者發給留日官費生證明。每年七八月組織考選委員會，由僞省長、教育廳長親任正副主任，聘任學界名流任命題官。考試時僞省長親任主考官，對考生注意點呼，以示隆重。二是進行留日預備教育。從 1942 年起在

〔註29〕《東北淪陷十四年教育史料》二，第 106～108 頁。
〔註30〕余子俠：《日僞統治下的華北留日教育》，《近代史研究》2004 年第 5 期。
〔註31〕僞華北教育總署檔案，中國第二歷史檔案館藏，卷宗號 2021，案卷號 505。

太原日本中學內設立「留日特設班」，聘請日本教師以日語授課；還進行「參拜神社」「軍事訓練」等殖民主義和軍國主義教育。經過3個月的培訓。然後再送往國外。三是加強對留日學生的控制。1943年偽省公署以「日晉會」之名，在東京購置一座小樓，專供山西留日學生住宿。「日晉會」還經常召集本省留日生宴會、遊園、參觀等活動，以籠絡人心，培養效忠於日偽的奴化人才。偽山西省1940～1943年先後選派4批共41人。此外，還有由偽華北教育總署派出去的7人，1943年度，還從在職人員中選派四、五人。

華中方面：南京「維新政府」1938年7月頒布了留學規程；1939年9月選派37名學生赴日，費用由日本外務省提供。1940年3月汪偽國民政府成立後，偽教育部及廣東、湖北、江西、上海、漢口、廈門等偽省市教育廳、局均先後派遣了留學生，據抗戰結束時的不完全統計，華中偽政權共有留日官費生40名，其中廣東省12名，湖北省10名，江西省1名、上海市1名、漢口市4名、廈門市5名、海南島3名，偽教育部4名〔註32〕。這個數字顯然大大低於實際人數。汪偽政權建立後，每年都派遣青年學生赴日留學。留日學生主要從中國青年模範團幹部培訓班與中央青年幹部學校等院校招收。經文化考試和身體檢查，確定錄取人員。每年為10餘人；以1943年為例，中國青年模範團第3聯隊留日青年隊由12名學生組成，其中從中國青年模範團幹部培訓班選拔4人〔註33〕，從中央青年幹部學校武漢分校選拔8人。由於日本人在政治上歧視，在生活中欺侮，使汪偽政府派遣的第3批赴日留學生無法正常地學習和生活，經留學生的強烈要求，於1944年冬退學回國，無功而返〔註34〕；在此之前，汪偽政權派遣的留日生學業有成的極少。

蒙疆方面：「九・一八」之後，日本侵略者把蒙疆地區的留日奴化教育直接納入其殖民主義教育的體制性軌道，開始正式有計劃、有目的地推行。其時主要的工作機關，是1933年3月由笹目恒雄商與大山島豐並得到林銑士郎、松井石根、山本條太郎等資助而成立的「日蒙協會」（1933年11月改稱為「善鄰協會」）。該組織還於1934年4月專門在其開辦的善鄰專門學校內設立了「蒙古學生部」。隨後在5月，就有10名蒙古留學生接受日軍參謀本部的邀請入校學習。與此同時，蒙古親日頭領德穆楚克棟魯普，亦以百靈廟蒙

〔註32〕國民政府教育部檔案，中國第二歷史檔案館藏，卷宗號5，案卷15363。

〔註33〕沈殿成主編：《中國人留學日本百年史》，遼寧教育出版社1997年版，第608～609頁。

〔註34〕張嶸：《留日瑣記》，《應城文史資料》第二輯，1988年印，第126頁。

政會的名義，於當年 10 月保送超克巴達爾夫、超克圖莽賴、霍寶書、暴德彰等 9 名蒙族青年學子前往日本東京留學。其後，又有迪拉瓦活佛、察哈爾盟盟長等派出留學生進入善鄰協會開辦的蒙古學生部。1936 年 5 月，蒙古軍政府在嘉卜寺成立後，在偽教育署主持下又選送了一批蒙族學生赴日留學，這次考送的有博和溫都蘇、卓里克圖、胡爾欽畢力格、都固仍倉、都格爾扎布、德勒格仍貴以及賽春阿等 10 人。他們先在東京善鄰協會補習日本語文，繼即分送日本各有關大專學院深造。偽蒙古軍政府改組為蒙古聯盟自治政府後，又由其教育處主持，考選了陳松濤、德勒格爾朝克圖等 10 人。1939 年 9 月偽蒙疆聯合自治政府在張家口成立後，仍然對蒙古族青年有很大的政策傾斜，如 1942 年所派的 158 名留日生中，蒙古族學生即有 116 名，漢族與回族學生則分別為 36 名和 6 名。

為了發展留日教育，在德王的支持下，偽蒙疆政務院院長吳鶴齡於 1941 年間在張家口市大境門外籌設了一所蒙古留日預備學校，並親自兼任校長。在籌設之初，為了籌集基金，還特地成立了一個蒙古留日學生後援會，由偽興蒙委員會委員長松津旺楚克兼任會長。日偽還配合加強日語教育而實行以留日作為獎勵的政策，如在偽立張北師範學校，每年實行日語統考，保送成績突出的學生赴日留學。日本方面為了加強引誘青年赴日，由善鄰協會掌握的日本東京善鄰高等商校也積極地接收和培養留日蒙古學生。據其時有關媒體報導，留日蒙古學生赴日之後，首入東京澱橋大久保之善鄰高商接受入學基礎教育，然後入其他各大學、高專而學皇道教育。偽蒙疆政權的最高層統治者們為加大留日步伐以促進蒙日親善，曾計劃在十年期間，籌集基金 1000 萬元，保送留日學生 1000 名。儘管這個計劃最終未能實現，但在偽蒙疆聯合自治政府中後期，負笈日本者與日俱增，如 1942 年秋冬間在日本留學者已達 164 名之多（含自費生）。在此情況下，日本方面對偽蒙疆政權的留學生的教育也進行了有序的調整：幼年者先進入日本的小學或中學就讀，已經中等學校畢業的則直接進入善鄰高商的特設預科，在特設預科畢業後則進入日本的大學、專門學校繼續深造。

此外，偽蒙疆政權還派遣佛教徒赴日留學，有京都智恩院為其主要的接納場所。如 1942 年度之第一回蒙古政府派遣喇嘛留學僧，即由日本智恩院前來蒙疆地區選招 9 人，先於 1942 年 10 月由張家口抵達偽滿，在奉天都營智恩院之滿蒙會館先習日本語等一年，然後赴日本京都智恩院修日本佛教之精

髓。這種特殊的留日學生，晉北等地方偽政權內亦有選送〔註 35〕。

公費赴日留學的名額畢竟有限、很難滿足眾多青年學生的留學願望，於是，自費留學應運而生，許多家境殷實的青年以自費的形式，圓了赴日留學之夢；也有的青年不願受政府派遣留學生的各種限制，志願自費留學，以求自由。因此，自費生成為偽政權留日生中不可忽視的一旅。

由於日偽對留學教育比較重視，戰時留日學生的學業程度甚至超過了戰前。偽政權規定留日學生必須具有高中畢業以上文化程度，並通過考試選拔。赴日生多數能入日本大學和專科以上學校學習。據不完全統計，戰時留日學生 80% 以上在日本專科以上學校就讀，這個比例高於戰前。事變前，留日學生參差不齊，事變後由於偽政權加強統制，留學生自身也比較專心向學，不問外事，故成績反較戰前為佳〔註 36〕。

三、奴化留日教育的特點

日偽漢奸政權留學教育是中國近代留學史上特殊的一幕。與正常的留學教育相比，具有其明顯的不同特點，反映出濃厚的奴化性質。

1、「師夷歸夷」的留學目的

自清末以來，面對帝國主義的侵略和瓜分狂潮而帶來的嚴重民族危機，留學一直與救亡圖存緊密地聯繫在一起。政府企圖通過派遣青年留學「造就通才」、「富民強國」，以挽回頹勢；知識分子本身更希望借留學機會找尋復興國家民族的途徑，「師夷長技以制夷」成為朝野的共識。留學生中的先進分子，向異國求知識，向域外尋真理，他們之以國家民族為大前提自不待言，即使那些為個人打算的人，一般而言也都反對外族侵略，要求民族自強，認為有一個等待他們去完成的目標。正是在這種愛國心的驅使下，往往掀起一次次反帝鬥爭；尤其是留日學生更是如此。甲午戰後日本加緊了對華侵略，成為中國人民的最凶惡敵人。留日學生因身處敵國，對日本政府的侵華策劃有更深的瞭解，加上他們在日本直接所受到的輕蔑，激起強烈的愛國心和民族意識，暴發了多次反日鬥爭。如 1905 年反對《清國留學生取締規則》，1915 年反對「二十一條」，1918 年反對「中日軍事協定」，1919 年「五七」國恥紀念

〔註 35〕 子俠：《日偽統治下偽蒙疆政權的留日教育及教育交往》，《徐州師範大學學報》2005 年第 4 期。
〔註 36〕 參閱王奇生：《淪陷區偽政權下的留日教育》，《抗日戰爭研究》1997 年第 2 期。

日的鬥爭，1928 年反對日本出兵濟南，1931 年反對日本侵佔東北等等。他們或示威抗議；或與日警展開搏鬥；或集體罷學歸國；一幕幕，一場場，慷慨激昂英勇悲壯。即對日本抱有惡感，歸國後成爲排日論者，自在當然。儘管留日學生中也不乏漢奸賣國賊，但抗日愛國是其主流。

而日偽留日教育與此相反，其目的不是「制夷」，抵禦外族侵略；而是「歸夷」，投降日本，歸順於東洋。「滿洲國」是日本的傀儡政權，掌握實權的是日本人，完全由日本帝國主義所操縱，它派遣留日生的目的自然不會爲中華民族的獨立富強，而只能是以此作爲一項維繫日偽親善、「共存共榮」的重要方策，是爲培養支撐偽政權的骨幹力量及推動日偽合併的積極分子，使東北乃至整個中國永遠淪爲日本的殖民地。

日偽留日學生的赴日動機雖與日偽政權的派遣目的不同，死心塌地當漢奸者畢竟是少數，但抱著「師夷制夷」企圖者爲數不多。就大多數而言，儘管不滿於日本的侵略，但又對抗日救亡消極悲觀，失去了往時留日學生那種高昂的反日鬥爭精神和愛國熱忱。偶爾雖有反日事件的發生，但也是小型的、分散的、孤立的，缺乏有組織有領導的大規模的集體行動。這既與日偽的嚴密控制有關，也反映出此期留日學生政治覺悟的降低。

2、留學專業偏重於醫商工農科

清朝末年，一度限定官費留學生必須學習理工科，目的在於防範文科留學生從事政治煽動。清朝滅亡後北洋政府對留學生所學專業不加限制；而此時中國知識分子「借思想文化以解決問題的途徑演變成了一個整體觀的思想模式」〔註37〕。受此影響，不少留學生選修文學和哲學，有的甚至棄理從文。

進入三十年代後，社會輿論呼籲重視理科教育，國民黨政府也認爲「當茲訓政伊始，建設事業經緯萬端，實用人才尤爲需要」〔註38〕，注重了理工科留學生的派遣。

日偽時期不僅忽視文法科，而且輕視理科，只偏重於醫、商、工、農等實科。據 1940 年 5 月 1 日偽滿《留日學生學校別並科別調查表》，在 900 名留日學生中，各科人數分別爲：工科 169 人，商科 153 人，師範科 124 人，醫科 119 人，文科 90 人，農科 83 人，政經科 43 人，法科 39 人，高等學校（即高中）文理科 51 人，理科 1 人，其他科 25 人。可以看出，人數最多的是工、

〔註37〕林毓生：《中國意識的危機》，貴州人民出版社 1986 年版，第 47 頁。
〔註38〕國民黨中央訓練部檔案，中國第二歷史檔案館藏，七二二——1404。

商、醫、師範科。師範是留學的傳統科目，向來人數較多；前 3 科較其他時期有顯著增加。農科人數雖不太多。但較往時增長很大，相比之下，文、法科降低很多，而理科更寥寥無幾。

之所以如此，是貫徹日偽奴化教育方針的表現及結果。在偽滿「新學制」所規定的教育方針中，就指出「置重於國民生活安定上所必需之實學；授與知識技能」〔註39〕。日偽之所以反對偏重知識教育，強調知識技能教育，目的是阻礙青少年一代文化科學知識水平的提高，使他們只學會某種技能，更好地爲日本侵略者的經濟掠奪服務，即充當爲日本侵略者效力的熟練勞動力；爲此，日本帝國主義在使東北中等教育職業化的同時，限制高等學校的辦學種類，只開辦農、工、商、醫等類學校，限制文科學校的發展，實質上是把大學辦成高級職業學校。對留學生的派遣則只偏重於工、商、醫、農等類專業，而限制文、理科的發展，以適應其經濟掠奪的需要，防止學生產生民族意識與民主思想和掌握系統高深的科學理論。

3、留學生受到封建法西斯的嚴密控制

中國封建勢力嚴重，缺乏民主傳統，一般來講，留學生到了資本主義各國，會感到較之國內的封建統治自由、輕鬆一些。同時，對一個主權國家來說，大使館維護本國公民的正當利益，對留學生起著支持保護作用。然而日偽時期卻完全不同，「滿洲國」既然是日本的傀儡政權，其駐日大使館只不過是爲日本人服務被日本主子操縱的工具。它和日本帝國主義勾結在一起，狼狽爲奸，共同對留學生進行封建法西斯統治。爲了加強奴化教育，防範留學生對日的不滿和反抗活動，日偽制定頒布了一套完整嚴密的規章制度，強化了大使館對留學生的監管職權。不僅修學手續由它負責，從介紹入學、發放留學證書，到留學生更改姓名、變更住所、外出旅行都要向其呈報，更不用說集會結社必須經其批准。此外，還組織留日同學會，使留日學生間互相監督，充分發揮親日分子的作用。尤其運用警察對留學生進行監視，動用政法機關對進步學生或懷疑對象予以鎮壓。日本警察局建立了「滯邦許可證」制度，每年換一次。在港口、車站以及公共交通工具上檢查外國人，留學生也不例外。他們還動輒私拆留學生信件，私入其住室，偷翻其文稿日記，稍有不慎就有被日警逮捕毆打或遣送回國的危險，留日學生被捕被遣事件時有發生。如 1942 年春季，日本法西斯將 20 餘名偽滿留學生遣送回國，偽新京高

〔註39〕齊紅深：《北東地方教育史》，遼寧大學出版社 1991 年版，第 299 頁。

等法院以違反「懲治叛徒法」將這些留學生判處徒刑，最高的達 15 年。就這樣，留日學生處於僞滿及其日本主子共同的封建法西斯暴政控制之下。

4、消極的社會效果

中國近代留學教育，儘管存在不少問題，但總起來看，具有積極意義，執政者爲維護自身的統治，不得不將眼光投向世界，派人出洋學習；而熱血青年爲了救亡圖存富國強兵，不惜遠涉重洋，求學於異國他鄉。由此出現一支數逾 10 萬的留學生群體。它的崛起，「既是封建中國向半殖民地半封建社會沉淪過程中在救亡意識激蕩下的歷史產物，也是中國社會從傳統向現代轉形嬗變過程中的新興力量興起的標誌。他們恰好處於古今中西的歷史聚焦點上，一方面背負著幾千年沉重的文化傳統，魂繫華夏；另一方面他們最早開眼看世界，最直接領略歐風美雨的洗禮，對盛極一時的西方文化景慕不已。作爲文化過渡人，他們對於自身文化傳統大都存在著離異和回歸的兩難傾向；作爲文化邊際人，他們肩負著西學東漸與華風西被的雙重任務。在外來文化的吸收上，他們是承受和集成者；而在中國新文化的構建上，他們又是前驅和開山者。他們是中國近代化過程中的先導，是中西文化融匯的主要載體，是學貫中西、兼容世界文明的一代新型知識群體。作爲社會變革的力源，在中國走向近代化的歷程中，這一群體具有同時代其他群體無法比擬的能量。」〔註 40〕留學教育的結果，對中國近代政治、經濟、軍事、文教、科技等都產生了重大影響。儘管這種影響有雙重性，但應該說積極的方面是主要的。除少數軍閥政客漢奸賣國賊外，留學生們對中華民族作出了卓越的貢獻，中國人民對他們寄予厚望，被人們視爲「精英」，受到普遍尊重，有著較高的社會地位和待遇。留學教育得到社會的肯定，這是很自然的。

　　而日僞時期的留日教育則不同，從留學生派遣的宗旨、留學制度的制定、留學教學的內容都是爲維護侵略者的殖民統治。其結果雖與日僞的目的不完全一致，死心塌地爲日寇效勞的漢奸賣國賊衹是少數，但畢竟泯滅了不少青年的民族意識，培養了一批奴化人才。除極少數走向抗日或革命道路外，多數人返國後投身僞滿政、軍、學、商、司法等各界，爲日僞供事。儘管他們並非甘心情願，但起到了維護日本殖民統治的作用，帶來了極爲消極的社會後果，日僞時期的留日學生由此受到社會的非議也是自然的。

　　固然，對日僞留學生，不能一概視同漢奸，當時他們中的多數尚能潛心

〔註40〕王奇生：《中國留學生的歷史軌迹》，湖北教育出版社 1992 年版，第 1 頁。

學問，沒幹損害民族利益的勾當。但在國土淪陷，人們紛紛抗日救亡的情況下，前往敵國求學接受奴化教育，畢竟不是最佳選擇。不僅社會對此有非議，就連留日學生本身也是內疚的。有人當時就感到「拋棄了國民的天職，遠逃異國，靦顏事敵，強為歡笑，內心是痛苦的。」〔註41〕以至半個世紀後，一位留日學生還這樣說：「在抗日戰爭時期，人民慘遭殺害，致使妻離子散，背井離鄉，過著難以言狀的凄慘生活，有志之士皆奮勇抗戰，不惜流血犧牲，而我卻在東京安然讀書。雖然我想讀好書有所成就，報效國家，造福人民，但時機不對。沒有國，哪裏有我的家。沒有家，哪裏有我。如果都不顧國家安危、人民生死，去個人奮鬥，哪裏還有今天。因此回憶這段留學生活，內心深感沉重。」〔註42〕

　　這段反思值得我們引以為誡，它再次證明，愛國是人生的主題，有了它，前進才有方向，生活才有價值，心裏才會踏實。淪陷區的留日教育，在中國近代史上沒有產生積極意義，如果說有什麼作用，那就是作為一部反面教材，教育我們不忘這段屈辱而痛苦的歷史，從而牢記祖國的利益高於一切，永遠為她的獨立富強而努力。

四、戰後留日生的召回和甄審

　　不僅當時國人對留日學生就有不好的看法，而且戰後更受到社會歧視。國民黨政府認為他們所學富有奴化毒素，先是將其大部分召回，然後將回國者予以甄審。

　　1947年1月，國民政府教育部頒布《留日學生召回辦法》，決定「具有下列情事之一者，召回之：1、學業已告完成，或已告一段落者；2、無力自行繼續留學者；3、其它特殊原因者。」規定「返國之交通工具由教育部統籌之；其無法自籌川資者，得申請教育部予以補助。」在未返國前「所需之生活經費」「按月核給救濟」；不遵規定者「停止核發救濟費，遇必要時得勒令返國」〔註43〕。與此同時，光復後的臺灣省行政長官公署亦頒布了類似辦法。日本投降後，5000多臺籍留日學生有些返臺，對仍逗留日本者，規定除

〔註41〕葉瑛桐：《留日生活瑣記》，山東政協文史資料委員會編：《留學生活》，山東人民出版社1992年版，第245頁。

〔註42〕董錫蕙：《回憶我留學日本的生活》，《留學生活》，第294頁。

〔註43〕《留日學生召回辦法》，第二歷史檔案館編《中華民國史檔案資料彙編》第五輯第三編，教育（一），江蘇古籍出版社2000年版，第32～33頁。

專科以上學校的理、工、農、醫各科學生自願繼續留日肄業者外，其餘均全部返臺〔註44〕。

在發布「召回令」的同日，1947年1月8日教育部公佈《抗戰期間留日學生甄別辦法》，決定專門設立留日學生資格甄審委員會主持該項事宜。規定留日生向南京教育部申請登記。登記時必須呈繳登記表、保證書、學歷證件、自傳。登記前研讀《國父遺教》和《中國之命運》，在書內加以圈點，並作讀書報告一份呈交。決定專門設立留日學生資格甄審委員會主持該項事宜〔註45〕。7月1日該會發布通告，要求留日生9月30日前向南京成賢街登記。最後經審查合格者，按其原畢業學校的性質和程度，由國民黨政府教育部分別發給證明書。結果，前往登記的人數僅450名。這既因當時歸國留日學生散在各地，訊息不通，很多人無法在規定期限趕到南京登記，也由於不少人在日僞政府供過職，不敢前往履行手續。儘管國民政府對留日學生的甄審另有所圖，但戰後對數量龐大的日僞留日生進行教育，消除奴化思想，使原服務於敵僞政權的人改弦易轍，其工作本身無可厚非。

國民黨政權退據臺灣前後，繼續又對返臺的留日學生進行了幾次甄審。如1949年8月，國民黨政權「教育部」委託臺灣省「政府」代辦留日學生甄審，凡於抗戰期間留日學生未經參加甄審者均可申請參加。此次甄審103人，合格者65人。1951年3月，臺灣「教育部」再次補辦抗戰時期留日學生甄審。

國民政府和臺灣省在召回留日學生的規定中，有的留日學生「經核准」後還可「繼續」在日本留學。這一條規定的實施，使戰後還仍有一少部分中國學生繼續在日本學習。

戰時留日學生中少數人後來學有所成，有的成為專家學者，有的成為政治家，為祖國的解放和振興貢獻了力量。著名者如政治家、外交家孫平化、醫學家賈克明等。孫平化（1917～1997），東北人。1939年進入東京工業大學預科留學。為了尋找救國救民的途徑，他完全放棄了學校的課程，將全部力量投入到閱讀社會科學的日文書刊，受其感召，於1943年從東京工業大學本科退學返國，參加抗日鬥爭，走上了與所學工業專業截然不同的革命道路。

〔註44〕　臺灣省文獻委員會編印：《重修臺灣省通誌》卷六，「文教誌・學校教育篇」，1993年版，第472頁。
〔註45〕　《抗戰期間留日學生甄別辦法》，第二歷史檔案館編《中華民國史檔案資料彙編》第五輯第三編，教育（一），江蘇古籍出版社2000年版，第33～34頁。

曾任中日友好協會會長,畢生從事中日友好事業。賈克明(1917～),山西太原人。高中畢業後,抗戰爆發,報考了北平的燕京大學,錄取的專業不遂心願,到北京西城「教育總署」辦理了自費留學手續,1939 年進入東京大學醫學部。1945 年 2 月回國,投身祖國的醫學研究中,成爲肝病學專家,爲北京軍區總醫院內科主任,肝病研究所所長。

第十二章　中共特殊留蘇學生

　　三、四十年代，正常的留蘇教育終止，而中共特殊的留蘇活動仍斷續進行，主要有兩類，一是到蘇養傷治病的高級軍政幹部；一是送往蘇聯養育學習的高幹烈士子女。

一、療養學習的軍政幹部

　　1938 年初，黨中央與共產國際達成協議，決定從抗大、黨校和部隊中挑選一批身體較差的領導幹部，去蘇聯莫斯科一邊養病，一邊學習，爲未來的持久戰爭儲備指揮人才和骨幹力量。另外，還有因其他緣故到蘇學習的革命幹部，共二十餘人，他們成爲抗日戰爭期間中共派出的特殊留蘇學生，與一般留學生相比，有著不同的特點。

1、叱咤風雲的革命鬥士

　　與一般留學生不同，這些人不是剛出校門 20 歲左右的青年學生，而是經歷了千錘百鍊、有著卓越才能、30 歲上下的中年領導骨幹，大體可分以下幾類：

　　一是軍隊中戰功卓著的高級幹部。如楊至成：1926 年入黃埔軍校學習，同年加入中國共產主義青年團，1927 年轉入中國共產黨。參加了南昌起義和湘南起義。曾任紅軍大學校務部部長，紅軍總兵站站長，軍委總供給部部長兼政治委員，軍委先遣工作團主任，紅一方面軍後勤部部長，參加過長征。抗戰初，任中國人民抗日軍政大學校務部部長，身患高血壓、肺結核、癲癇等多種疾病。李天祐：1929 年加入中國共產黨，同年參加百色起義。土地革命戰爭時期，任中國工農紅軍團長、師長，參加了長征。抗日戰爭時期，任

八路軍 115 師 343 旅 686 團團長、副旅長、代旅長。患有嚴重的神經衰弱。劉亞樓：1929 年加入中國共產黨，同年加入中國工農紅軍，參加了長征。抗日戰爭時期，任中國人民抗日軍政大學訓練部部長、教育長。譚家述：1927 年參加南昌起義，次年加入中國共產黨。土地革命戰爭時期，任茶陵縣農民自衛部部長，縣游擊大隊長，湘東獨立第一師三團團長、師參謀長，中國工農紅軍第八軍二十二師師長，紅六軍第十八師參謀長，紅六軍團參謀長，參加了長征。抗日戰爭時期，任中國人民抗日軍政大學隊長、教員。鍾赤兵：1929年加入中國共產主義青年團，1930 年轉入中國共產黨，同年參加中國工農紅軍。曾任師政治部主任、政治委員。長征中負傷截去一條腿。曾任師政治部主任、政治委員，陝北省蘇維埃政府軍事部部長、軍委一局局長。盧冬生：是中國工農紅軍第二方面軍的主要領導人之一，紅軍時代就在紅二軍團任師長。抗日戰爭開始時，爲 120 師 358 旅旅長。楊至成、李天祐、劉亞樓、譚家述、鍾赤兵、盧冬生等，1938 年踏上了赴蘇的征程。途經蘭州時，在八路軍駐該市辦事處住了一個月左右，請在那裏工作的伍修權補習俄語，爲以後學習打下初步基礎。由於當時交通不便，經過半年多跋涉，1939 年 6 月才到達莫斯科。

二是創建革命根據地的現任地方領導幹部。如張子意：1925 年加入中國共產黨。曾任醴陵區農民協會委員長，後任湘贛省委組織部長、宣傳部長、湘贛軍區政治部主任、紅六軍團政治部主任、湘鄂川黔省委副書記。1935 年參加長征，任紅二方面軍政治部主任。方志純：方志敏堂弟，1924 年入黨，爲紅軍時代江西蘇區贛東北根據地創建人之一。與妻子方朗一塊赴蘇。馬明方：陝北革命根據地主要領導人之一，陝北省蘇維埃政府主席，陝北省委書記。以上幾位是於 1938 年前往蘇聯的。

三是早年投身革命和參加長征的巾幗英雄。如金維映：生於 1904 年，1926年加入共產黨。「四‧一二」政變後，轉移到上海，在中華全國總工會和江蘇省委婦委工作。1931 年，進入中央蘇區，先後擔任雩都、勝利兩縣縣委書記。1933 年，任中央組織部長。1934 年，紅軍開始長征後，編入中央縱隊。到達陝北後，任中央組織部組織科長。1937 年，調任抗大女生區隊隊長、陝北公學生活指導委員會副主任。後來與蔡暢等一起去蘇聯養病。劉群先：1926 年加入共產黨。1927 年 10 月赴蘇聯莫斯科中山大學學習。1928 年 5 月與秦邦憲在莫斯科結婚，6 月出席在莫斯科召開的中國共產黨第六次全國代表大會。

1930 年回國，在滬任中華全國總工會女工部部長。1934 年 10 月參加長征，歷任紅一方面軍婦女隊隊長、幹部休養連工作組長。到陝北後繼任全國總工會女工部長。她被美國著名記者斯諾在《西行漫記》中譽為「中國傑出的女工領袖」。1937 年 12 月任陝甘寧邊區總工會副主任兼組織部長，1938 年隨秦邦憲到八路軍武漢辦事處工作，後因病赴莫斯科治療。蔡暢：留法時與李富春結爲終生伴侶。1925 年，經莫斯科回國，隨後任中共兩廣婦委書記。1927 年大革命失敗後，曾赴莫斯科參加中共六大。抗日戰爭初期，在中央組織部主管婦女工作。1938 年去莫斯科共產國際黨校學習兼治病。賀子珍：大革命前後入黨並投身遊擊戰爭，是井岡山第一位女黨員。1928 年與毛澤東結婚，任機要科科長，爲中央紅軍長征中「三十女傑」之一，曾舍己掩護同志負傷。於 1938 年初到達了她嚮往且寄予希望的、一度被昵稱爲「老大哥」的國度。劉英：1925 年加入中國共產黨，參加工作後任湖南省委婦女部長，1929 年赴蘇聯學習，回國後在中央蘇區工作，1934 年隨紅軍長征，途中任中央隊秘書長，到達陝北後與張聞天結婚。任延安中央秘書處處長。她身患肺炎、胃病、神經衰弱多種疾病，當時連續高燒，傅連璋給張聞天寫信，說明她病情危險，必須送外就醫，於是和賀子珍等去蘇聯。楊之華：婦女運動先驅，1924 年加入中國共產黨，同年與瞿秋白結婚。曾任中共中央婦女部部長。1928 年到蘇聯莫斯科中山大學學習，1930 年回國。1935 年去蘇聯參加共產國際第七次代表大會，之後任國際紅色救濟會中國代表，爲該會常務委員。一年後，王明等人捏造罪名，被撤去職務，停止工資和組織生活，隔離審查。1938 年 8 月間，任弼時奉命到莫斯科爲楊之華平反，恢復組織生活，安排她到東方大學中國部半養半讀。

　　四是護送中央領導去蘇養傷的幹部。如李世英：1927 年投身革命。1930 年，嚴重的白色恐怖威脅著北方黨組織的安全，他積極參加中共北方局發起的清除叛徒奸細的鬥爭。隨後，受組織選派到上海中央特科工作。爲保衛黨中央和中央領導同志的安全，不顧個人安危，與叛徒、特務進行英勇鬥爭，作出了特殊貢獻。抗日戰爭期間，在中央社會部工作。1939 年黨中央派他護送周恩來同志去蘇聯治傷，並留蘇學習。賀誠：紅軍總衛生部部長，是護送第五次反「圍剿」中被敵人的飛機炸傷的總政治部主任王稼祥去蘇聯治傷時留下學習的。

　　五是文藝革命工作者。如冼星海：1905 年生於澳門一個貧苦船工的家庭。

1929 年去巴黎勤工儉學，1935 年回國後，積極參加抗日救亡運動，創作了大量戰鬥性的群眾歌曲。1938 年任延安魯藝音樂系主任，並在「女大」兼課。教學之餘，創作了不朽名作《黃河大合唱》和《生產大合唱》等作品。1940 年去蘇聯學習、工作。袁牧之：電影演員、編劇、導演。1930 年加入中國左翼戲劇家聯盟，1934 年加入電通影片公司，創作電影劇本《桃李劫》並任主演。1935 年，自編自導自演喜劇片《都市風光》。1936 年轉入明星影片公司，與陳波地聯袂主演《生死同心》。後自編自導著名影片《馬路天使》。抗戰爆發後，參加救亡演劇一隊，主演中國電影製片廠拍攝的《八百壯士》。1938 年赴延安，參加組建延安電影團，編導解放區第一部歷史記錄片《延安和八路軍》。1940 年去蘇聯學習和考察。

另外，還有專去療傷治病的林彪、陳昌浩。1937 年 9 月下旬，林彪指揮八路軍 115 師進行平型關戰役後，不慎被閻錫山部隊哨兵誤傷，被送至延安醫院治療，儘管醫務工作者盡了最大限度的努力，但是仍然不能有效地控制病情，經常處在難以忍受的痛苦之中，身體每況愈下。毛澤東和朱德、張浩、周恩來、彭德懷商量，決定馬上送他到蘇聯治療，同時致電蘇共中央和中共駐共產國際代表團，要求不惜一切代價，務必使其康復。1938 年 12 月，林彪在新婚妻子張梅陪同下輾轉抵達蘇聯首都莫斯科，受到莫洛托夫等蘇聯黨政要人的隆重歡迎。熱情的主人安排林彪夫婦住進庫契諾莊園，一邊療養治療，一邊研究軍事。1927 年 9 月，陳昌浩作為一名共青團員，被黨派遣去莫斯科中山大學深造。1930 年 10 月，從莫斯科回到上海，於同年 12 月轉為中共黨員，後擔任共青團中央委員、江蘇省委常委兼宣傳部部長。1931 年 4 月，受中共中央委派與張國燾一起奔赴鄂豫皖蘇區工作，任紅四方面軍政委。1937 年春，紅軍西路軍兩萬餘將士在河西走廊幾乎全軍覆滅，作為西路軍政治委員兼軍政委員會主席的陳昌浩回延安後受到批評。不久任中宣部宣傳科長和國際宣傳科長，兼任陝北公學、抗日軍政大學、馬列學院三校政治課教員。因患有嚴重的胃潰瘍，1939 年 8 月被批准領著小兒子陳祖濤搭乘周恩來赴蘇療傷的飛機到達莫斯科。

2、攻讀革命理論的軍政學員

他們中除個別情況外，大多分幾批，經新疆輾轉數次到達莫斯科。任務不僅是讀書，而是一邊養病療傷，一邊學習研究；專業不是聲光化電，理工農醫，而是為適應革命戰爭需要的馬列主義、軍事理論等。

　　先後赴蘇的中共幹部被安排住在郊區一個叫空措沃的地方，這是共產國際的附屬黨校，是一群別墅式建築。1939 年又搬到一個叫庫契諾的莊園式建築裏。住在空措沃和庫契諾的 20 多個中國人，他們打亂地方和部隊的界限，共編成一個黨支部，書記由馬明方擔任，上面受中共駐共產國際代表任弼時領導。學習共分兩個班進行，一個政治班，一個軍事班。地方工作的同志大部分參加政治班學習；部隊上來的同志基本都參加軍事班學習。教員是伏龍芝軍事學院派的。以蘇聯卓越的黨務活動家和軍隊的締造者伏龍芝名字命名的這個高等軍事學院，是蘇聯培養高級軍事指揮人才的最高學府，他們在這裏特地為中國同志開設了一個特別班。有關組織和領導對他們的學習抓得很緊，要求也很嚴，基本上是按正規軍事學院的架勢來安排每日的作息制度：早晨出操跑步，上午上課，下午討論、復習或操練，晚上集體讀報；過一段時間要搞個測驗或考試，平時外出要請假，只有星期天才可放假休息。他們對這種學習生活並不陌生，只是年紀大了，身體又不好，開始一下子很難適應。但還是一步一步地照上面的要求去做，絕不「偷工減料」。軍事班學習的內容有戰略學、戰役學、戰術學；有進攻戰、防禦戰作戰指揮的原則與藝術；有諸兵種、大兵團聯合作戰的組織與指揮；有戰爭的後方勤務學等等，楊至成光筆記本就記了幾十本。有些人還走出課堂，參觀蘇聯的軍事院校，訪問了蘇聯一些有名的大型工廠和集體農莊，如斯大林汽車製造廠、列寧國家農場等，思考著革命勝利後的中國建設問題〔註1〕。劉亞樓 1939 年到蘇聯入伏龍芝軍事學院學習，畢業後，1941 年 9 月參加蘇聯衛國戰爭，被授予少校軍銜；1943 年夏，在蘇軍遠東軍區實習，為見習參謀。同時，對中國「東北抗日聯軍」教導旅的工作給予指導；1945 年 8 月，隨蘇聯紅軍回到中國東北，月底抵旅大。

　　賀子珍進入蘇聯共產黨為培養亞洲地區革命者開辦的莫斯科東方大學就讀。她情緒平和地給毛澤東寫信，毛發來電報，還是請她回延安。正一心撲在學習上的賀，捨不得放棄這來之不易的進修機會，她函覆毛：兩年學成即歸。林利回憶說：賀子珍到蘇後「不久生下一男孩。在八部，孩子放在托兒所，她一邊學習，一邊課間餵奶。可惜孩子先天不足，出生後只是一般餵養，終至夭折。賀子珍忍受著痛苦，照樣堅持學習。她在長征中遭國民黨飛機轟炸受傷，背上留有不少彈片，在蘇聯治療也未能取出，她長期患頭疼之症也

〔註1〕　竇孝鵬，竇紅梅：《上將楊至成國外留學落難記》，《黨史博覽》2003 年第 6 期。

是醫療無效。但她學習特別認真，我們一起課堂討論時，她常和學員們爭得面紅耳赤。有一次和我辯論，我年幼氣盛，不肯退讓，她也指著我大聲爭辯，但是後來待我依然如舊，仍把我當晚輩。她性情直率、剛強，這幾乎是長征過來的女同志的共性。」〔註2〕兩年的學習任務完成了，她留了下來，在東方部教孩子們學中文。毛澤東爲使賀精神上得到安慰，把幼女李敏送到了她的身邊。後來，生病的李敏被醫院送入太平間副室，賀子珍硬是將孩子抱回。因不聽擺布惹火了院長，院長招來幾個人，竟以「瘋子」、「精神病」爲由，連拉帶拖地強行架走關進了精神病院。1946 年，時任國、共、美三方軍調部共產黨方面顧問的王稼祥偕夫人到莫斯科治病。他們無意中從留學生的談話裏獲悉：久無音訊的賀子珍竟被關進了伊萬諾夫的精神病院，與世隔絕！他們一方面把這令人震驚的消息報告毛澤東，一方面立即與蘇聯有關人員交涉，但遭到了蘇方推脫。所幸王稼祥曾一度擔任中國共產黨駐共產國際代表，與蘇共高層人物熟悉，經過多方努力，蘇聯政府才同意讓賀子珍離開精神病院，返回莫斯科。終於得救，恢復了自由。1947 年初秋，乘坐莫斯科——哈爾濱的火車回國。先是在東北財政部擔任機關黨總支書記，後來又調任哈爾濱總工會幹部處〔註3〕。

　　林彪到了蘇聯，僅僅半年，傷已好了。養傷期間，把精力轉向攻讀英、法、德、俄等國著名軍事家的著作，潛心研究軍事理論。他享受的是最高特權生活，在努力研究「作戰要領」時，可以經常會見蘇俄一流理論家。從 1926 年算起，他這時已有十二年軍旅歷史，北伐戰爭時期與吳佩孚、孫傳芳、張作霖等封建軍閥打過仗，土地革命戰爭時期與蔣介石、何應欽、陳誠交過手，抗日戰爭時期與日軍少壯派將領較量過，積纍了豐富的作戰經驗，但是這些關於選兵、帶兵、練兵和進攻、防守、轉換的寶貴技巧和戰略戰術，像一串散亂的珍珠，從未歸納、整理，用一條金線把它們串接，上升到理論上來。利用在蘇養病的充裕時間，林彪進行了深刻的咀嚼和提煉，在軍事戰略理論上有了重要的突破和長足的進展，很快成爲一名理論與實踐兼擅的軍事戰略家。

　　當時留在蘇聯的還有李立三、陳郁等同志。1937 年李立三準備啓程回國之際，王明宣布他留下來繼續改造。1938 年 2 月 23 日，蘇內務部以「特務」

〔註2〕　林利：《目睹賀子珍金維映在蘇聯學習的不幸經歷》
　　　　　news.china.com/zh_cn/history/all/11025807...55K 2005-11-6-百度快照。
〔註3〕　李敏：《我的父親毛澤東》，遼寧人民出版社 2000 年版，第 19～30 頁。

嫌疑之罪名，將李逮捕監禁。遭受較嚴重的肉體折磨和精神打擊，直到 1939 年 11 月才獲釋出獄。但要他在這裏進一進布爾什維克的學校，瞭解自己錯誤的實質。共產國際關於開除他的黨籍的決議尚未撤銷，找不到工作，生活也陷入困境。直到 1946 年 1 月，鑒於李立三中共七大已被選爲中央委員，才得以回國。陳郁 1931 年 6 月被送往蘇聯學習，任莫斯科列寧學院中國部黨支部書記。1932 年 1 月，在王明由中國回莫斯科擔任中共駐共產國際代表團團長後，他再受打擊。1934 年 3 月，被以「右派」的罪名，送去斯大林格勒拖拉機廠當工人先後達 6 年之久。1937 年秋末，王明回國。1938 年、1939 年，任弼時、周恩來同志先後到莫斯科，發現陳郁同志受冤枉的問題，報請共產國際監察委員會，撤銷對陳郁同志的處分。1940 年 3 月，陳郁隨周恩來回到延安。周恩來等人乘火車從莫斯科到阿拉木圖，然後乘蘇聯專機經烏魯木齊到蘭州。陳郁、蔡暢、師哲、任弼時和夫人陳琮英等隨同回國。當時周恩來是國民政府軍事委員會政治部副主任，中將軍銜，過境時中蘇雙方都享有豁免權。周恩來一行的飛機在伊寧稍事停留，順利地通過了邊境檢查。到蘭州又停留了三、四天后，3 月 25 日到達延安。

3、艱難曲折的回國歷程

這些同志到蘇後，經過診治和療養，一般身體恢復較好，但學習生活並不順利，回國之途更是歷經磨難和曲折，這和一般留學生大多按時完成學業然後順利歸國也是不同的。

1941 年 6 月蘇德戰爭爆發，不到三個月，戰火燒到莫斯科外，在醫院治病的金維映、劉群先被疏散，從此下落不明。在庫契諾學習的中國同志，只好宣告結束。共產國際執委會總書記季米特洛夫匆匆來見了大家一面，然後指派蘇聯的巧爾諾夫少校護送，楊至成等十幾人在林彪帶領下，從莫斯科坐火車倒汽車一路向東奔馳，於 1941 年 10 月到達蒙古首都烏蘭巴托，準備從這裏通過邊界，到達內蒙的大青山，然後轉回延安。但萬沒想到，日本侵略者的軍隊嚴嚴地封鎖了邊界，已無法通過。

經過與有關方面的聯繫，一個月後同意林彪可坐飛機回國，因他是國民革命軍 115 師師長，是在平型關戰鬥中受傷公開來蘇養傷的，故可公開回去。於是林乘坐蘇軍用飛機返回新疆。蔣介石令西安和蘭州等地一律不許留難。2 月 14 日坐八路軍辦事處的汽車回到延安，毛澤東親自出面迎接。其他人是秘密出國的，不能暴露眞實身份，只能設法秘密回國。滯留在烏蘭巴托的中國

同志在這裏自謀生路，又不能暴露自我，楊至成去一家農場幹苦力，鍾赤兵去劇院售票，李天祐和李士英去幫人養兔子，周碧泉去造紙廠當臨時工，劉亞樓、盧多生參加蘇聯紅軍當了參謀，賀誠因懂醫，當了護士，後提為醫師，袁牧之導演話劇，冼星海教唱歌。

1943年3月，共產國際派人傳達盡量設法回國的指示，之後一些文化人如搞音樂的冼星海、搞電影的袁牧之以及身體不好的譚家述等，被送到新疆，但因邊境形勢惡化，也滯留在那裏。他們中有的返回蘇聯，如冼星海；有的輾轉回國，如李天祐、李士英1943年8月，扮成蒙古商人，頭戴氈帽，身穿長袍，腳登皮靴，每人三匹駱駝，各騎一匹、拉兩匹，馱上皮貨等物，穿越沙漠，行十三日，僅見一位漢人。此人居路邊羊毛氈篷，替蒙古人牧羊，擀羊毛為生。向西越過沙漠無人區和寧夏大草原，繞道幾千里，經過九個月跋涉，於1944年3月回到延安〔註4〕。盧多生1945年8月蘇聯對日出兵時，作為蘇軍少校回到了東北。回國後很快同出關的八路軍接上聯繫，並被中央委任為松江軍區副司令員。可是就在1945年12月14日夜晚，他因事乘馬車外出，沒有穿蘇軍軍裝，結果路遇一個蘇軍士兵持槍攔車搶劫。盧多生立即以熟練的俄語質問這個蘇軍士兵是那個部隊的，蘇聯兵頓時慌了並逃到一邊。可是當盧多生乘車又上路時，這個壞家夥怕被告發，在後面開槍將盧射死。仍留在烏蘭巴托的楊至成直到1946年1月和同在莫斯科學習的李立三、袁牧之等一起，搭乘蘇軍用飛機回到東北〔註5〕。冼星海則在1945年10月病逝於莫斯科，年僅40歲。毛澤東親筆題寫了「為人民的音樂家冼星海同志致哀」的挽詞。

馬明方、方志純、方朗、楊之華、張子意等一批人，當抵達新疆時，去延安的交通斷絕了，暫住在八路軍辦事處招待所。不久，新疆軍閥盛世才突然背信棄義破壞統戰政策協定，將中共在新疆工作的毛澤民、陳潭秋、林基路等殺害，接著又把100多位同志，連同家屬孩子，全部拘禁入獄。在獄中張子意任中共地下黨組織總負責人。楊之華被推薦為黨組領導之一，她和馬明方、方志純、張子意、秦化龍四名支委，經常秘密聯絡，組織難友學習，開展鬥爭。如此度過四個寒暑春秋，憑著對共產主義的信仰，堅持鬥爭，「變監牢為學校，分組學習，堅決帶好孩子為接班人」。1945年春，楊之華得悉蔣

〔註4〕 劉天野等：《在抗日歲月裏——〈李天祐將軍傳〉選載》，《廣西黨史》1996年第2期。
〔註5〕 竇孝鵬，竇紅梅：《上將楊至成國外留學落難記》，《黨史博覽》2003年第6期。

經國要來「視察」監獄。她趕緊向支部報告這個消息，商定對策。等蔣走進女監，大家按計策先讓三位被「新疆王」盛世才殺害的毛澤民、陳潭秋、林基路烈士的妻子向蔣經國討還親人。蔣被這當頭一棒弄得十分尷尬。他只好盡快轉題，借在蘇聯時認識楊之華，忙問楊之華在哪？楊之華聽後，走出來站在蔣面前，厲聲地說：「你不能迴避問題，必須回答三位同志到哪裏去了？」蔣啞口無言。楊之華接下去指著這裏的老人、婦女和孩子，憤怒地責問蔣經國：「我們有什麼罪，在此被你們已折磨虐待這幾年了，究竟爲什麼？」蔣被問得張口結舌時，在場同志齊聲抗議：「盡快無條件讓我們回延安！！！」黨中央一直關心在新疆被關的這一大批幹部。戰後在國共兩黨談判之時，周恩來親自同張治中進行交涉，蔣介石在被逼無奈情況下，不得不表示同意釋放，讓張治中承辦此事。張到新疆後派迪化市長、于右任女婿屈武處理此事。張治中和瞿秋白有師生之情，尊敬地稱楊之華爲師母，特地用私人會面方式，當面告知楊之華：「內戰很快要發生，要大家抓緊作準備。」幾天后，專門派出車輛，護送 131 名受難人員，分乘 10 輛卡車，經多方周折，終於在 1946年到達了延安。

當德軍的閃擊戰迅速推進到莫斯科附近時，原來共產國際接待和管理的各國共產黨人，都離開莫斯科疏散到了各地，陳昌浩被緊急疏散到中亞共和國一個名叫科坎加的小鎮。他在蘇聯集體農莊受盡磨難，1943 年起到莫斯科外文出版局工作。他的譯著《近代世界革命史》、《共產黨和共產主義》、《政黨論》、《列寧文集》（兩卷集）等先後在蘇聯出版。除了翻譯馬列著作之外，蘇聯方面又請陳昌浩主編一部工程浩大的新版《俄華辭典》。舊版是十月革命前編纂的，已經不適應形勢發展的需要。此後，陳昌浩把時間幾乎都用在了這項工作之中。他曾給中央發了大量電報要求返國參加革命，卻石沉大海，杳無音訊。直到 1952 年經中央批准才返回北京〔註6〕。

4、軍政貢獻和屢遭磨難

這些經過千錘百鍊的革命鬥士，回國後無論是在炮火連天的戰爭年代，還是熱火朝天的建設時期，都在各自不同的崗位上，發揮了積極作用，其貢獻主要表現在軍事政治方面。然而由於「左」傾錯誤的危害，不少人也受到不公正的待遇，甚至被迫害致死，其原因多與國際鬥爭和黨內鬥爭有關。以

〔註6〕　夏明星、吳宏倫：《由神奇而腐朽再不朽的陳昌浩》，《文史精華》2004 年第 4期。

上兩點與一般回國留學生也是不同的。

通過在蘇聯的學習、參觀，楊至成認識到，要建設一支現代化的軍隊，通過院校培養高素質的指揮人才和技術人才必不可少。回國後，他在擔任後勤領導工作中，親自動手辦了不少後勤院校，並先後在軍事科學院副院長和高等軍事學院副院長的崗位上，為培養我軍的高級人才貢獻了力量。1955 年被授予上將軍銜，成為貴州唯一少數民族開國上將。1967 年 2 月因病在北京逝世。李天祐回國後，次年 4 月，參加了中共「七大」，1946 年被任命為北滿軍區參謀長，不久率松江軍區部隊，參加了民主聯軍北滿部隊發起的「三下江南」戰役，對南滿我軍「四保臨江」戰役起了重要作用。李天祐不僅在中國革命戰爭中做出過傑出貢獻，而且在人民解放軍現代化、正規化、和革命化的建設事業中立下不可磨滅的功勳。1955 年被授予上將軍銜，獲一級八一勳章、二級獨立自由勳章、一級解放勳章。1970 年 9 月，身經百戰、積勞成疾的這位將軍在「文革」動亂中不幸病逝，年 56 歲〔註 7〕。解放戰爭時期，劉亞樓先後任東北民主聯軍參謀長、兼任東北民主聯軍航空學校校長、第四野戰軍第 14 兵團司令員。在整個解放戰爭中輔佐林彪，發揮了很好的作用，他親手指揮的天津戰役是解放軍歷史上著名的攻堅成功範例，他在四野時比較重視技術兵種建設和合成作戰的研究，四野部隊的戰鬥方法，水平，技術手段的應用和戰術素養和他以及林彪有很大的關係。1949 年 10 月 25 日，中央軍委正式任命劉亞樓為空軍司令員，負責組建新中國空軍。他大刀闊斧創辦七所航空學校，訓練飛行員補充部隊，對空戰戰術十分重視。1951 年 11 月至 12 月間，他在安東親自摸索、研究和總結空戰經驗。參戰部隊每打一仗，他都參加戰鬥講評會，與飛行員一起研究作戰的經驗、教訓。發現大編隊、大機群出戰不靈活，敵我雙方一接觸，即被打散。因此，採取多批小編隊，分梯次進入戰區，集中兵力於一個空域，並力求保持 4 機或雙機協同作戰，這樣就靈活得多，也容易爭取主動權。提出了「一域多層四四制」的空戰戰術原則。把解放軍集中使用的優良傳統科學地運用於空中作戰，取得了極大的成功。年輕的中國空軍經過「邊打邊建，邊打邊練，在戰鬥中鍛鍊成長」的艱苦道路，至 1953 年年底，空軍的部隊和裝備已有很大發展，建成了一支由各種航空兵組成的有戰鬥力的空中力量。1955 年 9 月，被授予空軍上將軍

〔註 7〕 樊書深：《李天祐》，星火燎原編輯部編：《解放軍將領傳》第九集，解放軍出版社 1989 年版，第 99 頁。

銜，榮獲一級八一勳章、一級獨立自由勳章、一級解放勳章。1959 年任國防部副部長兼國防部第五研究院院長、國防科委副主任。1965 年逝世，終年 55歲。劉亞樓爲中國空軍的建設和發展做出了傑出貢獻。他生前還翻譯過不少蘇聯軍事名著，如《斯大林論克勞塞維茨》、《斯大林給拉辛的信》等。鍾赤兵 1946 年回國後，任北滿軍區政治部主任，東北民主聯軍後勤部部長兼政治委員，第四野戰軍特種兵部隊炮兵縱隊政治委員。中華人民共和國成立後，任中央軍委民航局局長，國防科委副主任。1955 年被授予中將軍銜。

李世英回到延安參加中共「七大」後，又奉命到蒙古人民共和國，出色地完成了黨中央交給的任務。解放戰爭期間，他輾轉於蘇皖邊區和山東解放區，擔任公安保衛部門的領導職務，爲保衛和鞏固解放區不辭辛勞，取得顯著業績。新中國成立前後，先後出任濟南、上海兩市的公安局長和華東大區公安部長，後又長期擔任檢察機關的領導職務，是我國政法戰線上一位卓越的領導人。

袁牧之在蘇學習之際，曾同著名電影藝術大師愛森斯坦一起拍片，1945年，他在蘇聯阿拉木圖電影製片廠，導演了關於哈薩克偉大詩人江布爾的紀念影片。1946 年回國後，主持接管了東北敵僞電影機構，擔任東北電影公司顧問，接著就任共產黨領導的第一個製片廠——東北電影製片廠的廠長。生產了新中國電影事業的第一部多集有聲紀錄片《民主東北》、第一部故事片《橋》、第一部譯製片《普通一兵》。1949 年他又擔任了第一任中央電影局局長，成爲中國電影事業多個第一的創造者，1978 年 6 月因病去世。

蔡暢解放後長期擔任全國婦聯主席職務，她那純潔無私、嚴於律己的品格，艱苦樸素、平易近人的美德，關心同志、愛護幹部的言行，已在很多人心中留下難忘的印象，人們對她充滿了敬仰，把她看作是革命女性的楷模。1975 年李富春逝世後，蔡暢以李和自己的名義，把多年積蓄的十幾萬元錢全部交了黨費。身邊工作人員勸她留一點給自己的親屬，她說：「他們都有自己的收入，錢夠花就行了。這些錢是黨和人民給我們的，應該交還給人民。不應該給子孫後輩留錢，留給他們的，應該是革命的傳統。」〔註8〕

然而由於「左」傾錯誤的危害，他們中的不少人也受到不公正的待遇，雖一心爲黨爲人民積極工作，但被加以種種莫須有的罪名，遭受殘酷打擊，

〔註8〕 胡國華：《蔡暢——偉大的女性》，瞭望編輯部編：《紅軍女英雄傳》，新華出版社 1986 年版，第 23 頁。

甚至被迫害而死。每憶及他們晚年不幸遭遇，令人潸然淚下。馬明方回國後是七屆中央候補委員、八屆中央委員。曾任西北局第三書記兼陝西省委書記、中央組織部副部長、中央財貿部長、東北局第三書記等職，十年動亂期間蒙受不白之冤，殘遭林彪、「四人幫」迫害，飲恨長眠。陳昌浩回國後先任中央馬列學院副教育長，1953 年後任中共中央馬恩列斯著作編譯局副局長，主編過《俄華大辭典》，翻譯出版了《旅順口》、《論共產主義教育》等書。1967 年7 月 30 日在遭紅衛兵殘酷批鬥和毒打後，服安眠藥而亡，屍體被秘密火化後拋棄荒野〔註9〕。回延安後不久的楊之華，被任命為中央婦委委員和晉冀豫中央局婦委書記，女兒獨伊後來分配去新華社從事翻譯工作。建國後，楊之華先後到全國婦聯、全國總工會女工部、中共中央監察委員會等處工作。她雖然身居高位，但作風樸實，平易近人。對待工作兢兢業業，積極誠懇負責。凡是楊之華到過的工廠、車間和她接觸到的婦女群眾工人，都說她工作深入，經她調查瞭解發現的問題，總要研究提出辦法和措施，直到解決為止。有一次她出差到上海，一下火車就說要先去某工廠的女工單身宿舍看看。之後被市委負責同志得悉，認為她年近花甲又體弱，內心不安，經過多方動員才幫她搬到市委招待所住。給她配專車，她又婉言謝絕，堅持到工人食堂喫飯，同女工們一起穿著拖鞋進洗澡堂，被人們稱為「我們的楊大姐」。在「文革」期間，「四人幫」及康生一夥無視黨中央早已作過的結論，誣陷早就去世的瞿秋白烈士為叛徒，先挖墓，又砸碑，誣蔑楊之華是新疆叛徒集團骨幹成員，就連當年和她一塊回國在新疆坐牢的女兒獨伊，也成了叛徒。一家老少統統掃地出門。還把當時已 67 歲的楊之華的家庭戶口註銷，私下押送去郊外秦城監獄。只用代號，不准提名字，而且還嚴密斷絕他們與外界的聯繫。將女兒瞿獨伊另關在農科院進行隔離審查。讓外人不知這戶人家的情況，社會上一度傳說她們早已去世，實際卻在獄中遭受折磨。在獄中，楊之華精神和肉體雖受盡各種折磨摧殘，可仍然正氣凜然，頑強不屈，堅持說理鬥爭。多次當場責告專案組：「我沒有問題，你們每天用 5、6 個戰士看管我，太浪費了，要不我只有向上申訴……」。監牢規定不准家人看望，楊之華被關押過著非人的生活。五年過去了，專案組依舊把瞿獨伊列為同案人，禁止母女見面，楊之華病情日趨嚴重。直至拖到 1973 年元月，73 歲的楊之華已是風燭殘年，生

〔註 9〕 夏明星、吳宏倫：《由神奇而腐朽再不朽的陳昌浩》，《文史精華》2004 年第 4期。

活不能自理了。幾經抗爭，專案組擔心出事，准許其女兒探望。但只能 10 天
一次。楊之華工資被停發，每月僅有幾元生活費，可仍將節省部分交了黨費，
赤誠之心感天動地。該年 10 月 20 日心臟停止了跳動。臨終之前，她滿懷信
心地連說兩次：「我的問題，相信黨中央和毛主席一定會正確解決的。」這是
女革命家最後的遺言，是寧死不屈爲抗擊「四人幫」和康生一夥無畏無懼的
遺言。劉英無論是身居高位，還是做普通百姓，始終保持共產黨人的本色。
新中國成立後，張聞天就職第一任駐蘇大使，劉英任特委書記。1954 年底回
國任外交部長助理兼人事司司長。不想廬山會議後受到株連，被定爲嚴重右
傾，撤銷了黨內外一切職務，「文革」初期更被批鬥監禁，連弟弟也被迫害致
死。三中全會後張聞天冤案得以昭雪，劉英當選爲中紀委委員，她將自己多
年積蓄的 4 萬元人民幣捐獻給了中國少年基金會〔註10〕，表現了對孩子們的
關愛、期望和一位老革命家的胸懷。

二、就讀於蘇的高幹烈士子女

　　20 世紀 20～40 年代的新民主主義革命時期，中國共產黨中的近百名著名
烈士和高層幹部的子女被送到蘇聯（少數出生在那裏），在國際兒童院裏讀完
了小學、中學，部分又進入蘇聯大學，成爲養病高幹留蘇生外的另一類特殊
留蘇學生。

1、國際兒童院裏的各類中國孩子

　　1926 年瑞士女共產黨員曼托娜・莫澤爾將其父親——著名的莫澤爾鐘錶
公司經理留下的遺產，捐獻給蘇聯國際革命戰士救濟會，以資創建國際兒童
院。在共產國際及蘇共中央領導人之一、蘇聯國際革命戰士救濟會主席斯塔
索娃的組織籌劃下，1929 年 8 月 1 日，國際兒童院在莫斯科南郊的瓦斯基諾
落成，可接收六七十個孩子。後來隨著人數的不斷增多，斯塔索娃倡議建立
新的國際兒童院，得到伊萬諾沃市老布爾什維克協會的熱烈呼應。1933 年 5
月 1 日，一所規模大、設備全的兒童院竣工，被命名爲伊萬諾沃斯塔索娃國
際兒童院，又稱國際第一兒童院。當年夏，瓦斯基諾國際兒童院的孩子全部
遷移至此。1937 年，國際革命戰士救濟會又在莫斯科市郊莫尼諾建立國際第
二兒童院。「七・七」事變後，共產國際爲了支持中國抗戰，決定將莫尼諾國

〔註10〕孫曉陽：《劉英——風雨征程六十載》，瞭望編輯部編：《紅軍女英雄傳》，新
　　　　華出版社 1986 年版，第 52 頁。

際兒童院專門接收中國孩子。當時駐共產國際的代表任弼時委派師哲去負責那裏的工作。1940 年秋,由於中國國內局勢的變化和世界戰爭的影響,莫尼諾國際兒童院關閉,孩子們又重返伊萬諾沃國際兒童院。1943 年共產國際解散,由國際革命戰士救濟會領導的兒童院劃歸蘇聯紅十字會管理。幾十年來,國際兒童院共培養近 30 個國家,70 多個民族的 2000 多名兒童。現在還有 300 多名亞非拉等地的兒童在那裏學習。校名已改爲「國際住宿學校」〔註 11〕。

早在 1927 年大革命失敗後,中國革命者的孩子有的便到了蘇聯。如趙世炎之子趙令超、趙施格,瞿秋白、楊之華之女瞿獨伊,蔡和森和向警予長女蔡妮,黃平之子黃健等。國際兒童院的孩子還有的是在蘇聯出生的革命者後代,如沈澤民與張琴秋之女張瑪亞等。

抗日戰爭爆發前,中共中央決定,尋找和收容革命烈士的遺孤和革命者的後代,把他們分批送到蘇聯去接受教育,爲革命和建設培養人才。於是 1937 年之後,又一批中國孩子來到蘇聯。其中極少數孩子從法國轉道或從大連、東北到達外,絕大多數經由新疆赴蘇。新疆軍閥盛世才阻斷這條國際通路後,被送往蘇聯去的孩子也大大減少。1941 年最後一批中國孩子到達蘇聯。據不完全統計,大約有近百名中國孩子在國際兒童院受到教育,他們大體可分以下幾類:

一是著名烈士子女。如蔡博、蔡轉:1931 蔡和森被捕後犧牲,烈士遺孤在湖南老家,由祖母葛健豪和姑媽撫養。1938 年周恩來託十八集團軍駐湘鄉轉運站找到了他們,後來又安排到了重慶。這年蔡暢去莫斯科共產國際黨校學習兼治病,帶去了蔡轉。次年,蔡博也到了莫斯科,與妹妹蔡妮、蔡轉相聚。郭志誠:湘鄂贛邊特委書記郭亮之子,蔡暢從新疆將其帶到蘇聯。孫維世:孫炳文之女。王繼飛:王一飛之子。羅西北:羅亦農之子。蘇河清:蘇兆徵之子。

二是中共高層領袖的孩子。如李富春、蔡暢獨女李特特:1938 年她從湖南湘鄉永豐出發,原擬同母親同行赴蘇,趕至烏魯木齊時,蔡暢已啓程,便託蹇先任同志帶去。毛澤東之子毛岸英、毛岸青:由董健吾發起,張學良出資贊助,上海地下黨組織批准同意,於 1936 年 7 月初由抗聯總司令李杜帶毛氏兄弟和董健吾兒子董壽琪三個孩子到了法國的巴黎〔註 12〕。蘇聯駐法領事館同意毛氏兄弟赴蘇,並送來簽證,但不准董壽琪和李杜等人入境。1937 年初毛氏兄弟由當時任中共中央駐共產國際代表團副團長的康生,帶到了莫斯科,送進莫尼諾第

〔註 11〕 丁敏京:《共產國際義舉:創建國際兒童院》,《合肥晚報》2003 年 5 月 19 日。
〔註 12〕 劉益濤:《對〈也談毛岸英兄弟赴蘇過程中的相關史實〉的幾點質疑》,《中共黨史研究》2004 年第 5 期。

二國際兒童院。朱敏、李敏、王繼飛、羅西北等，是 1940 年初冬從延安乘飛機赴蘇的幾個孩子。朱敏：朱德之女。1940 年 10 月，周恩來派人將其接到延安。兩個月後，朱德和毛澤東商量，決定送她到莫斯科學習。李敏：毛澤東與賀子珍之女。1938 年賀子珍赴蘇治傷，毛澤東為了安慰她，1940 年冬同意將 3 歲的愛女送往莫斯科〔註13〕。1939 年夏，周恩來騎馬摔傷去蘇就醫。陳昌浩得到毛澤東批准一起去莫斯科治病。孫維世、陳祖濤、高毅、陳小達四個小夥伴同時登上飛機。到蘭州時，又加入了劉少奇子女劉允斌、劉愛琴兄妹。陳祖濤：陳昌浩之子。陳小達：陳伯達之子。高毅：高崗之子。這一時期去蘇聯的孩子還有，伍雲甫之女伍紹雲，任弼時之女任遠方，林伯渠女兒林莉，康生侄女任婭，劉亞樓之子劉煜奮，張浩之女林莉、鄧發女兒鄧金娜等。

　　三是中共幾批到蘇聯學習的幹部在蘇聯生育並留在那裏的孩子，以及與蘇聯人結為夫妻後生育的子女，約 20 多位。如：博古的女兒秦吉瑪，劉鼎之子劉莫陽，張聞天和蘇聯妻子所生的兒子等。

　　前後三所國際兒童院雖然實行了不同的院內生活學習與院外學習相結合的方式，它們為中國孩子們各方面的發展，打下了良好的教育基礎，產生了終生的影響。三所兒童院最後演變為一所——伊萬諾沃兒童院，它存在的時間最長，規模與影響最大。下面主要談一下這所兒童院里中國孩子的留學生活。

2、安逸的學習生活與戰爭中的鍛鍊

　　伊萬諾沃市在莫斯科東北方向 300 多公里處，靠近西伯利亞，是 1905 年俄國資產階級發動革命的策源地之一。兒童院的建築是一座淺灰色的兩層樓房，後面是一片寬闊的松林地帶，挨松林，有一條叫做塔爾卡的美麗的小河。院裏設施完備，有教室、宿舍、食堂、活動室、體育室、圖書館、醫務室、浴室和隔離室等，整體環境優美。當時，有 200 多個兒童，中國兒童最多，佔到了將近 20%。共 28 個國家的共產黨的子弟都在一起接受共產主義和社會主義教育。

　　各國共產黨人的後代的管理，由共產國際負責。孩子中年紀大的已經十五六歲，而小的只有四五歲。小的在兒童院養育；大的在附近的學校就讀，白天在學校上學，放學後回兒童院，兒童院就是他們的家。剛到兒童院的外國孩子，第一個任務就是學習俄語，這是在蘇聯生活和學習的基礎。每天放學回到兒童院，孩子們按年級分班，由兒童院的老師組織輔導學習，並監督完成學校的功課。這種按年級分的班各國學生都有，老師也是各國的，在班

〔註13〕張秀絹：《毛澤東與李敏、李娜》，《大地》2001 年，第 12、13 合期。

上都講俄語。此外各國學生還有自己的管理班，這種班不是以年級分，而是按不同的國家、不同的民族分，老師也是本國的，擔任過莫尼諾國際兒童院副院長的師哲，就曾當過中國班的老師。

到伊萬諾沃的第一國際兒童院後，擔任中國班老師的是韓鐵生夫婦兩人。韓鐵生已經從「中國參戰人員療養院」調到了伊萬諾沃兒童院任教。在院方安排的課程中，沒有中國歷史課程。韓老師認爲中國的孩子絕不能忘記自己的祖國，便常常抽出時間給中國班的兒童上中國歷史課，他講春秋戰國、講秦皇漢武，也講諸子百家、唐詩宋詞；他講只識彎弓射大雕的成吉思汗，也講霸王別姬烏江自刎的故事，孩子們聽得津津有味。在中國班裏，老師由淺入深地講授中國的歷史文化，中國的傳統習俗，教漢語漢字，並講一些淺顯的革命道理。這樣的課一個星期有兩三次，愛祖國，要追隨父輩置身於革命事業等概念，就是這樣一點點注入孩子們腦海中的。

當時兒童院的生活、教育情況是比較好的，體育、音樂等活動也非常豐富，還教一些生產技能。兒童院有許多課外小組：無線電組、攝影組、航模組、刺繡組、歌詠組、舞蹈組等。男孩子們在木工組或鉗工組學習手藝，而女孩子們在縫紉組、刺繡組做她們喜愛的手工活，一周一次。孩子們有什麼課外的興趣，兒童院就找來相應的老師指點，幫助其發展特長。

黃健的運動天賦在兒童院裏就顯露出來，但起初學習不好。有一天老師當著全班的同學挖苦他：「你和所有的運動員一樣，四肢發達、頭腦簡單。」黃健是個倔強的孩子，從此每天 5 點鐘起床，到教室裏苦讀，幾個月後，他的各門功課都是 4 分甚至 5 分〔註14〕。後來他很感謝這位老師，自己也學會了這種激將法，並帶到他二十年後的教練工作中。黃健還是個國際象棋的贏家，很多同學都敗在他手下。

比之父輩們正在奮鬥的國內根據地，這裏的生活和學習條件簡直是太安逸了，然而蘇德戰爭爆發後情況發生了很大改變。1941 年 6 月希特勒對蘇聯發動閃擊戰，不到三個月，戰火便燒到了莫斯科城外，孩子們很快就嘗到硝煙籠罩下的殘酷。伊萬諾沃地處莫斯科東北，距離戰場比莫斯科城還近，而且附近有機場，飛機和炸彈的轟鳴終日不斷。這時，原有的正常秩序都被打亂了。蘇聯最高層的注意力在戰爭，孩子的生活、教育的照料，不可能再像過去那樣體貼入微。1943 年共產國際取消了，主管上級轉爲蘇聯的紅十字會。

〔註14〕黃健：《挑戰高度——一個教練的回憶》，同心出版社 2000 年版，第 20 頁。

該會能力有限，能維持孩子們的教育，就已經是竭盡所能了。除了吞噬生命的戰火外，孩子們更深切和每時每刻都能感受到的，是生活必需品的匱乏。他們在學校附近開荒整地，種上了被視為蘇聯當家菜的胡蘿蔔、大白菜；在離學校較遠的地方，種植了大片作為基本主食的土豆。

因為特殊的戰爭環境，孩子們還學到了更多的東西。除了生存自救、學習知識以外，還進行了軍事戰備方面的訓練，如戰鬥行進、挖戰壕、射擊、防空、傷員的搶救和受傷後的自救等。李特特在全副武裝一天步行 50 公里，滑雪 100 公里的行軍訓練中總是衝在前面，射擊訓練中以較好的成績獲得「馬克西姆機關槍手」的證書〔註 15〕。女孩子在課餘時間從事軍用被服的縫紉，為前線戰士趕製軍用品。戰時前線缺血漿，劉允斌悄悄跑到獻血站，軟纏硬磨地要求獻血。沈亦如曾連續四個月每月獻一次血。黃健是孩子中身體最棒的，也是獻血次數最多的一個。他在《挑戰高度》中回憶說：「為了減少挨餓，我想出了一個辦法——獻血。在整整三年半的時間中，我每個月到醫院為傷員獻 430 毫升血。每次獻血後，除在那裏喫飽一頓飯，還可以得一些副食票證和錢，使我在以後的十來天中少餓肚子。當然，在飢餓的狀態下獻血，特別是經常過量獻血，對我的身體是十分危險的，但我別無選擇。」

戰爭期間，除了學習和工作外，孩子們還參加了當時所能參加的一切愛國活動，到軍用機場清掃跑道上厚厚的積雪，為部隊製造反坦克燃燒彈，挨家挨戶收集空瓶子，收集廢鐵，挖反坦克戰壕，到兵工廠給工人打下手，到集體農莊收土豆、伐木等。

據說，周恩來和蘇聯方面曾商定，這些孩子完成學業全部回國，也不派 18 周歲以下的上前線。然而，毛岸英主動給斯大林寫信，要求上前線。後來又去找蘇軍將領再三請求，終獲批准入伍。先入蘇雅士官學校學習，8 個月後進入列寧軍政學院。1943 年畢業時，獲中尉軍銜，並加入聯共（布）。不久，又進入伏龍芝軍事學院，在校期間曾到紅軍中擔任過坦克連的黨代表。由於他一再堅決要求到前線去，蘇方就派了一位大校軍官陪著，到前線蘇軍作戰的各個戰場轉了轉，但依然沒有讓他參加作戰。1945 年，蘇聯最高統帥斯大林接見了他並贈一把手槍表示褒獎。當年除了毛岸英這種極個別的情況外，別人都沒撈到上軍事學院、到前方觀戰的機會，只有郭志誠差一點成為例外。

〔註 15〕丁曉禾：《中國百年留學全紀錄》（三），珠海出版社 1998 年版，第 1309~1310頁。

他報名參軍後被編進了後備役部隊，進行了幾個月的新兵訓練。可還沒等上前線，就讓蘇方查出是中共子弟，被「清理」了出來。回到兒童院後，就成了年紀稍大的中國孩子的軍訓教官。羅西北是在蘇聯的中國孩子中眞正參加了二戰，並在戰爭中做出貢獻的人。1945 年 2 月，美英蘇簽定了《雅爾塔協定》。蘇聯遂對出兵中國東北進行準備，其中一項就是對日搞諜報工作，需要一個俄文中文都懂且有一定無線電知識的中國人。當時聯共中央派尼古拉耶夫到兒童院，在中國孩子中進行挑選，最後羅西北被選中。之後接受蘇軍諜報機構的訓練，在蘇軍對日作戰期間，被派到了中國東北，從事情報工作。

1942 年下半年，毛岸英臨去軍校學習前，提議由陳祖濤接替原由自己擔任的兒童委員會主席的職務。經過孩子們表決，陳祖濤當上了這個民間組織的主席。兒童委員會是兒童院孩子們自我約束的組織，主要工作大致有三項：一是督促學習，通過各個班的代表，通報瞭解學習情況，促使大家爭取好成績；二是參與勞動自救的管理，保證勞動量，進行勞動統計、組織安排等；三是參與組織軍訓和體育娛樂活動。

艱難的戰爭環境中，許多孩子沒有放棄學業。衛國戰爭開始時，黃健剛好順利地讀完七年級，當時蘇聯的義務教育爲十年一貫制，修完七年級後可以上高中或中等專業技術學校。黃健後來回憶說：「或許是因爲兒童院的領導想盡快地擺脫我這個給他們帶來麻煩的不聽話的孩子，他們不同意我繼續在兒童院上高中，這使我失去了升學的機會。於是，我考入了伊萬諾沃體育專科學校。衛國戰爭是我一生中經歷的最艱難同時也是最難忘的時期。困難鍛鍊了我的性格，它對我的成長起了決定性的作用。雖然那時我們缺衣少穿，經常挨餓，但我還是在依靠自學讀完了高中三年的課程，這使我的自信心更加增強。我在戰爭中逐漸成熟，長大成人了。」〔註16〕

戰爭結束後，孩子們進入各類學校學習。1945 年 5 月，陳祖濤完成蘇聯的 10 年制學校教育時，正趕上蘇聯戰後推行新的考試制度。畢業考試被稱作成年人教育畢業證考試，非常嚴格。他不僅通過了這次考試，拿到了成人教育畢業證，還考上了蘇聯鮑曼高級技術學院。鮑曼高級技術學院有著悠久的歷史，它的前身是俄羅斯皇家技術學院，其地位相當於中國的清華大學。

1950 年中蘇達成協議：凡在 18 歲以下的孩子送回中國；18 歲以上的青年由他們自己決定是否回國。除 20 多位爲繼續完成大學學業和個別特殊情況

〔註16〕黃健：《挑戰高度——一個教練的回憶》，同心出版社 2000 年版，第 44 頁。

者外，孩子們多義無反顧地回到了祖國懷抱，在這塊父母生長又爲之灑過熱血的土地上默默辛勤地耕耘。

3、回國後的拼搏與卓越貢獻

毛岸英 1946 年回國，先去農村勞動鍛鍊，解放後又去了北京機器總廠，任黨總支副書記。朝鮮戰爭爆發後，毛澤東派他去了朝鮮戰場。當時任中國人民解放軍代總參謀長的聶榮臻回憶說：「彭總入朝時，爲了和駐朝鮮的蘇聯顧問取得聯繫，確定帶一名俄文翻譯，原先確定從延安時期就擔任中央領導俄文翻譯的張伯衡同志，但當時張已擔任軍委外文處處長。由於大批蘇聯顧問來到北京，張伯衡工作很忙，難以離開，後來又挑選了一名年輕的新翻譯，可是軍委作戰部長李濤同志提出，入朝作戰非常機密，應選一名經過政治考驗和可靠的翻譯，當時時間很緊，我立即向毛主席請示怎麼辦。主席立刻就說：『那就讓岸英去吧，我通知他。』就這樣，毛岸英就隨彭總一起入朝了。」入朝後毛岸英任志願軍總部秘書等職，1950 年 11 月 25 日在朝鮮平安北道遭美國飛機轟炸而犧牲。李特特聽從了母親蔡暢的建議，在蘇聯學習農業。1952 年她從莫斯科季米利亞捷夫農學院畢業後，滿懷激情地返回了祖國，在華北農業研究所工作。第二年，她聽說蘇聯準備在北大荒幫助我國建立一座現代化的農場，急需學農業的人，就報名去了北大荒。劉愛琴 1949 年跟父親回國後，先在北京師大女附中當了一段俄語教師。翌年，考入中國人民大學計劃系深造，1953 年畢業，分配到國家計劃委員會綜合局工作。「文革」前她自願支持邊疆，在內蒙一幹就是 20 多年。

1945 年劉允斌考入莫斯科鋼鐵學院冶煉專業。在該院畢業後，以優異成績進入莫斯科大學，讀核物理學研究生，1955 年獲副博士學位，他是兒童院里中國學生中唯一獲這一學位的人。兩年後，回到祖國，只在中南海的家裏住了幾天，就去了距北京 50 公里外的某縣，進了中國原子能研究院 401 所工作，這是中國最早的核武器研究所。作爲我國核工業專家，爲我國第一顆原子彈和氫彈的研製成功做出過貢獻。陳祖濤 1951 年從蘇聯包曼工學院畢業回國，周總理問他回國後的打算，他說，在蘇聯學習機械製造，大多數實習是在汽車製造廠裏，但中國目前還沒有汽車製造廠。周總理很高興地說，正好毛主席在蘇聯談了 156 個大型建設項目，現在增加了汽車製造廠的項目，你還是回到蘇聯，協助他們把汽車廠籌備工作搞起來。就這樣，在長春第一汽車製造廠還沒建立時，陳祖濤就已經在蘇聯開始爲一汽工作了，主要參加蘇

聯專家的派遣、中國實習生的派出以及設計、成套設備引進的談判工作。1953年9月任第一汽車製造廠駐蘇代表；1955年回國擔任一汽生產設備處副處長，工藝處副處長；1957年任工廠設計處處長兼總工程師。1964年成為二汽籌備五人小組成員，後擔任二汽總工程師、技術副廠長。1981年起參加籌建中國汽車工業公司，歷任總工程師、副總經理、總經理、中國汽車工業聯合會理事長。1990年擔任協調外資「熊貓」汽車企業建設問題的廣東省特約顧問，後調任國家科委任專職委員（部級）。陳祖濤曾多次就汽車工業的發展上書中央，其中，曾就關於中國發展汽車工業特別是轎車工業的問題，寫過一封長信給當時任國家主席的江澤民。鑒於他在這方面的突出影響，被譽為中國汽車工業的奠基人。蔡博成為新中國第一代傑出的冶金專家。1943年他在10年制的學校畢業，考入了莫斯科鋼鐵學院冶金系煉鋼專業。在鋼鐵學院學習期間榮獲了斯大林獎學金，加入了蘇聯共產黨。1948年畢業，獲得煉鐵冶金工程師學位。1949年建國前夕，劉少奇秘密訪蘇，他隨劉回到了祖國。先後擔任了鞍鋼煉鐵廠副廠長、廠長。60年代，在北京鋼鐵總院煉鐵研究室工作，主持了多項重大科研課題，為煉鐵技術攻破了許多難關。1991年9月外出調查，因勞累突發心臟病猝然離世。羅西北回國後成為著名水電專家，教授級高級工程師，著有《河流規劃與水電經濟》、《技術政策研究》，曾獲國家水利科技進步一等獎，被國務院評定為在工程技術方面有突出貢獻的科技專家。

朱敏1946年從德國回到莫斯科，開始了遲到的學習生涯，她以堅強的毅力很快學習完中學的課程，被保送至莫斯科醫學院學習。可朱敏卻要求上師範。1953年畢業於莫斯科列寧師範學院，回國後分到北京師範大學教育系任俄語教師。後任教研室主任、教授。1986年離休後創辦了北京軍地兩用人才培訓學院（現改名為北京軍地專修學院），出任院長，2009年逝世。黃健衛國戰爭結束後，進入大學學習，1951年畢業於莫斯科體育學院，各門功課都是優秀，並在近十個體育項目中達到等級運動員的標準。回國後，成為著名的田徑教練，長期擔任國家田徑隊總教練，50年代以「剪式」培養出女子跳高世界紀錄創造者鄭鳳榮；60年代，以「俯臥式」培養出男子跳高世界紀錄創造者倪志欽；70～80年代，以「背越式」培養出女子跳高亞洲紀錄創造者鄭達真和楊文琴。他曾當之無愧地被國際田徑聯合會評為「最佳教練員」。

此外，趙施格、蔡妮、蔡轉、孫維世、張芝明、劉莫陽等在各自不同的崗位上也都有卓越的表現。

4、留蘇孩子的特點

留蘇孩子不同於一般的留學生，與留美幼童及後來的「4821」相比亦有其不同的特點。

首先，與專爲出國學習不同，帶有明顯的接受撫養性質。這些孩子或烈士遺孤，或高幹子女，從小沒有得到過父母的愛撫，沒有享受過家庭的溫暖，許多人生下來就成爲「革命的包袱」。黨的領袖們生活動蕩，性命堪虞，更無法撫養照顧自己的子女，使其有的被人收養，有的流浪社會，在那白色恐怖和戰火紛飛的歲月，生命安全皆無保障。蘇聯作爲中國革命的大後方，是革命者最爲嚮往和安全的地方，爲了保護這批革命後代故將其送入國際兒童院。而在蘇聯出生的革命者的孩子，父母爲了回國革命，也往往將其留在那裏。國際兒童院就是專門撫養、教育各國共產黨人和烈士後代的機構，撫養和教育結合在一起，尤其是對幾歲的幼兒來說，首先是撫養問題，這在一般留學教育中是絕對沒有的。

其次，政治色彩濃厚。他們皆是著名烈士和重要高幹子女，一般人的孩子無緣問津。如前面所述，董健吾本打算將其子董壽琪和毛岸英兄弟一塊送往蘇聯，但到達巴黎後，蘇聯駐法領事館同意毛氏兄弟赴蘇，並送來簽證，而不准董壽琪等人入境〔註17〕。這些政治家的後代，從來到這個世界那天起，就注定了一生將同潮起潮落的革命洪流和風雲變幻的國際局勢緊密地聯繫在一起，他們時而被推上浪尖，時而被掀入谷底，他們曾享受過別人不曾有的特權，也曾經歷過別人不曾經歷過的厄運。他們是中國現代革命史上最幸運和最不幸的群體。不論他們的父輩地位有多高，權力有多大，都無法逃脫多舛的命運〔註18〕。這些孩子當年得到黨的無限關愛，然而在中蘇關係破裂後，特別是那段「左」傾路線盛行的年代，卻受到了不公正的待遇和厄運，許多人被誣蔑爲叛徒特務，遭受批鬥、下放勞改，甚至身陷囹圄，還有幾位竟含恨九泉。

再次，年齡參差不齊，文化基礎差，中文水平低。小的從幾歲就送到兒童院，大的十五六歲。這與留美幼童大多 13 歲左右，皆受過初等教育，經過考試，外語和中文都有一定基礎不同；與「4821」皆 20 歲上下青年，接受過

〔註17〕劉益濤：《對〈也談毛岸英兄弟赴蘇過程中的相關史實〉的幾點質疑》，《中共黨史研究》2004 年第 5 期。
〔註18〕子河：《伊萬諾沃國際兒童院：一縷永遠無法割捨的情懷》，《莫斯科華人報》2003 年 2 月 27 日第 440 期。

根據地學校教育，又擔任過一定實際工作，有很高的政治覺悟和較好的中國文化水平也不一樣。而他們中年齡稍大者，從小遭受磨難，沒有讀書的機會，文化知識很差；年幼者及在蘇聯出生者，更是一點中文都不懂，沒受到過絲毫中國文化習俗的薰陶。在蘇一呆十年、八年，甚至十幾年、二十幾年，俄文精通了，但母語卻很差。如李敏 3 歲出國，「在蘇呆了七八年，回國後才開始學中國話，認中國字。」〔註 19〕長時間在國外生活和受教育，加之因戰爭與國內失去聯繫，使得部分孩子不瞭解父輩們和祖國的情形，自然也不會把自己在蘇聯的學習，同父輩的理想、祖國的命運掛上鉤。回國後由於語言上的障礙、生活環境的不同和中蘇兩國間巨大的文化差異，對國內的情況卻往往不能適應，這就影響了其作用的更好發揮。

另外，女留學生出現涉外婚姻。縱觀近代留學史，男子留學生的涉外婚姻比比皆是，而女子留學生不同，她們不嫁「洋夫」。而留蘇孩子隨著年齡的增長，不僅男生發生涉外戀情，而且先後有幾位女孩都愛上了和自己國籍不同的人。儘管他們或者是革命者的後代，或者是來自社會主義制度國家的蘇聯人，但是這種不同文化背景，不同國籍的婚姻在中共高幹的家庭裏是沒有希望成功的。第一個為跨國姻緣付出情感代價的，是劉愛琴。她與西班牙共產黨總書記的外甥費爾南多相識，並獻上自己初開的情竇。然而父親劉少奇卻認為她的婚姻是不妥當的。費爾南多雖然也是革命者的後代，但他來自社會制度不同的國度。劉少奇要求女兒一切要以黨和國家的利益為重，實際上就是不能再和她的丈夫生活在一起。在父親和父親所擁有的理想面前愛琴屈服了，這對青年夫婦就這樣被活活拆散。李特特的一段異國戀情造就了一個幸福美滿的家庭，與蘇聯青年結婚並生有兩個孩子，卻因中蘇反目帶來了一生的痛苦，由於堅持和自己的愛人保持關係，媽媽蔡暢和父親李富春宣布和她斷絕親子關係，特特好長時間不能和父母聯繫，不能再住在中南海的家裏。最終一個家庭被無情地拆散，一對愛人從此天各一方，成為終生的遺憾。鄧發的女兒鄧金娜嫁給了越南外貿部副部長李班之子並在那裏定居，70 年代末中越關係惡化後，她們一家喫盡了苦頭，直到 80 年代才在廖承志等人幫助下返回祖國。當時中共領袖們對海外關係的敏感和迴避，可以說是到了極其謹小慎微的地步。然而，作為孩子，她們也許只想當好他們的工程師、教師，

〔註19〕李敏：《我的父親毛澤東》，遼寧人民出版社 2000 年版，第 53 頁。

只想擁有普通人的愛情。只是由於她們生長在了政治領袖的家庭，判斷和取向便不能隨心所欲，不得不捨棄一些自我。她們的愛情悲劇令人同情，而從大局出發拋棄個人利益的精神，也是讓人欽佩的。

三、「4821」留蘇青年

1948 年當遼瀋戰役已穩操勝券之時，中共東北局的領導們認爲戰後的重建成爲重要課題，於是寫信給中共中央，建議派一批幹部、烈士子女去蘇聯學習先進科學技術，爲給新中國成立後的各項建設事業儲備人才。經過組織推薦、挑選，中共中央批准由東北局選派的 21 名青年，其中大部分是革命烈士和高幹子女。因爲他們是 1948 年到蘇聯的，一共 21 個人，所以後來被簡稱爲「4821」。

1、革命中成長

1948 年被派留蘇的 21 名青年，按姓氏筆劃排列是：葉正大（葉挺長子，21 歲）、葉正明（葉挺次子，17 歲）、葉楚梅（葉劍英之女，19 歲）、李鵬（李碩勳之子，20 歲）、朱忠洪（王稼祥義子，16 歲）、任岳（任弼時侄女、任銘鼎之女，22 歲）、任湘（任弼時侄子、任卓明之子，20 歲）、江明（高崗外甥，15 歲）、劉虎生（劉伯堅之子，21 歲）、楊廷藩（楊棋烈士之子，20 歲）、蕭永定（蕭勁光之子，18 歲）、鄒家華（鄒韜奮之子，23 歲）、張代俠（張宗適之子，20 歲）、林漢雄（張浩之子，18 歲）、羅西北（羅亦農之子，22 歲）、羅振濤（羅炳輝之女，20 歲）、項蘇雲（項英之女，17 歲）、賀毅（賀晉年之子，18 歲）、高毅（高崗之子）、崔軍（崔田夫之子，20 歲）、謝紹明（謝子長之子，23 歲）。除 1 人年齡不詳外，其餘平均 19 歲。

這 21 人幾乎全是革命烈士或高級幹部子女，他們的童年多經過艱苦磨難，具有一定的文化知識和革命經歷。如，李鵬：1928 年出生於上海，其父李碩勳這時正率領遊擊隊轉戰海南，在他不滿 3 歲時，於 1931 年 9 月 16 日被國民黨處決。其妹李瓊是在父親死後幾個月才出生的。舅父趙世炎是中共著名烈士。1939 年，母親趙君陶受中共派遣前往重慶工作，幼小的李鵬被留在成都。鄧穎超聞訊將他接到八路軍重慶辦事處自己家合住。一年後周恩來將他帶到延安中學讀書，畢業後就讀於延安自然科學院。1945 年入黨，隨解放大軍輾轉進入華北、東北。先後出任晉察冀電業公司技術員、哈爾濱油脂

公司協理和黨支部書記。李鵬踏上留蘇之途是經時任中共中央東北局副書記的李富春推薦的。鄒家華：1926 年生於上海，其父鄒韜奮，主辦《生活》周刊，著名救國七君子之一，1944 年病逝。少年的鄒家華曾隨父親及茅盾、戈寶權、胡繩等數百名聞名中外的名流學者、民主人士，在中共地下組織和當時中共領導的東江縱隊的救助下，從日本佔領下的香港安全轉移到深圳羊臺山下偏僻荒涼的白石農村，並在此度過了一段難忘的時光。1944 年參加新四軍，次年入黨。先在華中新四軍建設大學學習，後任山東省政府實業廳建設科幹事。1946 年至 1948 年任中共松江省哈東地委秘書，中共賓縣常安區委副書記、書記。賀毅：父親賀晉年 1928 年加入共產黨，紅軍時期爲 27 軍軍長。在賀毅 1 歲多時，母親死於鼠疫。父親把他託付給親人撫養。1931 年國民黨燒毀了他家，賀毅四處流浪，7 歲時就跟陝北紅軍各處輾轉。後來在延安先後到魯迅小學、延安大學、延安自然科學院讀書。1946 年在賀龍的安排下，賀毅與崔軍、張代俠、楊廷藩三位同學到張家口，入一所工業專門學校讀書，李鵬當時也在這裏學習。不久，「工專」撤到哈爾濱，賀毅等同學在東北局安排下，到東北野戰軍通訊參謀部工作。謝紹明：生於 1925 年，謝子長之子。謝子長爲陝北革命根據地和紅軍創建人之一，1924 年入黨，後在陝北軍隊中進行革命活動，曾任陝甘遊擊隊總指揮、紅 26 軍政委、西北革命軍事委員會主要負責人。1934 年 8 月，在攻打清澗縣河口的戰鬥中負傷，次年 2 月逝世。謝紹明在革命的大家庭中鍛鍊成長。1939 年在延安幹部子弟小學入黨，同年被選爲陝甘寧邊區勞動模範。後又被選爲模範青年，還以模範學生的身份出席過陝甘寧邊區文教群英大會。1945 年日本投降，謝紹明成爲中共中央從延安派往東北的第一批幹部中的一員，擔任區委書記〔註20〕。葉正大、葉正明：葉挺之子。葉挺 1924 年加入中國共產黨，後到蘇聯學習。1925 年回國後任國民革命軍第四軍獨立團團長，獲得了「北伐名將」的聲譽。1927 年第一次國內革命戰爭失敗後，參加領導八一南昌起義，任十一軍軍長。同年 12 月又參加領導廣州起義，任總司令。起義失敗後去國外，失掉黨的聯繫。抗日戰爭爆發後，回國參加抗戰，任新四軍軍長，堅決貫徹執行黨中央的正確路線，堅持華中敵後抗戰。1941 年皖南事變中負傷被捕。於 1946 年 3 月獲釋，同時又加入了中國共產黨。4 月 8 日由重慶返延安途中，因飛機失事在山西興縣

〔註20〕青霞，炳書：《謝子長之子謝紹明是怎樣繼承父業的》，《炎黃春秋》1996 年第 7 期。

黑茶山遇難。

　　他們中也有的過去曾在蘇聯學習過。如羅西北：著名烈士羅亦農之子，1940 年和朱德女兒朱敏、毛澤東女兒李敏、王一飛之子王繼飛一起去蘇聯國際兒童院學習，1945 年在蘇軍對日作戰期間，他被派到了中國東北，從事情報工作。高崗之子高毅：1939 年和孫維世、劉允斌等 6 個孩子搭乘周恩來治傷的飛機去國際兒童院學習。

　　21 人出國前集中哈爾濱工業大學學習俄語，學會了一些日常用語。8 月下旬，臨赴蘇聯前夕，中共中央東北局領導林彪、高崗、陳雲、李富春等曾設宴，爲這些青年送行。席間，林彪和高崗都講了話。主要意思是：黨在這個時候把你們送到蘇聯，是要你們去學習科學技術，學習經濟建設的，作戰指揮、軍事理論什麼的就不要學了。你們學成回來，是要爲建設新中國出力的。東北局副書記李富春在講話中規定了三條紀律：一、必須努力學習，完成學業；二、到蘇後根據國家需要選擇專業；三、留學期間，集中精力學習，不准談戀愛。東北局的領導還指定謝紹明作爲這批赴蘇聯留學生的臨時負責人。因爲在這些人中他的黨齡是最長的。他們到蘇聯後成立了黨支部，謝紹明、李鵬、鄒家華三人擔任支部委員。

2、伊萬諾沃的補習

　　1948 年 8 月下旬的一天早上，這 21 名青年從哈爾濱乘火車出發，前往蘇聯。由謝紹明帶隊，羅西北當翻譯。火車到滿洲里後，他們下車在國際旅行社等了幾天，由東北人民政府駐在這裏的辦事處辦理入境手續，然後繼續乘火車前行，跨過國境線，到達蘇聯的奧特波爾。9 月底抵達莫斯科。

　　在「4821」以前還有陳祖濤、劉允斌、張芝明等 24 名「老留學生」，他們是在抗戰初期前往蘇聯的中國革命先驅和烈士子女，後以蘇聯公民身份進入各大學。「4821」到達莫斯科的時候，陳祖濤等到車站迎接了他們。但這 21 個人只在莫斯科停留了一兩個小時，就去了 300 公里外的伊萬諾沃，負責接待和安排他們食宿起居的，是國際兒童院的院長瑪尔洛夫。

　　大約過了一兩個星期，正在蘇聯鮑曼高級技術學院上學的陳祖濤，突然接到謝紹明的來信，說他們被留滯在伊萬諾沃，進不了莫斯科。

　　得知這一情況後，陳祖濤立即找到了團組織的另兩位負責人劉允斌和張芝明。他們聽了陳祖濤的敘述，都感到此事有些蹊蹺。於是，陳祖濤隨即趕往伊萬諾沃，到「4821」住的旅館一看，發現他們因爲進不了莫斯科，又人

地兩生，想不出應對良策，情緒都很低落。偏偏他們的支部書記謝紹明此刻還病得不輕，耳朵都出血了，躺在床上。

經瞭解，陳祖濤得知：不讓「4821」進莫斯科，理由很簡單，就是因為他們不是蘇聯公民。當時莫斯科有國民黨的大使館，21 人是以共產黨的身份，被中共中央秘密派到蘇聯的。蘇聯與國民黨政府還有外交關係，中國共產黨派到蘇聯學習的學生，其身份是沒有公開的，不能進入莫斯科的高等院校；而且他們所持哈爾濱市護照也不允許他們去莫斯科，蘇方以紅十字會名義，把他們暫時安排在莫斯科外的伊萬納沃，只能在該市的高等學校就讀。惟有羅西北原有蘇聯國籍，又精通俄語，可直接到莫斯科考大學。

陳祖濤回到莫斯科，就和劉允斌、張芝明、蔡博等年紀稍大的幾人碰了頭，一起合計怎麼辦。最後商量的結果是以劉允斌、張芝明、陳祖濤三個人的名義，給聯共中央主持日常工作的馬林科夫寫一封信。信的初稿是由陳祖濤起草的，三個人都簽了名。把「4821」每個人的簡要情況、家庭背景等都寫了進去，並說明他們是中共中央派到蘇聯來進大學深造的，希望聯共中央關照此事，允許他們進莫斯科上學。之後，陳祖濤就把這封信親自送到了聯共中央的辦公地〔註 21〕。

大約過了兩個多星期，1945 年曾挑選羅西北去蘇軍情報部門的尼古拉耶夫就找到了陳祖濤。陳祖濤一五一十地把他所瞭解的情況，跟他講了。此外，尼古拉耶夫還找了其他在莫斯科的中國大學生瞭解了相關的情況。之後，又過了約一個星期，蘇聯方面允許 21 人到莫斯科學習，但在進入大學前，他們還得在伊萬諾沃先學一段時間的俄語。

羅西北決心為祖國的電氣化事業儲才蓄能，一舉考取了莫斯科動力學院水能利用專業。他也沒有忘記作為這批學生的領隊人，在伊萬諾沃市僅有的電工、化工、紡織、醫學院之間奔跑，為其他人交涉上學問題；再與大家商議，根據各人愛好、特長，分入各學院補習。

選擇志願，起初是在任弼時指導下進行的。任是七屆中央政治局委員和中央書記處書記，為當時中共五大領袖之一，因患心臟病來蘇聯休養。他的姪兒任湘、姪女任岳傳回了任弼時關於中國留學生選擇志願的意見：不主張在蘇留學生選學政治，因為過去中國到蘇聯學習政治的人，往往犯教條主義

〔註 21〕 王凡：《我在蘇聯的經歷及見聞——陳昌浩之子陳祖濤的往事回憶》，《黨史博覽》2002 年第 10 期。

的錯誤。事實證明，中國在政治方面已經成熟，不需要讓蘇聯培養政工幹部。他不贊成中國派學生來蘇聯學習文科，而應該學習工科，學習工業。至於學習哪一門，可以根據自己的興趣和特長進行選擇。正是新年之際，在元旦的留學生聚會上，羅西北說：列寧有句關於共產主義定義的名言，這就是「蘇維埃政權加上全國電氣化就是共產主義。」當時蘇聯重工業發達，軍事工業在第二次世界大戰中又異軍突起，城市建設起點高，水電站建設也頗大，農莊講究機械化，這使學生們經過參觀茅塞頓開，大長見識。對選擇專業也起了作用。於是李鵬、鄒家華、崔軍、賀毅、林漢雄、蕭永定到電工學院，謝紹明、任湘、江明去紡織大學，葉正明等去化工學院，四個女同學任岳、羅鎮濤、項蘇雲、葉楚梅去醫學院。

　　在電工學院，有一位和善的女教師費德洛瓦教俄語。她懷著對中國人民友好的感情，對這幾個基礎不是很好的中國青年極盡耐心，不厭其煩地講授難點和要點，課下精心輔導，認真批改作業，使幾人的聽課和會話能力大幅度長進。他們對這位盡職的女教師充滿了感激之情，離開伊萬納沃到莫斯科正式進入大學之前，六位同學還特地邀請費德洛瓦去一家照相館合影留念。

　　1949 年 7 月，這批學生結束了在伊萬諾沃補習生活，然後根據黨和國家的需要，結合蘇聯大學的情況及各自實際，正式認真選擇專業，以便秋季開學後去上大學。羅西北又在莫斯科進行活動，把他們在伊萬諾沃生活、學習活動情況和中共中央東北局派他們去學習的目的，向蘇共中央聯絡部作了系統的彙報，要求 21 人都到莫斯科的高等院校學習。1949 年夏，他們離開了伊萬諾沃，到了莫斯科。他們中的 6 人（含羅西北）進了莫斯科動力學院水力發電系，其中崔軍、賀毅學習水工建築專業，李鵬、林漢雄、蕭永定和羅西北一樣，學習機電安裝、水能規劃專業；自幼特別喜歡擺弄機器零件的鄒家華，選擇了鮑曼高等工業學院機械製造系，與他同校的還有劉虎生、張代俠；葉正大、葉正明、朱忠洪進了莫斯科航空學院；其他分別進入了莫斯科財經學院（楊廷藩、羅鎮濤）、莫斯科紡織學院（項蘇雲）、莫斯科建築學院（任岳）、莫斯科地質學院（任湘）、莫斯科農業學院（江明）、莫斯科大學（葉楚梅）〔註 22〕。葉正大後來回憶他們兄弟二人選報專業時的情況時說：我家父親、母親和五妹、九弟都死於國民黨特務做了手腳的美國飛機上。我到蘇聯

────────────────

〔註22〕《在坎坷的生活之路上灑下輝煌──記水電專家羅西北》，《湘潮》2001 年第 5 期。

學習時，那時中華人民共和國尚未成立，更沒有新中國的飛機。所以我下定決心，學飛機設計。正是憤於「四八事件」父母弟妹的慘死，兄弟二人立下學習製造飛機的雄心壯志。

3、莫斯科的大學生活

進入莫斯科的 21 位中國青年，1949 年下半年起，開始了緊張正規的大學生活。

莫斯科動力學院 1930 年建立，前身是 1918 年設立的莫斯科高等技術學校電工技術系和莫斯科普列漢諾夫國民經濟學院電機工業系。是蘇聯著名的多科性高等工業學校，屬蘇聯重點院校之一，其培養目標是動力工程師，被稱爲培養動力工程師的搖籃，曾榮獲列寧勳章和十月革命勳章的榮譽。學院領導人克魯格‧西羅京斯基是蘇聯電氣化計劃的制定者，學院中有一批傑出的教授和來自世界各國的留學生。學制分爲兩種：日課部學生五至五年半，夜課部學生爲六至六年半。進入該校的 6 名青年學子，在五年多的留學期間，先後學習了幾十門課程，一、二年級學習基礎課，如數理化和製圖等，從二年級開始增加實習課，在每年的暑假進行；三年級學習專業基礎課；四年級以後學習專業課。

李鵬還用很多時間到學校實驗室做實驗，到圖書館看書及查閱資料。在整個留學期間，無論是課堂考試還是畢業設計，他所有功課的學習成績都是 5 分，成爲莫斯科動力學院的全 5 分畢業優等生。李鵬畢業論文的題目是：《堆石壩而又在地震地區的水電站》，他爲這個畢業設計整整花了半年時間，結果不僅以 5 分的成績順利通過論文答辯，而且得到專家較高的評價。李鵬留學時雖然學的是水電系，但他又學過自動化、繼電保板、火力發電、電網等許多課程。因此既打下了比較堅實的專業基礎，又接觸並學到了比較廣泛的專業知識，這給他以後走上工作崗位，得心應手勝任職務，有很大的好處。

賀毅剛去時，基礎薄弱，尤其是語言不過關。照他的話說：「兩年之內我基本是『坐飛機』，把俄文抄下來回去查字典。」〔註23〕經過 5 年零 3 個月的艱苦奮鬥，1954 年 12 月拿到了動力學院的畢業文憑，並取得優等畢業生的稱號。他的證書中總成績 75% 以上是 5 分。

鄒家華在鮑曼高等工業學院機械製造系留學期間各門功課都是優秀。

這批留學生出國之前，組織上原定由謝紹明負責。謝紹明延安入黨，爲

〔註23〕轉自丁曉禾：《中國百年留學全紀錄》（四），珠海出版社 1998 年版。第 1421 頁。

人老練穩重，很像一個老大哥。但到蘇後，對異國氣候環境很不適應，不久患病，經組織批准，被迫退學回國。行前，他把同學們召集到一塊，傳達了上級指示，交待了今後工作：在 19 名黨員中，成立黨支部，選舉 3 人為支部委員；同時成立學生會要有學生會主席。經過選舉，李鵬因來蘇前擔任過基層黨支部書記，又為人坦蕩，有較高威信，被選為支部書記，鄒家華、任湘被選為支委。稍後，李鵬又擔任了留蘇學生會主席。

後來，新中國在莫斯科建立的駐蘇大使館把以前在蘇聯學習的學生 20 多人建立的老同學會與新學生會合併，李鵬被推舉為學生會主席，劉少奇之子劉允斌為副主席。1951 年，中國派出由錢信忠和張衝為領隊的大批學生到蘇留學，在蘇中國學生已超過千人。為加強管理，中國駐蘇使館成立了留學生黨委、留學生管理處，還成立了留蘇學生總會。李鵬又被駐蘇大使館指定擔任中國留蘇學生總會主席，並參加大使館的留學生黨委，參加留學生黨委的學生還由錢信忠、張沖。

當時留學生總會主要有三項任務：第一，在留學生中建立黨支部、黨小組，以及行政小組。黨支部以學校為單位建立。通過這些組織，把中國在蘇聯留學的學生全部組織起來。要求大家集中精力，努力學習，遵守黨內紀律和蘇聯大學的校規；第二，以學生會的名義出面，同蘇聯有關方面進行聯繫、交涉，辦理所需事情，包括組織較大的活動；第三，組織留學生進行學習黨和國家有關文件政策、國際時事等。1952 年 10 月 1 日，李鵬代表中國留學生總會，在蘇聯莫斯科大學舉行的中華人民共和國成立三週年紀念大會上，為蘇聯同學和留蘇的其他國家學生作有關中國情況的報告，受到稱讚。1954 年暑假中國留蘇學生總會，同蘇聯有關方面聯繫，獲得蘇方在經濟上的資助，組織了一次在莫斯科的部分蘇聯、中國、羅馬尼亞、阿爾巴尼亞學生同遊伏爾加河的大型活動，他們包了一條船，從莫斯科出發，一直沿著伏爾加河前進，最後到了伏爾加河口的一座名叫阿斯特拉罕的典型的俄羅斯城市。沿河每到一碼頭，就登岸休息參觀。他們參觀了著名的高爾基城、烏里揚諾夫斯克城、列寧的故居等許多地方，同蘇聯人民和各國學生結下了深厚的友誼。李鵬還曾給中國訪蘇代表團當向導、搞資料，做翻譯。在 50 年代初期，中國有許多代表團到蘇聯訪問，有以周揚為團長的文化代表團、有以李強為團長的郵電代表團、有以東北局組織部長張秀山為團長的組織代表團、有以李富春為團長的經濟代表團，等等。當代表團赴蘇時，留學生們總要參加他們的

活動，幫助代表團做一些工作。

黨和國家領導對留蘇學生給予了高度關懷。1950 年毛澤東首次訪問蘇聯，2 月 17 日，留蘇學生黨支部書記李鵬接到駐蘇聯大使館參贊曾湧泉的通知，留學生務必於當晚全部趕到中國駐蘇大使館。就在那晚，毛澤東主席和周總理在王稼祥大使的陪同下接見了這批留學生。周總理每走到一個人面前，只要一報姓名，他就能準確地說出是誰的孩子，介紹給毛主席。任湘回憶說：「毛主席和周總理坐在一起，李鵬坐在周總理的左邊，我站在毛主席的右邊。主席、總理對我們這些在延安長大的孩子都很熟悉，這是我們離開延安後頭一次見面。……接著，他又根據我們每一個人所學的專業一一題詞。我趕緊撕了兩頁大使館的活頁紙，一頁遞給主席，一頁遞給總理。主席問我學的什麼專業，我回答：『地質。』他說：『太好了，搞地質，就是開發礦業嘛！』接著，毛主席給我親筆寫下了『開發礦業』四個字。」〔註 24〕毛主席為崔軍的題詞是「發展電力」，為賀毅的題詞是「光明在前」；周恩來則在他們的筆記本上都寫下了「艱苦奮鬥，努力學習」八個字〔註 25〕。然後毛主席、周恩來等黨和國家領導人和留學生們一起聯歡，差不多跳了一個通宵的舞。

1951 年 8 月，同學們迎來了到莫斯科後的第一個暑假。黨中央決定讓他們乘飛機返回祖國北京度假。周總理特意將李鵬、賀毅、崔軍、林漢雄、葉正大、葉正明、謝紹明等請到家裏與他們親切攀談，並和他們一道就餐。周總理說：「你們大都是學習研究動力資源的，這非常好！我國水利資源很豐富。水力資源是我國最清潔的能源，也是我國可開發的儲藏量最大的一種能源。你們要好好學習，把我國的水電事業搞上去。建設社會主義靠你們了。」〔註 26〕

4、回國後的貢獻與曲折

這 21 人學成後全部回國。根據李鵬的意願，1955 年 9 月分配他到中國當時最大的水力發電站工作。李鵬在那裏用其所學，技術上施展才能，並且提高很快。電力部部長劉瀾波一直關心他的成長，認為他不應該僅僅成為一個技術專家，還應該有更全面的發展，於是在工作安排上讓他擔任廠長和黨委書記，這為李鵬以後登上政壇作了必要的準備。鄒家華 1955 年來到瀋陽機床廠工作，開始搞技術，後來當副總工程師、總工程師、廠長，1964 年後調到

〔註 24〕 《礦業要走在經濟前頭——毛澤東題詞「開發礦業」50 週年之際訪任湘》，《國土資源科技管理〉1999 年第 6 期。

〔註 25〕 《半世紀人生路　只為一個信念》，《國際人才交流》2003 年 2 期。

〔註 26〕 《水電將軍賀毅》，《國際人才交流》1997 年第 2 期。

北京機床研究所。賀毅回國後被分配到水電總局北京勘測院任工程師，但他渴望到基層大幹一場。水電總局局長李銳滿足了他的要求，分他到江西省上猶江圍堰工區任主任工程師。1956 年是上猶江混凝土大澆築的一年，他提出破除常規，搞大塊、高塊混凝土澆築控溫的辦法，不僅大大縮短了工期，而且節省資金 94 萬多元，爲中國乃至世界翻開了大壩澆築技術新的一頁。謝紹明回國後任哈爾濱飛機發動機廠副廠長、總工程師。1954 年又赴蘇聯進修，回國後任瀋陽航空工廠廠長，作爲第一代航空工業的創業者，披荊斬棘投入戰鬥。1960 年蘇聯撤走專家，119 廠研制導彈自動駕駛儀的工作正在緊要關頭，他一連幾個月死守在廠房裏，一日三餐都託人從集體食堂往回捎。1963 年地對空戰術導彈的心臟——自動駕駛儀終於研製成功，用於實戰，多次成功地擊落入侵我國領空的 U-2 無人駕駛飛機，使美國國防部和中央情報局著實慌了一陣子。葉正大 1955 年畢業於蘇聯莫斯科航空學院飛機製造系，同年回國。歷任瀋陽飛機製造公司車間工藝員，設計科主任設計員，飛機設計室副主任設計師，國防部第六研究院 601 所副所長、副院長，國務院國防工業辦公室副主任，國務院、中央軍委國防科學工業委員會科技委副主任等職，爲我國的航空和國防事業的發展作出了卓越貢獻。

「文革」期間，一些別有用心的人硬要把這批人打成「蘇修叛徒集團」。他們 21 人，坐牢的坐牢，隔離的隔離，受盡了折磨。但是卻也更加考驗和鍛鍊了他們的意志。葉楚梅、鄒家華都被逮捕，分別關押在功德林監獄，監獄環境非常惡劣，冬天的牢房冷得結冰，水都不給喝夠，一天兩碗白菜湯，四個窩頭。鄒家華沒有地方喝水，沒有足夠盛水的容器，最後把膠鞋洗乾淨，裝水喝。

1980 年 6 月 23 日，中央組織部收到中央辦公廳秘書局送來的胡耀邦同志的批件：「任窮同志：今天上午，我找電力部李錫銘、李鵬兩同志談了話，我對李鵬的印象較深。他告訴我，1948 年我們派了 21 人去蘇聯學習，『文革』初期被立爲『4821 蘇修特務案』，我要他開了一個名單（差兩人）。據說大部分都不錯，特轉給你。」李鵬所列名單，鄒家華、葉正大國防工辦副主任，謝紹明八機部生產局負責人，任湘北京地質局副局長，楊廷藩國防工辦處長，劉虎生五機部 20 院副總工程師，林漢雄國家科委二局副局長，羅西北電力部水電總局副局長，賀毅水電工程兵參謀長，崔軍水電工程兵副參謀長，任岳三機部第六設計師副主任，葉楚梅一機部機床局副局長，羅鎮濤外經部六局辦公室副主任，張代俠瀋陽第三機床廠總工程師，項蘇雲紡織部情報所負責

人，蕭永定二機部供應局總工程師，江明經濟研究所研究員，朱忠洪七機部，李鵬電力部〔註27〕，所差二人是葉正明、高毅。

對胡耀邦的批示，中組部長宋任窮、副部長陳野蘋都很重視，指示下面同志再整理一個材料，提出使用方案，經部務會討論後報書記處及耀邦同志。隨後經濟幹部局的同志一方面迅速將耀邦同志的批示精神傳達給有關單位，另一面著手考察瞭解21人的情況，並徵求有關單位領導對他們的使用意見。最後中央對其中的優秀者作出任命決定。1981年2月，中央作出電力部領導班子調整的決定，李鵬被任命為部長、黨組書記。到1981年底，除李鵬擔任部長外，擔任副部長或相當職務的3人（鄒家華、葉正大、賀毅），副部級後備對象2人（林漢雄、謝紹明），擔任司局級職務的7人（任湘、蕭永定、楊廷藩、羅西北、葉楚梅、崔軍、葉正明），準備提拔為副局級的1人（劉虎生），處級職務的4人，工程師2人，一般幹部1人〔註28〕。後來，李鵬當選為中央政治局委員、常委，擔任過國務院副總理、總理、人大常委會委員長。鄒家華當選為中央政治局委員，被任命為國務院副總理兼任國家計委主任，擔任過人大常委會副委員長。賀毅所領導的基建工程兵一總隊被機械工程兵授予第一流機械部隊，建設四化光榮尖兵；被水電部授予「優秀施工部隊」稱號；被國家經委、中華全國總工會授予「全國先進施工企業」稱號。賀毅因對中國水電事業做出的突出貢獻，1989年被授予少將軍銜，這是繼1955年父親賀晉年、五叔賀吉祥雙雙被授予少將軍銜後的賀家又一位將軍。羅西北1954年至1987年，先後在原燃料部（電力部）北京電力設計院、成都水電勘察設計院、水電部規劃設計總院、水電建設總局擔任技術和行政領導職務，1987年後任中國國際咨詢公司副董事長、專家委員會副主任、顧問。羅西北長期從事水電建設，有豐富的理論和實踐經驗。20世紀90年代以來，擔任過長江三峽工程開發總公司高級顧問、小浪底水利樞紐建設管理局技術委員會顧問、中國工程咨詢協會顧問和山西萬家寨引黃工程總指揮部顧問。葉正大：原國防科工委科技委員會副主任、全國人大常委、中將軍銜、高級工程師、俄羅斯齊奧可夫斯基宇航學院國際院士。曾參與我國五種型號飛機設計研製的組織領導工作，是我國飛機設計工作科技領域的奠基者和開拓者之一。曾獲全國科技進步特等獎，國家科學技術進步二等獎，中國人民解放軍軍事科研成

〔註27〕鄒東山編輯：《胡耀邦平反4821蘇修特務案》，《黨史天地》1999年第2期。
〔註28〕同上。

果一等獎、二等獎，俄羅斯齊奧可夫斯基宇航研究院「由於對中國航空和宇航的貢獻」獎，1998 年獲中國人民解放軍「勝利」功勳榮譽章。葉正明：中國對外應用技術交流促進會主任。謝紹明：1975 年由國防工辦點名調入北京，參與了國防工辦制訂的《戰術導彈十年規劃》。1981 年調入國防科委，被任命爲國家科委黨組成員兼科技管理局局長，負責全國科技體制改革方面的工作，爲 1985 年出臺《關於科技體制改革的決定方案》，傾注了三年的心血。後又任中紀委駐國家科委紀檢組組長、科技部副部長、中國民營科技促進會會長、國家科委顧問、全國政協委員。任湘：地熱專業委員會主任，是新中國的第一代地質專家，參加過轟轟烈烈的礦產資源勘查和地質研究工作，足跡踏遍祖國的山山水水。世界銀行在與我國多家部門洽談項目時，稱譽他爲「中國地熱之父」。其餘如張代俠、項蘇雲、蕭永定、江明、朱忠洪、楊廷藩等，也都在各自崗位上作出應有的貢獻。

5.「4821」留蘇學生之特點

「4821」留蘇生與 20 年代～40 年代在蘇聯國際兒童院裏的孩子相比，雖然都是是高幹或烈士子女，童年經受過磨難，從小受到革命薰陶等相同的地方外，還有與其不同之處。首先，年齡較爲整齊，皆是 20 歲左右的青年，最大者 23 歲，最小者 15 歲，比國際兒童院里中國孩子 3～16 歲參差不等的情況，有著很大的差別。其次，接受過根據地學校教育，後又擔任過一定實際工作，因此，他們有很高的政治覺悟和較好的中國文化基礎。不像此前在國際兒童院裏的許多孩子來蘇聯時年紀都還小，又長時間在國外生活和受教育，加之因戰爭與國內失去聯繫，使得部分孩子不瞭解父輩們和祖國的情形，自然也不會把自己在蘇聯的學習，同父輩的理想、祖國的命運掛上鉤。再次，經過短暫的俄語補習後全部進入莫斯科大學學習，並皆順利畢業。而且是處於和平的環境之中，學習生活、環境條件都較過去方便優越。這與過去到蘇的中國孩子往往先從小學、中學讀起，最後有很少一部分考入大學學習，並經受了戰爭和飢餓的磨難，也是不同的。

「4821」留蘇學生與 20 年代後革命時期的留蘇學生相比，專業上多學習理工科，而不像過去那樣重點學習文科，學習革命，學習作戰指揮、軍事理論，爲的是回國開展革命活動、領導武裝鬥爭、進行革命戰爭。而「4821」是爲學習科學技術，學習經濟建設的，是要爲建設新中國培養人才的。因此，在專業選擇上主要是工科，其次是財經、醫學，回國後多成爲科技骨幹，少

數行政領導人如李鵬、鄒家華等也是從科技幹部中成長選拔出來的。

「4821」留蘇具有承先啓後的意義，它正值中國革命即將勝利，新中國的建設很快就要提上日程的歷史轉折之時，標誌著爲培養革命政治軍事人才的留蘇教育的結束，爲造就新中國科技建設人才大批選派青年留蘇的開始，揭開了新中國留蘇潮的序幕。因此，有的把它作爲民主革命時期留學教育的結束，有的則把它視爲社會主義時期留蘇教育的開端，二者皆有一定的道理。

第十三章　戰後留美熱的興起

　　抗戰勝利後，由於當時國內外形勢的影響，造成了短暫的留學熱。而主要的是湧向美國。這批莘莘學子多經公、自費考試或選拔，具有較好的素質，除極少數人外，多為振興祖國而刻苦攻讀、勤奮好學，取得了優異的成績，成為學貫中西、兼容古今的新型知識分子，造就了一批出類拔萃的科技人才。

一、戰後中國留美熱形成之原因

　　自 1847 年容閎等 3 人赴美算起，至 1949 年新中國成立，在長達百餘年的近代中國留美史中，抗戰勝利後的最初幾年是其鼎盛時期。僅以進入美國正規大學就讀的中國學生而言，據人調查，1909 年以前，每年少則一、二人，三、四人，多則十幾人、幾十人；1910 年至 1944 年一般二、三百人，最高 426 人（1923 年）；而戰後人數暴增，1945 年達 543 人，1946 年 648 人，1947 年 1194 人，1948 年 1274 人，1949 年 1016 人，如果加上未入大學的預備生、實習生等，歷年在美中國留學人數，1909 年以前幾人、十幾人、幾十人；1910 年至 1944 年一般在數百人、千餘人，最高 2500 人（1925 至 1927 年）；而戰後的留美熱，使 1948 年達到 2710 人，1949 年 3797 人，為百年留美史的頂點〔註1〕。

　　戰後最初幾年的留美熱，是與當時的國內外形勢密切相關，具體講有以下幾點：

　　首先，戰後美國躍居世界第一強國，成為最為理想的留學國度，並採取了積極吸引留學生的政策，鼓勵中國學子前往。二次世界大戰極大地改變了

〔註1〕 參見王奇生：《中國留學生的歷史軌迹》，湖北教育出版社 1992 年版，第 45 頁。

世界面貌，在以往中國青年留學的主要國家中，日、德、意三個法西斯國家已被徹底打垮，舉國上下一片廢墟，正處於盟軍的控制之下，作爲戰敗國自然沒有接受留學生的能力。即使有，人們也不願到那裏去。英、法雖爲戰勝國，但遭到嚴重削弱，一時難以恢復元氣，大學中圖書資料儀器設備以及教室宿舍等均殘破不堪；戰後復員青年又群返學校，故難以接納大批外國學生。而美國則不同，不僅本土未曾淪爲戰場，免遭戰火的破壞，而且在戰爭中發了橫財，成爲資本主義世界霸主，隨著經濟、軍事實力的增強，文化教育事業也有了新的發展。它科技發達，大學眾多，留學生易於入學，因而成爲戰後最爲理想的留學國度。

與此同時，美帝爲稱霸世界，更加積極地採取了吸引留學生的既定政策。早在二十世紀初期，美國就最早採取退還庚子賠款餘額給中國用來選送青年赴美留學的辦法，企圖通過吸引留學生來影響和控制中國知識分子進而達到控制中國。二次大戰後，美帝取代了德意日法西斯地位，妄圖稱霸世界。在亞洲，則企圖把中國變爲其獨佔殖民地，作爲統治亞洲和太平洋的主要基地。爲此，積極推行扶蔣反共政策，在經濟上、軍事上瘋狂擴張的同時，文化教育上則極力擴大其影響及勢力，進一步吸引中國知識分子赴美留學，便是其中的一項重要內容。它採取一些積極措施，提供各種獎學金等，鼓勵中國學生前往。

抗戰勝利前夕，美國就「提出要在『經濟援外』法案（FFA）項下撥出一筆款來，從中國選派一批正在工礦界工作的科技人員到美國去學習一點工業窮門，以便戰後在中國進行經濟建設。美國所以提出這樣做，也許是爲戰後推銷它的工業產品。」〔註2〕據此，中國政府戰後曾派出三批科技人員，每批二、三百人，前去美國廠礦實習。

1947 年美國與蔣介石政府簽訂了「中美文化協定」，成立了美國在華教育基金委員會，利用美國剩餘戰時財產售與國民黨政府所得的 2000 萬美元，充作在中國各大學推進英文教學，協助美籍教授來華講學，派遣留學生及他種教育活動之用，加深了美帝國主義對華文化教育侵略。在此背景下，留學教育成爲培養帝國主義在華代理人和半殖民地半封建社會骨幹的重要途徑〔註3〕。1949年 8 月 1 日，美國眾議院還通過以 400 萬美元援助中國留美學生法案。

〔註2〕 秦馨菱：《我的留美生活》，山東省政協文史委編：《留學生活》，山東人民出版社 1992 年版，第 15 頁。
〔註3〕 黃新憲：《中國留學教育的歷史反思》，四川教育出版社 1991 年版，第 196 頁。

　　其次，國民黨加緊了對美帝的依賴，爲了戰後的重建，繼承和發展了抗戰後期較爲積極的留學政策，派遣各種人員前往美國。抗戰初期，限於財力，尤其是外匯的匱乏，對留學教育嚴加限制。到抗戰後期，鑑於國際形勢的好轉，抗戰勝利在望，戰後建設亟需人才；又鑑於中美新約、中英新約的簽訂，國際環境向中國留學教育提供了較有利的條件，乃決定突破以往的限制留學政策，大量派遣留學生。教育部擬訂了《留學教育方案》，計劃從 1943 年至 1947 年由教育部每年選派公、自費留學生各 1000 名，5 年內共計萬人。這一計劃後來雖遠遠沒有完成，但也促進了以後幾年留學教育的發展。與此同時，南京政府修訂留學政策，強調以「培植高級技術專精人才及業務管理人才爲主要方針」，並成立留學生考選委員會，聘請各有關學科的著名專家、學者負責留學考試命題，參與留學生選拔工作。教育部於 1943 年 10 月公布《自費留學生派遣方法》，並於同年 12 月舉辦第一屆自費留學考試，最後錄取 327 人，次年陸續赴美。

　　在此基礎上，抗戰勝利後，國民政府採取更爲積極的步驟與措施。戰後，全國上下渴望進行和平建設和加速國家工業化進程，而戰爭時期中國武器裝備的落後更激勵愛國青年出國留學。當時政府制定了《自費留學生派遣辦法》，爲大批學生和學者到西方學習和工作創造了有利條件。李政道（物理）、朱光亞（物理）、唐敖慶（化學）、孫本旺（數學）、張瑞（化學）五人是蔣介石親自決定選派的。1946 年，蔣介石問吳大猷、曾昭倫和華羅庚，爲什麼中國不能造原子彈？答曰：中國缺少人才。蔣委託三位科學家立即選派並護送一批最優秀的青年去美國學習。上述五人於 1946 年 9 月從上海起程去美國。美國政府以原子技術對外國保密爲由，拒絕接收。吳大猷和華羅庚不得不宣布解散，請各位自尋出路。

　　抗戰甫結束，國民政府軍政部長陳誠，次長兼兵工署署長俞大維，向西南聯大供聘吳大猷、華羅庚、曾昭掄 3 人，派其遴選率領在物理、數學、化學方面實堪造就的青年學生數人出國研習，以 2 年爲期。李政道、朱光亞、孫本旺、王瑞騄、唐敖慶 5 人入選。1946 年 7 月，華羅庚、曾昭掄帶著以上 5 名學生去美；吳大猷則經由英國前往〔註4〕。這次選拔，乃是 1943 年以來注重培植高級技術專精人才留學教育政策的繼續貫徹。

　　1945 年 11 月，教育部頒布《專科以上學校教員應約出國講學或研究辦

〔註4〕　吳大猷：《華羅庚係軍政部派赴美研究》，臺北《傳記文學》第47卷第3期。

法》。此項辦法公布後,援用出國人員日多,1945年130人,1946年270人,1947年450人。

　　1946年5月國民政府還都南京,7月份分九區舉辦了公費留學生考試和自費留學生考試,結果錄取並向10餘個國家派遣了148名公費生和1934名自費生。此外,還舉辦了青年軍公費留學考試、翻譯官公費留學考試,派遣了一批訪問學者,還於1946年和1947年選派124名學生出國學習醫藥等。

　　1947年2月,國民政府教育部設立國際文化事業處,專門負責中外文化教育交流。下設三科,其中第一科即主管國際間教授、學生的交流,公、自費留學生的選派及國外考察研究事項。

　　總起來看,戰後的最初一段時間,國民黨政府對留學教育較為重視,加強了領導、選拔和派遣。而外交上對美國的依賴,自然將各種進修人員、實習人員、技術人員以及黨政軍各方面的考察人員派往該國,這對留美熱的形成起到了很大作用。

　　第三,留學生的崇高社會地位,使出國留洋成為許多青年的理想,而抗戰的勝利,多年積壓的能量得以一齊釋放。不可否認,當年的出國學子,許多是抱著科學救國、振興中華、造福人民的雄心壯志負笈海外的,但也有不少人是把留學當作最理想的出路,這與留學生地位的提高有很大關係。

　　20世紀以前,中國國勢雖日趨衰頹,而國人虛驕自大的心態卻未消泯,留學生回國後只被當作技術工人使用,社會地位並不高。清末民初之際,多數士民對中國制度和文化逐漸喪失信心,對西洋由自卑而衍生尊崇的觀念,崇尚西洋也連同景仰從西洋學成而歸的留學生。留學生崇高的社會地位,使他們回國後有較佳的就業機會。那時中國政府和社會用人恒以學位相衡量,使得部分青年把留學當成陞官發財的主要途徑。即使是高級知識分子,如不外出鍍鍍金,好像矮人一截,陶希聖作了教授,尚因自己不是留學生而自卑。他回憶道:「留學生回國有一種習慣,彷彿從前科舉時代的人們一樣。科舉時代,有過一科兩榜的人,見了有功名的人,首先拱手問曰:『老兄是哪一科?』留學生也是一樣,見了教授們,就會問:『您是哪一年回國?』這一問,對方的心理反應至少可分三種:第一種是同樣的回國不久的留學生,被問之後很高興的談論他留學及回國的經過。第二種是回國已久,且享有盛名的老留學生,也許他答道:『我回國時,你還沒有出生』。這種答法,我曾經親耳聽見。第三種就是我這樣的非留學生了。以前我的臉皮嫩,對於這樣的問題,很感

窘迫……」〔註5〕。當時就社會地位而言，以西洋生最高。中國本有文人相輕的舊習，西洋生瞧不起東洋生，東洋生瞧不起國內大學生。在這樣的情況下，到美國鍍金成爲不少青年學子追求的目標。

　　然而，抗戰時期國難當頭，出國的願望被壓抑下去。抗日戰爭的勝利，形勢驟然大變，多年的能量便一齊釋放出來。故留學者中，不僅有剛出校門的青年學生，而且有畢業多年的研究人員、大學教授、中學校長、工程師、技術員、公務員、銀行職員、新聞記者、會計師、醫師、律師等，社會經歷複雜，年齡參差不齊。據 1946 年公自費留學考試錄取生情況統計，年齡最大者 41 歲，最小者 17 歲，畢業時間最長的 18 年。由於年齡偏大，教育程度自然也較過去爲高，據 1948 年的統計，在 2710 名留美生中，研究生最多，爲 1680 人，佔總數的 62%；其次爲大學生 702 人，佔 25、9%；此外特別生 62 人，佔 2.3%；其他 266 人，佔 9.9%。這既說明教育程度的不一，也反映出留學人員的廣泛性。

　　戰後不久，國民黨又重新挑起內戰，它一方面增加了財政困難，影響了以後留學生的派遣，另方面也促使了部份人的自費出國。國民黨的倒行逆施，使戰後勝利的喜悅在中國人民心中只是曇花一現，失望和沮喪籠罩中華大地。在這種情況下，或出於對國民黨的不滿，或由於對共產黨的誤解，爲逃避內戰，不少青年而遠走海外。到了解放戰爭後期，國共兩黨勝負分明，少數有錢有勢者借機留學而逃難美國。

　　由於上述種種原因，戰後初期，人們出於不同動機而爭相赴美，形成持續數年的留美熱。

二、中國學子留美途徑

　　戰後中國青年赴美留學，基本上仍然是靠公費和自費兩條途徑。公費包括以下幾個方面：

　　一是國民政府和各部門出資派遣。抗戰以前國民黨政府派出的公費留學生很少，抗戰開始後則更少。戰後爲了重建工作，曾派幾百名政府部門工作的大學畢業的科技和經濟人員前往美國，這些人絕大多數在廠礦實習或進研究院深造。據山東電力工業局總工程師孫玉聲回憶，抗戰後期，資源委員會就決定派遣一批技術人員到美國去學習。1943 年在其內部舉行考試，中選者資委會出資於 1947 年派往美國學習二年，由設在紐約的資委會駐美辦事處

─────────────

〔註5〕　陶希聖：《潮流與點滴》，臺北，傳記文學出版社 1979 年版，第 75～76 頁。

幫助學生安排學習計劃〔註6〕。另據山東省科協副主席蔣士和講，交通部第一批實習學員共 69 人於 1944 年 12 月去美，1946 年 5 月回國，國外實習一年半〔註7〕。山東財經學院教師得侯也回憶說，抗戰勝利後，「所在單位為了擴展國外業務，給了我一個赴美學習的機會，實現了我多年夢想。1946 年我到了美國，我當時的任務，一是考察美國的銀行業務，二是向美國大學研究院申請入學。以求深造。」他說，「我們單位在主要資本主義國家中，幾乎都有代理行，而以在美國的為多。因此我先去紐約，與美國花旗銀行聯繫，訂好計劃，進行考察，接著又在紐約歐文信託公司考察。1948 年又奉命去舊金山美洲銀行考察和學習。」〔註8〕

二是國際組織支付留學費用。青島海洋大學水產院教授沈漢祥回憶，抗戰勝利前夕，反法西斯國家就考慮幫助因戰爭破壞較大，同時生產機械化較差的國家培養技術人員，採取考選赴美國學習的方法，以備戰爭結束後引用先進設備，迎頭趕上，恢復生產，學習費用由聯合國支付。當時我國海洋漁業設備早被日寇破壞殆盡，戰爭結束後恢復發展海洋漁業生產是一個極其艱巨的任務。他原來學習航海和海洋捕撈，並有專著得部一級獎和「技術專員」高級職稱，由此考取出國〔註9〕。在美期間，每月得公費 150 美元，接近當時美國工人的平均工資。每月膳宿費 100 美元，尚餘 50 美元為膳宿外的生活費，經濟上是較優厚的。

再如，當時有個「美國醫藥助華會」（ABMAC），在中國有五個城市被指定為醫學中心，為美國醫藥助華會培養醫藥人才。這五個中心是北京、上海、南京、廣州和蘭州，總部設上海。美國醫藥助華會在中國的總負責人是國民黨政府衛生署長劉瑞恒，出國前必須經過他的批准簽字。美國醫藥助華會負責去美國的來回路費、日常生活費用和學習費用。生活費用每月 170 美元〔註10〕。世界衛生組織也資助中國學生留美，如山東省寄生蟲病防治研究所研究員王兆俊就是 1948 年初獲得這個組織的資助公費赴美留學的〔註11〕。

三是利用庚款基金留學。抗戰期間，庚款曾一度停付。1943 年美國又宣

〔註6〕 孫玉聲：《留學美國時的一些回憶》，《留學生活》，第 178 頁。
〔註7〕 蔣士和：《懷念在美留學時的師友》，《留學生活》，第 253 頁。
〔註8〕 得侯：《留美考查與學習》，《留學生活》，第 210 頁。
〔註9〕 沈漢祥：《我的留學生活和出國前後》，《留學生活》，第 168～169 頁。
〔註10〕 王培仁：《留美見聞錄》，《留學生活》，第 130 頁。
〔註11〕 王兆俊：《身在海外，心繫祖國》，《留學生活》，第 121 頁。

布放棄庚款。但清華大學尚有歷年結餘的庚款基金，並以此資助部分學生留美。楊振寧、李政道都曾就讀於西南聯大，分別於 1945、1946 年獲庚款資助留美〔註12〕。

四是獲取美國教會和大學的獎學金。美國各大學裏有一種助學金和獎學金制度，錢的來源多半是私人捐款，各大學以此作廣告招攬學生，每年公佈獎學金名額，說明給予獎學金的條件，符合者皆可申請，並不受國籍限制。除專門指定給某一國家由該國政府選派留學生外，則是由各大學所設的審查委員會，根據申請人所提出的機關或個人的推薦書來挑選，推薦書自然都是爲申請人說好話的，所以眞正起作用的是哪個推薦機關或推薦人的腰杆子粗和哪個大學的關係深。帝國主義在我國各地設立的許多教會學校和青年會等團體就擔負著這一任務，他們利用經紀人的地位，爲他們的學生或朋友尋求留學的機會。

有的助學金學生可以直接函索報名資料，按照要求填報。山東醫科大學圖書館長胡廷鈞回憶，他就是由美國科羅瓦多州立教育學院研究院一特設助學金而留學的。該校有一董事，她的兒子在太平洋戰爭時期曾來我國參戰抗日，在武漢空戰中犧牲，我國照例予以撫恤。這位董事將這項撫恤金加上一部分她個人捐款交該校設置了一項專供中國學生使用的助學金。1947 年度有 4 人獲得這項助學金，他便是其中之一〔註13〕。

山東師範大學生物系教授秦西燦，先後向美國第堡大學與西北大學研究院申請獎學金，首先接到第堡大學的覆信，同意授予一免繳學雜費的獎學金。出國以後在學習期間又收到西北大學的覆信，授予不僅包括學雜費，而且包括最低生活費用的獎學金〔註14〕。

教會大學有時也直接招收留學生。如 1947 年初，「美國在華教會大學聯合董事會在上海招考留美學生，應考人員條件是未曾出國留學的教會大學的教授。有 40 餘人參加考試，結果 12 位被錄取，同年 8 月乘美國輪船離滬赴美。」〔註15〕

能夠公費留學，自然是最便宜不過了，然而得此幸運者畢竟有限。就廣

〔註12〕中美關係史叢書編輯委員會主編：《新的視野》，南京大學出版社 1991 年版，第 27～28 頁。
〔註13〕胡廷鈞：《追憶我的留美生活》，《留學生活》，第 204～205 頁。
〔註14〕秦西燦：《留美學習生活》，《留學生活》，第 111～113 頁。
〔註15〕黃嘉德：《留美回憶》，《留學生活》，第 106 頁。

大留學生而言，還是要自掏腰包走自費之路。留學要花不少錢，能夠自費者，許多是有錢人家的子女，花錢雖多，但望子成龍的家長們還是樂意為之；有些家境並不太富裕的學生，主要靠家庭多年的積蓄，親友的幫助，先湊足出國旅費，然後通過半工半讀完成學業。一個外國學生，在讀了一個學期後，如成績優異，可以向學校申請「外國學生交換獎學金」，獲准後免交學費，生活費通過做些半時工作予以解決。匹茲堡大學教授美籍華人楊富森當年出國時只是準備了川費，在華盛頓大學 5 年，連獲碩士、博士學位，開始是通過在該校代課教書，由此免繳學費，後又獲得獎學金，生活費則通過在圖書館做零工等途徑解決。

無論公費自費出國留學，都要經過考試。原來只公費留學須考試選拔，自費留學能自備旅費及學費者則任其出國，使一些紈絝子弟得以放洋留學鍍金。有鑒於此，1942 年教育部開始決定凡志願出國留學者，一律須經過考試，及格後才能領取留學證書。1943 年 10 月公布《自費留學生派遣方法》，並於同年 12 月舉辦首屆自費留學考試。

抗戰勝利後，1946 年 4 月教育部公布了《自費留學考試章程》，6 月又公布了《青年軍公費留學與考試章程》，7 月舉行第二屆自費留學考試和公費留學考試。為方便考生，在南京、上海、重慶、北平、西安、武漢、昆明、廣州及成都各設考區，留學國別定為美、英、法、瑞士、瑞典、丹麥、荷蘭、加拿大、意大利和澳大利亞 10 國。自費考試科目仍和上屆基本相同，將應考學門分為實科與文科兩大類。實科包括理、工、農、醫 4 科 36 門；文科包括文、法、商、教育、藝術 5 科 25 門。各門均須考普通科目三科，即三民主義及中國史地、國文、外國文。專門科目上屆規定考試一種，即就各學門指定基本學科一種，這屆考試則規定考試兩種，分筆試和口試。

關於公費留學考試，所考三種普通科目與自費考試相同，只是外語還要進行口試；專門科目的考試，1944 年為 2 種，1946 年增為 3 種，較自費考試多一種，也分筆試和口試。顯然公費考試較自費嚴格，成績要求較高。如公費考試落榜，外國語能考得 25 分，總成績平均能有 35 分者，即可取得自費留學資格。

這次考試公費應考人數 3296 人，錄取 148 人，並錄取參加考試的青年軍25 名。自費應考人數為 2774 人，錄取 1216 人，外加 718 名公費考試落選而成績符合自費錄取標準者，共 1934 人。

　　此後，教育部又於 1947 年 4 月舉辦了一次翻譯官留學考試。抗戰後期，美國軍隊前來中國戰區參戰，國民黨政府徵調一批知識青年充當美軍翻譯。戰後爲獎勵這批翻譯青年，決定選拔少數優秀之士出國深造，經考試錄取97 人。

　　1947 年 4 月 28 日教育部頒布修改後的《國外留學規程》，共 15 條，強調國外留學生在出國前均應經教育部考試及格。報考條件爲：經教育部指定醫院檢驗身體合格，並具有下列資格之一者：公立或已立案私立大學或獨立學院之專修科或公立、已立案私立專科學校畢業生並曾任與所習學科有關之職務二年以上有證明文件者；高等考試及格者。考試科目有普通科目，國文、本國史地、留學國文字或英文；專門科目，公費生三種，自費生二種。

　　這個「規程」，對出國留學考試的規定更加完備，然而實際上並未起任何作用。不久國民黨政府便因內外交困，經濟危機，外匯支絀，於 1948 年 1 月宣布停止公自費留學生考試，能獲得國外獎學金或得到國外某機構工作聘書之類證明，自備外匯者才能出國。1949 年教育部核准高中畢業已獲得國外大學全部獎學金者 50 人出國留學。此後，隨著國民黨在大陸統治的崩潰，大規模的留美熱宣告結束，百年中國近代留學教育劃上了句號。

三、留美生的學習生活

　　因留學單位和留學者個體而異，留美學生的學習生活是不可能劃一的，僅能作些個案分析，從中推知其大體情形。幸好，這個時期的留學者大多健在，他們當年在異邦的許多往事，至今記憶猶新，成爲我們瞭解這段情況的珍貴資料。

　　爲了說明留美生們的學習生活，首先將當時美國大學的情況作以簡單介紹。美國不像中國，沒有所謂「國立」大學或學院，大學或學院多是各州設立或者私人創辦的，著名的最高學府如哈佛、耶魯、哥倫比亞、普林西頓、麻省理工學院、加州理工學院等等都是私立的，華盛頓大學、匹茲堡大學等則是州立的。學制各校也不一樣，有的採用「四季」制，每學年分成春夏秋冬四個學期，夏季三個月爲暑假；有的是「兩季」制，一學年分成秋季和春季兩個學期，夏季另開暑期班；有的則爲「三季」制，一學年分成三個學期，即秋季、冬季和春夏季，其中春夏季又分成春天班和夏天班兩半。普通大學分本科和研究部，本科生一般必須讀完 120 個學分，每門課 3 個學分，分三

年或四年完成；研究部的課程各學院不同，但就學位來說，研究生可以取得碩士或博士學位，一般各 36 個學分，即 12 門課程。

　　戰後留學生大多在國內獲得大學文憑而到國外攻讀碩士博士學位，這就要進研究生院學習。導師指導學生多寡不一，少的一、二人，多的則爲研究生班。每班五、六個，七、八個不等，很少超過 10 人以上的。研究生自己選擇研究題目，每學期一般選三門課程，有的課每周上二、三次，有的每周聚首一次，由教授指導。教授一般並不講課，而是由學生分別報告個人研究心得，有疑問提出來大家討論，總是鼓勵學生提問題發表意見，啓發學生獨立思考，調動學習積極性。教室裏學術討論交流的氣氛很活躍，學生們提的問題，教授們常會回答不出來，但他們總坦白地說，不能肯定，讓我想一想下次再回答你，或乾脆說不知道。

　　每門課程的考試成績必須是優等或良好才能算學分；如果成績是可或劣，則不給學分。要獲得學位，除選讀研究生院的一些課程使總學分達到所規定的數額外，還要通過外語考試，碩士一門、博士則是二門。最後還要寫出學位論文，論文要求比較嚴格，不但文字通順，而且方法正確。「一個『碩士』學位的要求並不是什麼『著書立說』，或者『成一家之言』，而是如何研究一項問題，怎樣分析一項問題；如果有讀書心得，那麼怎樣把讀書的心得表達出來（論文是一種方式而已）。文字要清晰，寫出來的文章必須條理分明。合乎邏輯而且有說服性。」〔註16〕而博士論文則要求高些，實際是寫一本書，題目自擇，但原則上是前人所沒有寫過的，必須是學術界的一個新貢獻。最後論文經導師批准，答辯會通過。

　　戰後留美學生出國前因經過考試或推薦選拔，多爲青年中的佼佼者，有良好的基礎和鍛鍊，出國後更感機會難得，因此對留學生活十分珍惜。他們發揚中國知識分子勤奮攻讀、刻苦鑽研的精神，充分利用豐富的圖書資料、先進的儀器設備和雄厚的師資力量，奮力拚搏，遨遊在知識的海洋之中。有的「白天聽課，每晚閱讀書刊，整理筆記，每月要寫學習報告，談學習情況和體會」〔註17〕；有的「爭分奪秒，抓緊一切可利用的時間，長期養成的午睡習慣也完全改掉了，並經常利用周末和節假日加班加點，以爭取超額完成進度。遇到疑難問題，則更是苦心孤詣，廢寢忘食」〔註18〕；有的「雖已年

〔註16〕楊富森：《我在美國三十年》，三聯書店 1985 年版，第 37 頁。
〔註17〕沈漢祥：《我的留學生活和出國前後》，《留學生活》，第 169 頁。
〔註18〕秦西燦：《留美學習生活》，《留學生活》，第 116 頁。

近不惑，學習的勁頭並不亞於年輕時代，每次上課都仔細聽課……晚上再把當天的筆記加以整理，並閱讀參考資料，常到深夜才能入寐」。「對實驗室工作也很認眞，都能按時完成，寫出報告」〔註 19〕。

他們保持了中國文人尊師好問的傳統，尊重指導教師，虛心地向專家學者求教。一般而言，教授們治學態度嚴謹，都有各自的安排與標準，要求嚴格，誨人不倦。學生們則定期向教師彙報學習進度和存在問題，及時取得指導。根據老師開列的參考書目，他們常跑圖書館、資料室，查閱材料；或埋頭實驗室，進行有關實驗。許多人既嚴謹從事又大膽開拓，課堂討論中盡量把問題提到點子上，用簡潔禮貌的語言發表一些意見，提出獨到的見解。實驗課上，不論對實物解剖或顯微鏡觀察中都能獲得良好的預期結果，繪圖精確細緻。

留學生還積極參加各種學術會議，除系裏的書報討論會外，並爭取參加或列席校內舉行的專業學術會議和在美舉行的國際專業學術會議，那都是機會難得的高學術水平的會議。在悉心聽講中遇有問題，當主持人報告完畢之時，經常發言提問。通過這類會議，既開闊視野增進新知，又得到了鍛鍊與提高。

由於他們刻苦努力，多取得了優異的成績。山東大學外文系教授黃嘉德回憶說，研究院的碩士生一般需要兩年時間才能完成選修課程和理論寫作的全過程，但他在哥倫比亞大學僅用 1 年的時間，就完成了以上任務，課程考試取得優秀成績，論文順利通過並獲得好評〔註 20〕。山東大學數學系教授莫葉當時更爲突出，他於 1947 年秋入華盛頓大學，僅用 9 個月的時間就讀完碩士學位應修學分的總額，考試成績全優。並獨立地寫出碩士論文，得到導師的批准，答辯會上對答如流，教授們私下議論，這哪裏是作學位答辯，簡直就像一位教授，在講課中向學生解答問題。獲得碩士學位後被美國數學協會吸收爲會員，接著又用一年多的時間修完了博士學位應學的課程，撰寫了博士論文。總共九個季度，連取兩個學位，獲得華大成績全優獎，美國全國高等數學通考，成績超過極優線。不少人爲他僅用兩年半的時間就獲得博士學位感到驚奇〔註 21〕。

當然，像莫先生這樣突出的事例不多，但絕大多數留學生都按期或提前完成了學業，不少人獲得學位，與同班美國學生和其他國家留學生相比一般

〔註 19〕秦西燦：《留美學習生活》，《留學生活》，第 116 頁。
〔註 20〕黃嘉德：《留美回憶》，《留學生活》，第 108 頁。
〔註 21〕莫葉：《學成爲報國　遊子愛故鄉》，《留學生活》，第 75～78 頁。

都在他們之上，起碼不比他們遜色，受到了教師、同學的一致好評，得到了人們的嘉許和愛戴，爲中國人爭得了榮譽。

留學生的生活是艱苦的，許多大學校內沒有宿舍和伙房，絕大多數在校外住宿和就餐。莫葉先生回憶說：「初到華大，受經濟條件限制。只能住數人合住的房間，租價比較便宜，每人每月 15 美元，伙食參加互助會，取菜及洗餐具均由參加者自己動手，花費較少。得到研究獎金後，手頭就比較寬裕些，加以睡眠不好，不再住數人合住的房間了，開始住單人房間。每月房租 20 美元左右。伙食方面自己使用電爐做米飯。早餐一般在附近商店喫一碟火腿煎蛋，喝點牛奶就夠了。」〔註 22〕

秦西燦先生談到他在美國留學時的情況時說，西北大學有研究生宿舍，每天在宿舍餐廳進早餐，喫的是價格低廉的每月預交費的一定量的份飯。餐畢匆忙去學校。中午在研究生組織的「午餐互助組」用膳，亦每月預交餐費，由同學輪流採購食品負責餐前準備和餐後清洗整理等工作。每餐喫 1～2 個「熱狗」再夾上幾片生菜葉子，一杯咖啡，這是最便宜的午餐。參加互助組的同學，有的是半工半讀，也有的是上層社會家庭的子女。他們都很儉樸，以自食其力爲榮。20 多位男女同學圍桌邊喫邊談，雖清苦，卻很愉快。晚餐就在學校附近的自助餐廳就餐，照例買最便宜的喫。學校給的生活費並不寬裕，雖總是精打細算，「一分錢掰成兩片花」，仍不免常超出當月的預算，所以常在實驗室裏，嚼個面包，喝自來水就是一餐〔註 23〕。

和公費生相比，大多數自費生的留學生活更爲艱苦、緊張，因爲他們不僅要讀書，而且要做些零工，以獲得生活費用。他們一般入學後只能適當選讀最低額的學分課程，留出適當的時間，做些按小時計算付給報酬的零工，諸如在餐館洗餐具，打掃衛生，旅館中當茶房或替有錢人家看孩子、剪草地、做雜務等。這些工作都是按小時給錢，工資由幾毛到一塊錢不等。還有的給學校圖書館打雜，每小時可掙 5 毛錢。一周有 10 元的收入。研究所有時也有臨時工作可做，如擔任某教授的助理，幫其搜集資料、翻譯材料等，每月可得 50 美金。學醫的有的在大學醫院藥房頂班，美國那時每周工作 5 天，頂班時間從星期五下午 5 時到下周一上午上班時間，不能離開值班室。工作辛苦是自然的，但對留學生而言，既是一種實踐的機會，又能增加點收人，何樂而不爲呢？

〔註 22〕莫葉：《學成爲報國　遊子愛故鄉》，《留學生活》，第 78 頁。
〔註 23〕秦西燦：《留美學習生活》，《留學生活》，第 114～115 頁。

　　留美生中除了攻讀學位的研究生外，還有某些進修、實習人員。他們的情況與學校的研究生不同，學校的任務是教學，它準備好了教學條件來教導學生。而進修、實習的單位是醫院、廠礦等，主要任務是工作或實踐。1947年經美國醫藥助華會而赴美進修的山東省立醫院原副院長王培仁在《留美聞錄》中回憶說，事先美國醫藥助華會根據每個人的專業和要求，已在美國找好了適當的進修單位。他最初在美國底津的一家醫院工作學習，這是一個有 1000 多張病床的結核病醫院。開始做實習觀察員，後來看他業務水平和英語水平不錯，就叫他做住院醫師工作，負責病人的治療和管理以及向上級彙報病情和參加討論等。生活方面，醫院提供一個單間宿舍，備有電話和盥洗室，較爲方便。後來又到紐約市康乃爾大學醫院進修，參加臨床工作和臨床討論會，並參加紐約醫院院本部的總查病以及各專題講座等。進修班學員 10 名左右，多數爲私人開業醫師。教學人員爲主治醫師或副教授以上醫師，教學是認眞負責的〔註24〕。

　　據國家地震局地球物理研究所研究員秦馨菱回憶，1945 年夏到 1946 年秋，在工礦界工作的科技人員七八百人，先後分三批到美國實習。加上印度去的一批，合計一千餘人。這麼多人在美國的生活、旅行、聯繫實習廠礦、實習情況的督促檢查，再加上醫療保險及去美離美的迎送，都是由一個國際訓練公司（簡稱 ITA）負責管理。他們共有職員 40 多人，管一千多人的的事，效率是很高的。這些人由 ITA 安排，先在喬治城大學校園上了一個月的「定向學習」課，每天請社會名流講解美國情形、生活常識、工商管理體制、工業標準等。然後很多人被介紹到礦上去學開採，有的到冶煉廠學冶煉，有的到無線電廠做眞空管，還有的到好萊塢學電影攝製。秦先生則是到聯合地球物理公司的第 15 野外隊去學習利用反射法作地震探礦。他先在野外辦公室當計算員，搖計算機計算，並做繪圖工作，以後又到野外。從測量佈設測點、鑽井準備爆炸點，到佈設儀器、進行爆炸、觀測記錄都實習過了；最後又到公司學測井，即用電阻法和放射法測量石油井壁岩石的質度，判斷地下是否含油層〔註25〕。

　　由資源委員會派出的實習人員，則由其駐美辦事處幫助安排學習計劃，主要是以到工廠或工地跟班實習爲主。孫玉聲在《留學美國的一些回憶》中說，他在美兩年，到過五六家電力公司、發電廠和供電系統實習，還在一家

〔註24〕王培仁：《留美見聞錄》，《留學生活》，第 131～133 頁。
〔註25〕同上。

電力設計顧問工程公司學習發電廠的設計。進入美國的發電廠後，一般先由廠裏的主要技術人員進行幾個小時的情況介紹，帶領到廠房各處參觀一周，隨後安排到各車間實習。名爲實習，實際上並沒有人帶領和指導，也沒有什麼系統的學習材料。有時也安排跟一個老師傅做一些助手工作，或者去看一些拆卸檢修的機器設備。大部分時間沒人管，可以在車間內隨處跑，只要看到什麼新奇的東西，就到處打聽。大多數美國工人和技術人員是友好的，他們竭力回答問題，滿足實習生的要求〔註26〕。

留學生的主要任務是學習，但適當休息也是十分必要的。美國青年很看重周末、節假日，喜歡外出旅遊、野餐、跳舞、觀看球賽等，受其影響，留學生們也多參加這類活動。星期六晚上學校常舉辦師生聯歡舞會，中國學生多對跳舞不感興趣，但還是常去參加，目的是藉此機會互相交談，加深彼此間的瞭解，增進友誼。星期天則常去觀看球賽，或作郊遊，進行野餐等。利用節假日瞭解美國社會風土人情，遊覽城市風光也是一項重要活動。一般來說，參觀博物館和一些著名大學是留學生們所免不了的。美國的大中城市乃至小城市都有規模不同的歷史博物館，陳列文物屬於本國的不多，因爲它建國才 200 多年，沒多少可供陳列。相反，世界其他國家尤其取自中國的文物如陶器、瓷器、青銅器、玉雕、象牙雕、名人字畫、各朝代服飾，甚至在國內看不到的而在美國也能見到。使留學生們不能不感慨，既爲祖國歷史悠久文化燦爛自豪，又爲大量國寶被掠奪而不平。美國的一些著名大學，如哈佛大學、哥倫比亞大學、康乃爾大學、耶魯大學等，其校園規模、房舍建築，特別是儀器設備、圖書館藏書，比當時我們國內大學好得多，對留學生們有很大的吸引力，通過參觀，對增長知識，激勵學習也是有一定幫助的。

總起來說，大多數學子的留美生活既艱苦緊張，又豐富多采。他們抱著早日使祖國繁榮富強的願望。遠涉重洋來到美國。進入異國他鄉，一切感到新鮮，更激起他們強烈的求知欲，如饑似渴地學習新科技新知識。他們原有中國傳統文化的功底，又經西方文化的薰陶沐浴，成爲學貫中西、兼容古今的一批新型知識分子，打下了以後成才的良好基礎。

當然，和其他社會群體一樣，人多難免賢劣雜處。爲了享受，爲了混文憑出洋者自然有之；喫喝玩樂、留而不學，投機取巧、蒙騙學位，食洋不化、崇美媚外等現象多有發生，但這畢竟不是留美學生的主流。

〔註26〕孫玉聲：《留學美國時的一些回憶》，《留學生活》，第 178～179 頁。

第十四章　其他國家的中國學子

　　南京政府時期中國學子負笈海外，主要是美、日、英、德、法、蘇等國，此外還涉及亞、歐、美、非、澳諸大洲其他一些國家，人數雖少，但也產生重要影響。

一、比利時

　　比利時在中國近代留學教育史上的地位僅次於美、日、英、德、法、蘇幾國。該國高等教育按照學術方向、組織形式和目的要求分爲正規大學教育和大學外高等教育。正規大學教育的基本任務是積纍、傳播發展科學技術，教學與科研密切結合，各研究中心擔負著全國 90%以上的基礎理論研究任務，有些學科居世界領先地位。

　　比利時別說與美、日等諸大國相比，即便在歐洲，也遠遠沒有德、法、英著名，甚至未必能比得上意大利、瑞士等，但就是這麼一個彈丸之地的國家，在近代中國留學史上佔據很高的地位，而且由此派生出的對中國的影響也不小。這一切首先與清末湖廣總督端方及中國駐比利時公使楊晟有關。1903 年湖廣總督端方迭次選派湖北各學堂學生，前赴西洋遊學，繼 8 人前往德國，10 人派往美國，4 人派往俄國之後，又送派楊蔭藻等 24 人赴比利時學習實業，派充德國留學生監督戶部員外郎閻海明兼充比國遊學生監督帶同前往。他在給皇帝的奏折中說：「查近日泰西各國，講求實用教育，以爲富強之基。其實業學校如工業、商業、農林、路礦，無不精研實驗，各有專門。比利時國在歐州西部、其教育、工業、技術、製造、礦業，各有專修學校，他如商業則有高等專門學校，農業則有高等農會，礦業及其餘工業又有實業

工所。故其工藝,則機械最精;礦產則煤鐵最富。其鐵路通法國巴黎,長六千餘里;路礦之學尤爲他國所推許。」〔註1〕無獨有偶,1904年,出使比利時大臣楊晟上奏清廷,提出與端方同樣的主張。認爲「今日人材消乏,非一二省資派數十生能濟用。按歐洲各國,學校如林,立國雖分大小,爲學之道則一。即以比利時論,其路礦製造諸學,見重列邦。自設使臣以來,畢業生就學者日眾,旅學二費亦較他國爲廉,比廷相待,與本國學生無異。臣與比外部文部兩大臣悉心會議,擬再多派學生分入各學堂,即歸比政府經理自初學以逮有成凡若干年,計師修飯膳暨衣履浣沐之費,每生比銀歲1600佛郎。以視近年江鄂諸省派一學生歲需銀一千六七百兩者,廉至三分之一。同此學費,而於彼培植一人,於此可培植三人,爲數愈多,收效彌廣。」〔註2〕他建議各省根據大小,財政贏紬,選派10至40赴比學習。清廷批准了這一建議,立即制定了派留學生赴比利時留學章程,並鼓勵各省盡力派青年前往。

當時各省雖沒按楊晟的建議如數派遣,但造成了一個影響,即此後凡學習路礦製造,十之八九都往比利時留學,以至近代路礦、製造人才多出於此批留比學生。直到南京政府時期亦有影響。據國民政府檔案,1929~1938年,留比人數分別爲56、42、26、10、14、16、15、7、4、2人,1939~1945年停派,1946年2人,累計192人。僅次於日、美、法、德、英諸大國,排在第六位,雖然無法與諸大國相抗衡,但以比利時這麼一個彈丸小國,能排到如此高的名次,已經是難得的佳績了。在庚款留學中,庚款留比也是僅次於美英而人數較多的。如1929年7月16日,中比庚款委員會曾在《中央日報》發出一則啓事:「凡年齡二十五歲以下,高級中學畢業,中法文俱有根砥,能直接在比國大學聽講。如具有以上資格願意赴比留學者希於8月2日以前至亞爾培路298號本會秘書處報名聽候定期考試」。結果錄取20人,其中2人曾經去比,7人係中法工專高才生,其餘11人係考取。國民黨政府還與比利時政府商定,從1932年起,利用中比庚款設置公費留比學生名額64名。通過考試選拔出來的留學生陸續前往比利時。

留比教育造就出不少卓著人才。在生物學界,有傑出的生物學家童第周、方心芳、周光宇、王雲章等,尤其值得一提的是童第周。童第周(1902

〔註1〕 《約章成案彙覽》乙編卷32,下,見《留學教育》,上海教育出版社1991年版,第274頁。

〔註2〕 《江寧學務雜誌》,光緒三十年閏四月(1906年6月第2期),見《留學教育》,上海教育出版社1991年版,第275頁。

～1979），生於浙江省鄞縣。1930 年復旦大學畢業，在哥哥和新婚妻子葉毓芬的資助下，登上了開往比利時的列車。在布魯塞爾大學，童第周的留學生活十分清苦，瘦小的他沉默地在生物學的天地裏拼搏進擊著。那段時間，他的導師達克教授正在做青蛙卵子試驗，需要把卵子外面的一層薄膜剝掉。在顯微鏡下，達克教授和助手們怎麼也去不掉那層膜。童第周說：我試試吧。他到顯微鏡下拿針把卵膜刺一下，卵癟下去了，一下就剝開了。達克教授對這個學生所表現出的生物學天份感到欣喜萬分。1931 年夏天，他帶著這位心愛的學生來到著名的科研中心法國海濱實驗室，這次，要為直徑不到十分之一毫米的海鞘卵子做外膜剝離，童第周再次順利完成，讓雲集此地的國際同行十分欽佩。1934 年以優異成績獲得博士學位，並在科學實驗方面取得了引人注目的成績。達克先生告訴他，再等一年，寫一篇論文，就可再得一個特別博士。但童第周想：「要搞工作，應該回祖國去搞；有成績，為什麼要給別的國家？」就這樣，他放棄了「特別博士」學位，毅然回到了祖國。回國後，童第周夫婦一同到國立山東大學（中國海洋大學前身）任教，走上了科學報國、科學興國的道路。1948 年當選為中央研究院院士，1955 年當選中國科學院學部委員，後任中國科學院發育生物學研究所研究員、中國科學院副院長。他是中國實驗胚胎學的創始人，長期從事細胞和發育生物學的研究，並開創了異種核移植的研究，堪稱「克隆先驅」。上世紀六、七十年代他通過嚴密的科學實驗，證明卵子對稱面不完全決定第一次分裂面，而是決定於卵子卵質的結構狀態；證明了在位受精的卵子中已經存在著器官形成物質，精子的進入對此沒有決定性的影響；證明了卵質對個體發育的重要作用。還與其他人合作揭示了胚胎發育的極性現象。從而打開了自然界一扇大門，讓人們可以窺見人類控制生物發展方向。

醫學家有吳桓興、傅培彬。吳桓興（1912～1986），祖籍廣東省梅縣，生於非洲毛里求斯路易斯港一個愛國華僑家庭。他的家族已在那裏繁衍生息了100 多年。少年時代親身體驗了海外華僑受到的不公正待遇和歧視。他發奮讀書，立志長大為祖國爭光。1929 年以全校第二名的優異成績畢業於毛里求斯皇家學院高中並通過英國劍橋大學的海外考試，免費進入劍橋大學預科。可是父親要他回中國學習，1931 年吳桓興從劍橋大學預科畢業後，隻身回到中國。考取了上海震旦大學醫學院。1936 年畢業並獲醫學博士學位。當時國內醫療條件很差。為了實現自己攻克腫瘤的抱負，他決計先出國留學。1937 年，

赴歐洲深造，先後在比利時布魯塞爾醫學院腫瘤研究所、比利時比京醫學院、英國皇家醫學院腫瘤醫院、英國倫敦大學進修，分別獲腫瘤學和放射醫學文憑。並留在英國皇家放射學院從事腫瘤學的醫療和研究工作。1942～1946 年任英國倫敦大學醫學進修醫院附屬醫院放射治療科副主任。一天，他在醫院院內牆上看到一則為支持中國招慕人才的啓事，得知戰後的祖國急需各種人才醫治戰爭創傷，乃毅然謝絕院方熱情挽留，放棄優裕的生活、工作環境，回到中國，在中國當時唯一的放射醫療機構——上海中比鐳錠醫院擔任院長。他創建了中國腫瘤放射治療專業。首創用以治療宮頸癌的新型鐳容器和治療睪丸精原細胞瘤的 N－甲醯溶肉瘤素，所總結的腫瘤治療的基本原則被中國腫瘤學界廣泛運用。他為中國腫瘤的放射治療、化學治療和放射生物學研究培養造就了一批骨幹人才。為中國腫瘤學和放射治療學的先驅者和奠基人之一。傅培彬（1912～1989），江西萍鄉人。外科專家，一級教授，中國民主同盟盟員。1939 年畢業於比利時魯汶大學醫學院，並獲醫學博士學位，曾在比利時阿洛斯特市立醫院外科工作八年。1946 年回國後先後擔任震旦大學醫學院教授、上海第二醫學院教授等。一生致力於胃癌、肝癌、肝移植、膽結石、壞死性胰腺炎等常見外科疾病的研究。並於 1956 年在國內首次開展大動脈瘤切除術，並開展人工心肺機、冷凍乾燥血管保存法的研製，先後發表《無名動脈瘤的外科治療、動脈瘤切除和動脈移植術》、《主動脈狹窄症》等論文，合編《心臟外科學》和《血管外科學》。1958 年參與搶救大面積灼傷病人邱財康獲得成功，受到中央衛生部記功獎勵。1975 年在國內率先採用手術治療急性出血壞死性胰腺炎獲得成功。80 年代，創立「以膽石剖面結構及化學成分為基礎的分類法」，這一分類法在 1983 年全國肝膽管結石會議上，被確定為全國調查膽道結石的分類標準。1988 年比利時國王博杜安一世授予他「皇冠榮譽勳章」。

技術科學領域有工程力學家錢令希、水利部視察工程師郭培鋆、水利廳總工程師楊乃俊、高級工程師秦含章等。錢令希（1916～2009），江蘇無錫人。1936 年畢業於上海中法國立工學院，1938 年畢業於比利時布魯塞爾自由大學，獲最優等土木工程師學位。回國後歷任雲南川滇鐵路橋梁工程師、浙江大學土木系教授、系主任，大連理工大學教授、力學所所長、院長。從事工程力學的教學、科研和工程實踐 60 年，為培養青年人才和科學進步做出了貢獻。在結構力學領域有豐碩的研究成果，特別是在極限分析、變分原理、結

構優化設計等方面。他熱心爲工程服務，廣泛參與橋梁、港工、水利、造船等工程建設的設計和研究工作。60 年代，電子計算機衝擊科技領域，他倡導開創計算力學學科，並身體力行，更新知識，從事研究，在大連理工大學建立了一支活躍的科研隊伍。秦含章（1908～），生於江蘇無錫。1931 年畢業於上海國立勞動大學農學院。1931～1936 年先後留學比利時國立聖布律農學院、布魯塞爾大學植物學院博士班，德國柏林大學發酵學院。1936 年 9 月回國，先後在復旦大學、南京大學等院校任教授、系主任等職。1949 年底之後，歷任中央食品工業部參事、中央輕工業部參事、輕工業部食品發酵工業科學研究所所長、名譽所長等職。是新中國食品科學技術和工業發酵與釀造技術的拓荒者和學術帶頭人。他三度在法國調查研究葡萄釀酒的科學技術，把法國、德國、意大利、瑞士、美國的經驗運用到我國的實際生產中，從而寫成了《葡萄酒的科學技術》等專著。他寫的《新編酒經》一書，對發展我國的酒文化作出了重要貢獻。他參加《中國大百科全書》的編纂工作，成績顯著，榮獲國家新聞出版署頒發的榮譽證書及金質獎章。他在山西汾酒廠蹲點時，從汾酒的生產過程逐一研究定型，提高質量，解決了老大難問題，促使該廠因而獲得了全國科學大會的重大成果獎。他在主持食品發酵工業科學研究所工作期間，多種科研成果轉讓到對口生產企業，促進了經濟發展。

　　物理學界有中國國防水聲學研究的奠基人汪德昭（1905～1998）。中國科學院院士。生於江蘇灌雲。1929 年畢業於北京師範大學物理系。1933 年赴比利時布魯塞爾大學留學。1934 年赴法國，在郎之萬教授領導下進行科學研究，並於 1940 年在巴黎大學獲國家博士學位。1938～1956 年在法國國家科學研究中心任專任研究員、研究指導主任。1956 年回國。歷任中國科學院器材局局長、原子能研究所質譜分析研究室主任、聲學研究所所長等職。曾任全國政協常務委員。曾獲法國法語區聲學家協會授予的最高級獎章（銀質獎章）、法國巴黎市政府頒發的銀質獎章、法國總統頒發的榮譽軍團軍官勳章。主要從事水聲學、大氣電學等方面的科學研究並取得多項突出成果，是中國國防水聲學研究的奠基人，爲中國物理學研究、國防科技和科學事業的發展作出了突出貢獻。20 世紀 40 年代在大小離子平衡態研究方面取得出色成果，被譽爲郎之萬－汪德昭－布里加理論，受到國際學術界高度評價，獲法國科學院虞格大獎。在超靈敏度靜電計和超靈敏天平研製、超聲波在液體中的吸收和色散研究、β 射線的能譜研究、同位素在科學研究和工業上應用的研究、負的光致現象研究、郎之萬離子分析儀等設備研製、淺海聲場研究、深海聲道研

究、海岸預警系統研究等方面，都取得了獨創性成果。開創了中國水聲學和
國防水聲學的研究，創建和發展了中國第一支水聲科技隊伍，為中國海軍聲
納的現代化進行了一系列創造性工作。

美術界有畫家吳作人、戴秉心、李瑞年、張充仁、周圭等。吳作人（1908
～1997），安徽涇縣人。1927～1930 年初，先後就讀於上海藝術大學、南國藝
術學院美術系濟南及南京中央大學藝術系，從師徐悲鴻。1930 年赴歐洲留學，
先入巴黎高等美術學校，後考入比利時布魯塞爾皇家美術學院白思天院長畫
室學習。曾獲全院暑期油畫大會考金獎和桂冠榮譽。1935 年回國，任教於中
央大學藝術系。1943～1944 年赴陝甘青地區寫生，臨摹敦煌壁畫。1944～1945
年初赴康藏高原寫生。1948 年起在中央美術學院任教，先後任教務長、院長
等職。他功力深厚，學貫中西，刻意探求，大膽創新。以「法有我變，藝為
人生」的藝術觀，循著「師造化，奪天工」的創作道路，繼承和發展傳統，
為中國水墨畫開拓了新的風貌，是我國當代美術史上承前啟後的一代傑出的
美術家和美術教育家。擅長中國畫、油畫。生前曾任中國美術家協會副主席。
出版有《吳作人畫集》、《吳作人速寫集》等。戴秉心（1905～1980），浙江金
華人。1924 年進入私立南京美術專科學校學習。1925 年轉入上海藝術大學西
畫科，之後又在上海東方藝術研究會從事油畫創作。1930 年獲得公費赴比利
時留學，考入昂維斯（安特衛普的舊譯）皇家美術學院油畫科學習。1934 年
升入比利時皇家藝術研究院深造。1936 年回國，先後擔任一些學校的教授、
系主任。戴秉心的《自畫像》、《家園》有著深厚的藝術力和強烈的個性和獨
特風格。1961 年曾在濟南舉辦個人畫展。

音樂家有吳伯超、郎毓秀、趙梅伯。吳伯超（1903～1949），作曲家、音
樂教育家。江蘇武進人。中學年代即隨劉開華學習民族樂器演奏。1922 年入
北京大學音樂傳習所，繼續從師劉天華，學習琵琶與二胡。1927 年畢業，先
後任教於北京師範學校，上海國立音樂院。1931 年赴歐洲，在布魯塞爾夏羅
瓦音樂學院及皇家音樂學院學習理論作曲與指揮。1936 年學成回國，在上海
國立音樂專科學校任教。抗戰期間，歷任廣西省藝術師資訓練班主任、勵志
社管絃樂團指揮，中訓團音幹班副主任、國立女子師範學院音樂系主任、國
立音樂院院長等職。主要作品有合唱曲《中國人》、女聲合唱《暮色》、二胡
曲《秋感》、民樂合奏《合樂四曲》等。《中國人》（侯伊佩詞），作於 1940 年。
該曲於 1942 年獲教育部文學藝術的作曲獎，曾廣泛唱於西南大後方各地。郎

毓秀（1918～2012），中國女高音歌唱家，音樂教育家。浙江杭州人。自幼學習鋼琴，1934 年入上海國立音樂專科學校學習聲樂，同時從事電影錄音和演唱活動。1937 年赴比利時皇家音樂學院主修聲樂。1941 年畢業回國，在上海、天津、北平等地舉行獨唱音樂會。1944 年任四川省立藝術專科學校聲樂教授。1946 年赴美國進修聲樂，1948 年回國。先後在成都華西大學音樂系、西南音樂專科學校任教授，1957 年任四川音樂學院聲樂教授兼聲樂系主任。被選為中國音樂家協會第三、四屆常務理事、理事，音協四川分會副主席。她擅長演唱西洋歌劇和藝術歌曲。對中國民族傳統唱法有深入研究。代表曲目有《玫瑰三願》、《繡荷包》、《在那遙遠的地方》和外國歌曲《春之聲》、《阿里路亞》等。曾翻譯《卡魯索的發聲方法——嗓音的科學培育》、《伊麗莎白‧舒曼的教學》等，編譯《西洋藝術歌曲二十首》。趙梅伯（1907～1999），著名的華裔聲樂教授，他畢業於歐洲布魯塞爾皇家音樂院，並在獲得羅雷亞學位及愛爾堅獎後，又去倫敦、巴黎、意大利西安那等地從名師學習。年輕時曾在歐洲及美國各地舉行過獨唱會，獲得各地音樂批評專家的讚賞。曾於 1935 年至 1942 年間，任上海國立音樂專科學校聲樂系主任，此後還就任過西北音樂院院長和北平國立藝專音樂系主任。1948 年他延至香港，在港大、聖士提反、英華、真光等校任教。1969 年舉家遷至美國，被辛浦森學院聘為聲樂主任教授；並同時執教於聖荷西學院與福特希路學院，擔任高級聲樂指導，並兼拉斯阿託司長老會聖樂團與福特希路女子合唱團指揮。

心理學家有林傳鼎（1913～1996）。生於福建省閩侯縣。1938 年畢業於清華大學心理學系。1944 年獲輔仁大學碩士學位，1949 年獲比利時盧萬大學博士學位。後任北京師範學院心理學教授、教育科學研究所名譽所長。他專長心理測驗與情緒研究，在開拓和發展中國心理測驗的研究工作方面有很多成果。20 世紀 40 年代初期，與王徵葵合著《心理測驗增注目錄》，編入了 3575 個心理與教育測驗，是當時較完備的心理測驗的工具書。以後，他對中國古代心理測驗方法、中國人表情模式進行研究。

歷史學家韓儒林（1903～1983）。河南舞陽人。1919 年考入預校法文科。1922 年考入北京大學哲學系。1930 年畢業後任教於北京女子師範大學。1934 年，先後留學比利時魯文大學、法國巴黎大學、德國柏林大學等，學習歐洲中世紀史和拉丁文，並攻讀蒙古史、中亞史和波斯、蒙、藏、突厥等文字。1936 年回國，先後任燕京大學歷史系講師、昆明北平研究院副研究員、成

都華西大學歷史系教授、中央大學歷史系教授等。抗戰勝利後任中央大學邊政系主任，發表多篇考證翔實的論文，解決了元史研究的許多疑問，成爲史學界的著名學者。建國後擔任南京大學歷史系主任、內蒙古大學副校長等職。著有《元史綱要結論》、《穹盧集》、《中國大百科全書元史分冊》、《成吉思汗》等。

　　革命家有陳柱天、孫西林等。陳柱天（1910～1938），湖北漢陽人。1921年考入武昌文華中學，曾參加學生運動等革命活動。1928 年赴比利時留學。1930 年日本人在比利時舉辦殖民地展覽，於地圖上將我國東北與高麗同色繪製，視爲日本殖民地。觀後，極爲憤慨，急赴中國駐比國使館，強烈要求使館向日本政府提出嚴正抗議。1931 年當選爲岡城大學中國留比學生會執行委員。同年「九‧一八」事變後，在比利時從事抗日活動，被比利時政府拘禁 3 個月，並驅逐出境。後輾轉數月至法國。1932 年在法國加入中國共產黨。1936年 9 月，出席日內瓦世界青年和平大會，發動各國青年代表 300 餘人在《維護遠東和平的意見書》上簽名，抗議日本帝國主義在遠東的暴行。會後，在法國積極組織全歐華僑抗日救國聯合會。同年，代表中國學聯出席巴黎世界學聯代表大會，爲大會主席團成員，並當選爲世界學聯常委。會上，揭露日本帝國主義侵華暴行，引起各國學生代表深切同情。1937 年，曾在巴黎出面接待被迫出國途經法國的楊虎城將軍。11 月組織赴西班牙參觀團，與西班牙人民交流反法西斯鬥爭的經驗。繼而組織全歐抗聯回國參戰團，任副團長。回國途中，曾在新加坡、西貢等地號召華僑回國參戰。12 月中旬到達武漢，任中共中央長江局黨員秘密訓練班支部書記、世界反侵略大會中國分會理事、中國學聯代理宣傳部長等職。1938 年 7 月 12 日，在日機轟炸中遇難。時年 28 歲。孫西林（1910～1946），奉天昌圖人。1926 年考入東北大學，1928年赴比留學。1930 年參加反帝大同盟。1932 年去法國，參加中國共產黨。1934年赴莫斯科東方大學學習。1936 年回國從事統戰工作。1939 年後任中共中央城市工作部東北工委委員、中共合江省工委委員、佳木斯市副市長等職。1946年 1 月 31 日被國民黨殺害。

二、加拿大、瑞士、奧地利

　　這幾國在中國近代留學教育史上的地位次於美、日、英、德、法、蘇、

比諸國，但又優於其它國家。

1、加拿大

加拿大教育由各省負責，聯邦政府不設教育部。由於加拿大地域廣闊，各地經濟發展水平參差不齊，各省建立了適合自身發展、相對獨立的教育體制。總體上，加拿大高等教育保持較高的水準，每年吸引眾多海外學子前來求學和深造。加拿大政府認可的高等教育機構分爲大學（University）和社區學院（College）等。加拿大大學絕大多數是公立大學，一向以其教學和研究質高素佳而聞名。大部分的大學，經費多靠政府讚助。所有的大學，不論地點及科系，都能保持一貫的高水準，各有特色，並享有很大程度的學術自治權。中國學子留加，多集中在多倫多大學，少數就學於麥吉爾大學，到社區學院進修的更少。多倫多大學是加拿大最大的一所公立大學，1827 年，John Strachan 獲得了成立 King's College 的皇家特許。這一學院便是後來多倫多大學的前身。多倫多大學不僅爲加拿大培養了許多人材，而且她的校友中有許多在國外工作，爲提高其聲譽發揮了良好的影響。多大位於加拿大經濟、教育強省安大略省的多倫多市。經過一百多年的發展，在加拿大，多倫多大學已經是「如果我稱第二，無人敢稱第一」。大學的專業從航天技術到動物園學無所不包，而且樣樣堪稱一流。榮獲諾貝爾獎的教授人數也是加拿大最多的。麥吉爾是加拿大唯一一所能與多倫多相提並論的大學，不但擁有大量的國際學生，而且很多世界上的知名學者也慕名而來。當年大物理學家盧瑟福便是在麥吉爾發現了原子的結構，使麥吉爾在歐美聲名大噪。同時麥吉爾的醫學院在加拿大首屈一指，是無數學子夢寐以求的地方。麥吉爾的學術研究水平之高可與美國長春藤盟校媲美。

南京政府時期留學加拿大學生，根據國民政府檔案，1929～1946 年期間爲 1931、1938、1946 學年度各 4 人，1932、1933 學年度各 1 人，1934、1935、1937 學年度各 3 人，1936 學年度 2 人 [註3]，合計 25 人。實際數字肯定比這要多些。如 1939 年第七屆庚款留英考試，錄取 24 名，因歐戰爆發，無法赴英，改送加拿大。據《錢偉長傳略》第四章《八十自述》介紹，本來通知 9 月 3 日自香港赴英，不幸當在 9 月 2 日到達香港時，第二次世界大戰爆發，所有去英客輪全部扣作軍用，經庚款會葉公綽先生決定延期出發，返昆明等

〔註3〕　中國第二歷史檔案館編：《中華民國史檔案資料彙編》第五輯，第二編，教育（一），江蘇古籍出版社 1997 年版，第 892～893 頁。

候通知。庚款會於 12 月底又通知在 1940 年 1 月底，去上海集合通過海運轉加拿大留學，但在上船後發現護照上有日本簽證，允許在橫濱停船 3 天中可以上岸遊覽參觀。同學們當時決定，在日本侵略軍侵佔了大半個祖國期間，不能接受敵國的簽證，當即全體攜行李下船登陸，寧可不留學也不能接受這種民族的屈辱。第二次留學又放棄了，那時英國代表跳腳蠻罵，他們還是堅持民族尊嚴，返回了昆明。一直到 1940 年 8 月初又第三次接到通知在滬集合，再度乘船去加拿大。所乘「俄國皇后號」郵船，航行 28 天順利渡過太平洋，在 9 月 14 日抵溫哥華，改乘火車，3 天后抵達多倫多大學。這是該大學第一次接受一批中國讀研究生學位的留學生入學。當年在遊船上留下了 24 人的珍貴合影，他們是：林家翹、歐陽子樣（祥）、張禾軍、宋傑、錢偉長、汪盛羊（年）、曹飛、曹隆、易見龍、段學復、張孟休、靳文翰、張龍翔、朱承基、陳春沂、姚依（玉）林、傅承義、謝安祐、沈昭文、李春芳、羅開富、郭永懷、林慰禎、韓德培〔註4〕。應當說這是留學加拿大中人數最多、成就最大的一次。上述國民政府檔案中，將其放入留英生中。另外，抗戰勝利後，除 1946 年 4 人外，至少 1947 年還有毛文書、何光篪，1948 年有盧樂山等。這樣，民國政府時期中國留學加拿大學子約有 60 人左右。

留學加拿大人數雖然不多，但造就出不少人才，他們對近現代中國產生重要影響。

首先湧現出一批如錢偉長、段學復、郭永懷、傅承義等出類拔萃的數學物理學家。錢偉長（1912～2010），中國力學與數學家，中科院院士。生於江蘇無錫。1935 年畢業於清華大學物理系。1940 年赴加拿大多倫多大學應用數學系留學，1942 年獲博士學位。後在美國加利福尼亞州理工學院噴氣推進研究所任研究員。1946 年回國。1955 年當選為中國科學院學部委員。歷任清華大學教授、教務長、副校長，中國科學院力學研究所副所長，上海工業大學、上海大學校長及中國管理科學研究院名譽院長、廣東暨南大學名譽校長、波蘭科學院院士，中國民主同盟中央副主席，全國政協副主席等職。主要從事力學、應用數學等方面的研究與教學及教育組織領導工作並取得突出成就，是中國科學院力學研究所、上海市數學和力學研究所等多個研究所和學術機構的創建人之一，為中國力學等研究和科學、教育事業的發展作出了突出貢獻。在板殼問題的內稟統一理論研究方面，首次將張量分析及微分幾何用於彈性板殼研究並建立了薄板

〔註4〕 錢偉長：《八十自述》，海天出版社 1998 年版，第四章　抗戰、西南聯大和留學生活。

薄殼的統一理論，提出了線殼理論的非線性微分方程組，國際上稱爲「錢偉長方程」。在薄板大撓度問題的攝動和奇異攝動法研究方面，首次成功地用系統攝動法處理非線性方程，迄今國際上仍用此法處理這類問題。在廣義變分原理和有限元理論研究方面取得多項突出成果，其廣義變分原理和環殼分析解等成果被譽爲「具有我國獨特方法的重要貢獻」。在應用力學、應用數學以及漢字文字改革、漢字信息處理等研究方面取得多項重要成果，研製成功新穎中文編碼及計算機漢字輸入方案，對大功率電池的設計理論、電機計算理論等有獨特見解。對中國教育、科技、經濟和港口建設等方面提出過很多極負責任的有效建議。在發展教育、培養科技人材方面做了大量卓有成效的工作。發表研究論文 160 餘篇，並有《彈性板殼的內稟理論》等專著 20 餘種。段學復（1914～2005），代數學家，中科院院士。生於陝西華縣。1936 年畢業於清華大學數學系，1940 年 9 月進入加拿大多倫多大學，1941 年獲碩士學位。隨後，進入美國普林斯頓大學攻讀博士學位。1943 年獲美國普林斯頓大學博士學位。曾任清華大學數學系主任、北京大學數學系主任。1955 年被選爲中國科學院學部委員。長期從事代數學方面的教學和研究工作。早年研究有限部群的計數定理，在與華羅庚合作的基礎上，成功地推廣了庫拉考夫定理；在研究有限群模表示論方面，與 R·布饒爾合作，對於階恰爲一個素數的一次冪所除盡的有限群，特別是單群的線性群，得到了重要結果；在與 C·謝瓦萊在代數李代數與代數李群方面合作所取得的成果，是代數群現代理論早期發展中首創性工作。七十年代，其開始有限群對一類組合問題的應用的研究，曾以解決某項實際問題提高計算時效而獲獎。同時爲我國數學事業的發展和人才的培養做出了重要貢獻。郭永懷（1909～1968），物理學家。中國科學院院士。生於山東榮成。1935 年畢業於北京大學物理系。1940 年赴多倫多大學應用數學系進修，次年獲碩士學位並赴美國加利福尼亞理工學院，在當代航空大師 T.von 卡門教授指導下進行可壓縮流體力學特別是跨聲速流體力學的研究，1945 年獲哲學博士學位。1946 年被聘爲康奈爾大學教授。1956 年回國後，歷任中國科學院力學研究所研究員、副所長，中國科技大學化學物理系教授及主任，中國力學學會副理事長，《力學學報》主編，中國自然科學十二年發展規劃力學專業組副組長等職。主要從事跨聲速空氣動力學的研究。1946 年與錢學森共同發表《可壓縮流體二維無旋亞聲速和超聲速混合型流動和上臨界馬赫數》論文，指出在跨聲速流場中有實際意義的是來流的上臨界馬赫數，而不是以往被重視的下臨界馬赫數。這項研究結果對航空技術中突破聲障具有重要意義。1953 年前後對激波與邊界層的相互作用進行了深

入研究，並將 H.龐加萊所開創、被 M. J. 萊特希爾所發展的小參數求解方法運用於遠場解和近場解的對接中，得出遠場超聲速流動與近場邊界層相互作用的速度場和壓力場的表達式，得到與實驗一致的理論結果。這一推廣後的方法被稱爲龐加萊－萊特希爾－郭永懷（PLK）方法，現稱奇異攝動法。60 年代，郭永懷指出鈍錐繞流可能產生「懸掛激波」，並給出產生二次激波的條件；指出在彈體穿過核爆區的高超聲速再入大氣層時，灰塵粒子對激波有重要影響。在爆轟力學的發展方面也做出了貢獻。發表研究論文數十篇，並出版有《郭永懷文集》。1968 年 12 月 5 日因公殉職，被授予烈士稱號。傅承義（1909～2000），地球物理學家。中國科學院院士。原籍福建閩侯。生於北京。1933 年畢業於清華大學物理系。1940 年赴加拿大留學。1941 年獲麥吉爾大學物理學碩士學位。1944 年獲美國加利福尼亞理工學院物理學博士學位。1947 年回國，歷任中央研究院氣象研究所研究員，中國科學院地球物理研究所研究員、副所長、博士生導師，兼任北京地質學院物探教研室主任，北京大學地球物理教研室主任，中國科學技術大學地球物理教研室主任、地球及空間科學系主任，《地球物理學報》主編，中國地球物理學會名譽理事長等職。專長固體地球物理學、地震學和地球物理勘探，對地震波的傳播理論做過開創性的研究。對地震體波、面波、首波及地震射線的理論有獨到見解，如關於地震成因的「紅腫理論」等。發表有 50 餘篇學術論文及 4 部專著。

其次，造就了劉建康、張龍翔、沈昭文等一批生物化學家。劉建康（1917～），中科院院士。江蘇吳江人。1938 年畢業於蘇州東吳大學理學院生物系，1946 年留學加拿大蒙特里爾麥吉爾大學，1947 年獲哲學博士學位。1949 年回上海任中央研究院動物研究所研究員。後任中國科學院水生生物研究所研究員、名譽所長。早期從事魚類學研究工作，對鱔魚性別逆轉現象進行了專門研究；1944 年發表的《鱔魚的始原雌雄同體現象》一文引起國際動物學界的關注。1949 年後，著重開展魚類生態學、淡水生態學的研究工作。參加並領導湖北省梁子湖的魚類生態調查研究，長江干流上、中、下游魚類生態調查研究，爲我國淡水魚類的生態學提供了系統的第一手數據資料。參加和領導的武漢東湖漁業穩產、高產試驗和水體生物生產力研究，與後續的東湖生態學研究，使東湖漁業生產獲得高速發展，並從理論與實踐上爲發展中國淡水漁業與淡水生態學作出了貢獻。1980 年當選爲中國科學院學部委員。張龍翔（1916～1984），浙江吳興人。北京大學生物化學專業奠基人之一，培養

了大批生化人才。1937 年畢業於清華大學化學系。1942 年獲加拿大多倫多大學哲學博士學位。1944 年回國。曾任重慶桐油研究所研究員、北京大學教授。建國後，歷任北京大學教授、副校長、校長。專於生物化學，從事致癌芳香烴代謝作用、結核菌脂質、葡萄糖脂肪酸酯、蛋白質結構與功能等方面的研究。撰有《豬胰蛋白酶自溶後活性產物的親和層析分離和動力學性質》、《大熊貓及幾種哺乳動物乳酸脫氫酶同工酶 M 的一級結構比較研究》等論文。他治學嚴謹，重視基礎理論和科學實驗，主編《生化實驗方法和技術》，推動了高校生化實驗教學。在科學上，提倡開拓鑽研，重視前沿科學的發展。在蛋白質結構與功能研究基礎上，提出開展蛋白質工程研究，爲發展生物技術作出了貢獻。沈昭文（1906～1998），江西南昌人。1926 年上海光華大學化學系畢業，留校任教。1940 年赴加拿大留學，1943 年獲多倫多大學博士學位後任美國密執安大學生物化學研究助理。1946 年回國，歷任中央研究院生理生化所研究員、上海科技圖書館館長、華東工學院生物學顧問。主要從事酶與代謝方面的研究，曾與著名生物化學家王應睞一起在國內率先對蛋白質的代謝進行研究，在脂肪代謝及代謝控制調節方面做出突出的貢獻。

第三，工程技術方面，培養出精密機械及儀器儀表專家王守融（1917～1966）。江蘇蘇州人。1937 年清華大學精密儀器專業畢業。1945 年赴美參觀，後任加拿大帝國機器廠設計工程師，並在麥吉爾大學進修。1948 年回國，任上海國民政府資源委員會所屬工廠總工程師。1949 年任南開大學機械系教授。建國後曾任國家科委儀器學科組成員，中科院長春光學精密機械研究所學術委員，第一機械工業部全國高等工業學校儀器儀表類專業教材編審委員會主任委員，教育部高等學校《自然科學學報》編委。全國三屆人大代表。天津大學精密儀器系的創始人和奠基人，爲精密儀器系的創立和發展做出重大貢獻。1959 年主持並負責創辦天津大學精密機械儀器專業和精密儀器工程系並任主任。1953 年起從事「不等分半自動刻線機」研製，1965 年獲國家重大科技成果獎。由於教學與科研成果卓著，在 50 年代就已成爲我國知名的專家教授，先後於 1956 年和 1964 年參加了我國科學技術長遠規劃的制定工作。編譯編著出版了《精密儀器製造工藝學》、《儀器製造工藝學》等教科書。

第四，醫學領域成長起趙以成、易見龍、毛文書、何光簾等著名醫學專家。趙以成（1908～1974），神經外科專家。福建漳州人。1929 年燕京大學醫學專業畢業，1934 年北京協和醫學院醫學專業畢業獲博士學位，1938 年獲洛

克非勒獎學金，赴加拿大蒙特利爾神經學研究所深造。1940 年回國到協和醫院工作，1952 年後任天津醫學院附屬醫院神經科主任、教授。曾任全國二、三屆人大代表，全國政協委員。長期從事醫學、科研、教學方面的工作，是傑出的神經外科醫學創始人，對神經外科具有淵博的理論知識和豐富的臨床經驗。對顱腦損傷、腦腫瘤、腦膿腫、腦寄生蟲等疾病有很深的研究。手術時，操作精細，並對下級醫生要求嚴格。十分重視神經外科人才的培養，爲全國各地培養了大批神經外科人才，其中很多人已成爲國內外知名的專家、學者。主編或參編《神經內科手冊》、《外科學》等 4 部專著，在國內外專業學術刊物上發表論文 50 多篇。易見龍（1904～2003），湖南省湘陰縣人。1933 年於上海醫學院畢業後，到南京中央大學醫學院生理科任講師。1940 年赴加拿大，在多倫多大學生理學和藥理學系研修。得到了胰島素發現人之一 C.H.Best 教授的指導，可預見學術生涯的光輝前景。但是，時值中華民族與日寇浴血奮戰、國家存亡的危急時刻。1941 年，他毅然決定改學輸血救傷醫療技術，投身抗日。1941 年底，赴美國紐約籌建血庫，並認真學習輸血療法、血庫管理、血漿提製、乾血漿製備和機件維修等全套技術。1943 年 6 月 7 日，由中國人主持的「中華血庫」就這樣在抗日戰爭的嚴重關頭，於紐約華人街附近宣告建立，易見龍任血庫主任。1944 年 2 月 9 日，率領血庫全體員工，攜帶儀器設備 200 餘箱以及製備的乾血漿回國，於三月底抵達昆明。1944 年 7 月 12 日，我國歷史上第一個現代血庫在昆明建立，易見龍出任血庫主任。1952 年，又曾奉中央軍委衛生部的委派擔任顧問，會同沈克非教授及助手趕赴瀋陽籌建中心血庫，新中國的第一個血庫很快在瀋陽成立。毛文書（1910～1988），女，四川樂山人。中科院院士。國際著名眼科專家。1930 年考進華西大學醫學院，1937 年畢業，獲得理學士和醫學博士學位，留校任教。1947 年被學校推薦赴加拿大多倫多大學眼科和美國芝加哥大學眼科深造。兩年後回校任教授。1950 年 10 月回到丈夫陳耀眞的家鄉廣東，在嶺南大學醫學院任教，院系調整之後他們夫婦又到了中山醫學院。長期致力於眼科的醫療、教學、科研、防盲、治盲和專業建設，在我國較早地注意到對遺傳眼病的探索，填補了一些研究空白；防盲、治盲的經驗引起國內外有關專家的關注。1981 年應邀爲美國眼科學 86 屆年會的國際貴賓、全日本眼科學會大會的特別講演者，成爲我國在國際界獲得崇高榮譽的第一位女眼科專家。主編有《眼科學》。何光篪（1913～1999），四川新都人。解剖學家。1939 年華西協合大學醫學院

畢業，獲醫學博士學位。1947 年赴加拿大多倫多大學醫學院解剖學系學習。1949 年 7 月回國後，曾在華西大學執教，後任第三軍醫大學解剖教研室主任、教授。長期從事人體解剖學的教學和研究，在脊柱骨異常和顱量測定、中國人肺段支氣管和血管、皮瓣、肌瓣的血管研究方面成績顯著。著有《正常人體解剖學》等。

　　第五，地質地理領域培養了羅開富、李春芬等地理學家。羅開富（1913～1992），生於湖南長沙。1940 年 9 月，畢業於廣州中山大學地理系，後歷任該系助教，長沙私立國民學院講師，昆明西南聯合大學助理研究員；1940 年 9 月赴加拿大多倫多大學就讀碩士研究生。1942 年～1944 年，轉入美國克拉克大學，並獲博士學位。後任美國戰時情報局地圖處地理員。1946 年回國後就任南京中國地理研究所副研究員、研究員、代所長。1949 年後任中山大學地理系教授，中國科學院地理研究所研究員，廣東省科學院地理研究所研究員、所長。從事水文學方面的工作，逐漸發展到綜合自然地理和區域地理。50 年代初，爲適應工農業建設的需要，中國科學院組織多學科的大批科學家進行全國自然區劃。時任中國科學院副院長的竺可楨先生對羅甚爲賞識，委以主持自然區劃工作之責。由其主持編成的《中國自然區劃草案》，以及隨後發表的有關論文，均給人以耳目全新之感。其主要論點直到如今仍然具有深刻的指導意義。李春芬（1912～1996），江蘇省大豐縣人。1937 年中央大學地理系畢業，留校任教。1940 年入加拿大多倫多大學地理系學習，1943 年獲博士學位，是加拿大授予的第一位地理學博士。1943 年在美國哈佛大學地質地理系進修研究，1944 年爲美國地政部地名局專業第四級區域地理學家。1946 年回國後，歷任浙江大學史地系教授，地理系教授及主任，華東師範大學地理系教授、系主任兼副校長。是我國德高望眾的地理學家。數十年來致力科教，執教勤勉，桃李滿天下。爲祖國地理教育事業，做出了很大貢獻。在科研方面，他是我國知名的區域地理和美洲地理專家，學術見地頗高。主要專著有《南美洲地理環境的結構》等。

　　第六，社會科學領域造就了法學家韓德培、女幼兒教育家盧樂山、愛國宗教家王神蔭等名人。韓德培（1911～2009），江蘇如皋人。1934 年畢業於南京中央大學法律系。1940 年留學加拿大多倫多大學，獲法學碩士學位。又在美國哈佛大學繼續從事研究。1945 年回國。歷任武漢大學法學教授、法律系主任、國際法研究所所長，中國環境科學研究院與武漢大學合辦的環境法研究所所長，中國社會科學院政治學、法學規劃領導小組成員，國務院學位委

員會法學評議組成員，國務院經濟法規研究中心顧問，對外經濟貿易部條法局顧問等職。著有《國際私法中的實質與程序問題》、《國際私法》等。盧樂山（1917～），全國婦聯副主席。湖北沔陽人。1938年畢業於燕京大學教育系，後在津京兩地任木齋學校幼稚園主任及協和醫院附設幼稚園主任，成為我國首批幼兒教育工作者。1940年入燕京大學教育系研究生院學習，1945年獲該院碩士學位。畢業後赴四川成都任樹基兒童學園教師、教導組長、園長及四川省立成都幼稚師範學校教師、班主任，後任成都華西大學家政系講師。1948年赴加拿大留學深造，翌年畢業於多倫多大學兒童研究所進修班。1950年回國，在北京師範大學教育系任教至今。是全國婦聯第五屆常務委員，中國家庭教育學會第一任會長，中國學前教育研究會顧問，北京市幼兒教育研究會副理事長，中國兒童發展中心專家委員會委員，中國心理衛生協會會員，《中華家教》雜誌主編，《群言》雜誌編委。主要著作有《蒙臺梭利的幼兒教育》等。王神蔭（1915～1997），聖公會山東教區主教。福建古田人。出生於基督教家庭，1937年和1939年先後畢業於齊魯大學教育系、上海聖約翰大學神學院。1946年赴加拿大留學，1948年獲多倫多大學教育研究院文學碩士學位。曾任中華聖公會河南開封真理堂牧師、座堂主任牧師。新中國成立後，積極投入反帝愛國運動，不畏國外敵對勢力的壓力，毅然選擇按照自治、自養、自傳「三自」原則辦好中國教會的道路。1953年後，歷任中華聖公會山東教區副主教、主教；發起成立濟南市基督教三自愛國運動委員會；1980年後相繼擔任中國基督教三自愛國會副主席、中國基督教「兩會」顧問；1981年後任山東省基督教三自愛國會主任、山東省基督教協會會長、山東神學院院長。是全國政協第七、八屆委員會常委。中共十一屆三中全會以來，堅持按「三自」原則辦教會的方針，帶領牧長同工為振興中華、建設祖國而努力。宗教學識造詣頗深，著有《聖詩典考》等。

留加學子學成之後，多數回到國內，對中國的文教科技事業產生重要影響；也有的滯留海外，如林家翹、林慰楨、姚玉林，三人皆是前述1940年轉赴加拿大的第七屆庚款留英學生，後成為著名科學家，雖未回國，但也擴大了中國的影響，特別是晚年積極為祖國現代化建設獻策出力。林家翹1941年獲加拿大多倫多大學應用數學碩士學位。1944年獲美國加州理工學院航空學博士學位。1945年在美國布朗大學任教。1947年起在美國麻省理工學院任教，1953年升任教授。成為華裔美國天文學家、物理學家、數學家。美國國家科

學院院士。是美國工業和應用數學學會主席、美國數學會應用數學委員會主席。在流體力學方面，於 1944 年成功地解決了已爭論幾十年之久的兩個平行平板間的流動穩定性問題。在天文學方面，在 B・林德布拉德 1942 年提出的漩渦星系密度波理論雛形的基礎上，於 1964 年建立了系統的密度波理論，提出用準穩漩渦結構假說來說明旋臂的形成和發展，它解釋了星系漩渦結構的持續和旋臂纏繞等長期懸而未決的困難問題，推動了星系動力學的發展。在數學方面，對微分方程的漸近理論作了重要的發展。他對中國的科學技術事業十分關心。1972 年以來，多次到中國作學術訪問，並接受多位訪問學者到美國麻省理工學院進修，還邀請多名美國知名專家來華講學，爲中國應用數學與流體力學的發展作出了貢獻，被聘爲中國科學院外籍院士。林慰楨曾和盧嘉錫合作對陸森紅鹽和陸森黑鹽的生成條件進行了系統研究得到了一個明確啓示，黑鹽陰離子之由來是通過紅鹽陰離子這樣一個「簇元」的生成然後二縮聚而成的。他們還發現用相同的起始原料（Fe^{2+}、S_2、NO_2^{2-} 和 OH^-）在基本相似的條件，改變不同的摩爾配比，在高壓釜內即可分別製出高純度而又高產率的陸森紅鹽和陸森黑鹽。姚玉林爲加拿大籍著名學者、哥倫比亞大學物理教授，曾多次來華講學，受到鄧小平、方毅等領導的接見。如 1978 年 5 月來中國科學院福建物質結構研究所進行爲期 40 天的講學，講學內容包括量子化學基礎、多電子原子的電子結構、群論和配位場理論。中英庚款公費生姚玉林，專攻冶金，獲得博士學位後和加籍華僑結婚，並在加拿大政府的礦產局中任工程師幾十年，後爲該局的主任工程師。

留加學生中個別人英年早逝，未能發揮應有的作用。如汪盛年 1933 年夏以全省第一屆高中畢業生會考第一名的優異成績進入南京中央大學化學系。1940 年入加拿大麥吉爾大學，專攻化學反應動力學。1942 年獲博士學位後，轉至美國加省理工大學化學實驗室，從事 X 射線與晶體構造的研究工作，曾與當時同在該院學習的盧嘉錫同撰專題論文。翌年，捨棄化學，改攻冶金，進入美國匹茨堡的卡乃基理工學院金屬研究所任研究員。未久，便取得卓越的成就，被當選爲 SIGMA-X1 學會會員和美國金屬學會會員。1947 年 3 月，毅然辭去高薪職位，懷著滿腔的報國熱情歸國，未竟其用，被航空工業局派往剛從日本人手上接收過來的瀋陽某鋼廠，搞所謂航空冶煉工作。他目睹國民政府腐敗無能和設備蕩然無存、一派劫後景象的工廠，深感失望，奔走一周，又無所獲，遂於 6 月 19 日憂憤辭世，年僅 30 歲。噩耗

傳出，震驚了當時科技界、教育界和他的良師摯友，昆山《旦報》發表的一副輓聯云：「萬里歸來空報國，一生事業付東流！」表達了對這位愛國學子的哀悼和對當政者的不滿。

2、瑞　士

瑞士擁有密集的高等教育網，它不僅普及面廣而且院校系設置齊全，其教育質量堪稱世界一流。瑞士的大學承擔了國家大量的科研任務，而且與歐美發達國家關係密切。瑞士高等院校有兩類，一類繫聯邦政府直接管轄的的學校，包括蘇黎士聯邦綜合工業大學、洛桑聯邦綜合工業大學，這兩所大學理工結合，具有世界先進水平。大學經費由聯邦政府撥款，但各大學享有完全的教學與科研自主權。另外，瑞士還有一些與大學學院聯合的專業學院，這類學院不稱為大學，也不設學院，由不同的專業系所命名，其任務是培養專業技術人員，如工程師、建築師、化學家或經濟、行政管理人才等。瑞士的大學一般不為在校學生提供住宿，學生可以租私人房子，或在市裏租出租公寓，幾乎所有學校都有學生餐廳。瑞士大學學制一般為 4 年，醫科學生要學習 6 年半的時間。學生大學畢業後可直接申請攻讀博士學位。大學每學年分為兩個學期，冬季學期從 10 月中旬到第二年 3 月初，夏季學期從 4 月中旬到 7 月中旬。瑞士學位制度與中國差別很大，其名稱有兩大類：理工科的稱 Doktorat，文理科的稱 Lijentiat，都是博士的意思，其次就是學士（Diplome）。想獲得理工博士需做一篇博士論文（有時需完成相應的工作）。想獲得文理科博士，不要求寫論文，只需做一個要求稍低的博士工作就行了。理工學院頒發工程學位畢業證書，分藥學學士、數學學士、物理學士、自然科學學士、建築學士五類。高一級的有博士證書。聖加倫經濟與社會科學學院人稱是企業家與外交官的搖籃，它的學位制度與眾不同，畢業後得 Licentiat 證書，再學上兩學期，交上一篇論文又可得 Doktorat 證書，後者共有三類：經濟學博士、法律學博士、國家學說博士。在瑞士聯邦要取得醫科學位則需要較長的時間，必須經過 13 個學期的教育，才有資格參加最後取得學位的考試。

南京政府時期中國留學瑞士學生，據國民政府檔案統計。1931、1933、1934學年度各 1 人，1935 學年度 5 人，1936 學年度 2 人，1946 學年度最多，為 40人，共計 50 人。後來成為名人者，主要在地學領域，湧現出中國地質學家黃汲清、石油地質學家朱夏、岩石礦床學家王恒升等。黃汲清（1904～1995），中國科學院院士。生於四川仁壽。1928 年畢業於北京大學地質系。1932 年去瑞士留

學，在大地構造專家阿爾岡教授指導下作研究生，1935 年夏獲理學博士學位。
同年秋赴美國進行學術訪問。1936 年春回國。曾任中央地質調查所所長。1948
年選聘爲中央研究院院士。中國地質科學院名譽院長、研究員。在大地構造學、
石油地質學、地質製圖、古生物學和地層學等方面均有很深造詣。對中國的二
疊紀提出了劃時代的分層；在《中國主要地質構造單位》一書中，首次用歷史
分析法闡述了中國及鄰區大地構造單元的劃分、特徵及演化，並創立了多旋回
構造運動說，奠定了中國歷史大地構造學的基礎。提出了單元相互轉化機制和
多旋回構造運動理論；先後共主編 41 幅 1：100 萬地質圖及 1：300 萬全國地質
圖，對全國礦產普查有指導意義；對我國西北地區提出了大型盆地多層多期生
儲油理論和陸相生油理論。堅持對東部開展找油工作，爲大慶油田的發現做出
了貢獻。朱夏（1920～1990），中科院院士。生於上海。1940 年畢業於國立中
央大學理學院地質系並獲學士學位。後入中央地質調查所工作。1947 年赴瑞士
蘇黎世聯邦高等理工學院攻讀構造地質學。1949 年回國後，參與組建浙江省地
質調查所並任副所長。長期從事石油地質的勘探與研究工作，在石油勘測、油
氣盆地形成機制以及大地構造理論等方面均有深入的研究。通過對準噶爾盆地
的石油地質普查，指出盆地西北和東北部均有良好的油氣遠景，爲克拉瑪依油
田的發現奠定了理論基礎。在他主持下，石油大隊於 1956 年對柴達木盆地進行
全面的油氣普查，次年即發現了冷湖淺鑽中的噴出油流和馬海、鹽湖構造的天
然氣。之後他又在松遼盆地協助指揮大慶油田的勘探和技術工作。70 年代初，
率先介紹板塊構造學說並運用於中國油氣盆地的研究。譯著《板塊構造的岩石
證據與歷史實例》和《動力地球學》對板塊學說在中國的傳播起了積極的推動
作用。通過對我國油氣盆地的大地構造特徵及其演化的研究，提出了「變格運
動」、「兩種運動體制的盆地及其疊加」等觀點。其見解不僅從理論上深化了對
含油氣盆地的認識，同時也有效地指導了油氣勘探的實踐。他組織有關專家深
入探討中國油氣盆地形成條件與油氣分佈，主編出版了《中國中新生代盆地構
造和演化》和《中國沉積盆地》兩書。後者在荷蘭出版，成爲「世界沉積盆地
叢書」之首卷。隨著科技的發展，又從系統論的觀點出發，倡儀用計算機模擬
的方法，進行含油氣盆地的理論分析，並提出了「以 3T（地質歷史分期、大地
構造背景、熱體制）爲控制盆地系統的環境，以 4S（沉降作用、沉積作用、應
力條件、構造風格）爲盆地形成演化的作用，以 4M（物質條件、成熟程度、
圈閉關係、改造與保持狀態）爲油氣賦存的響應，按照理論建模——實例校驗

——動態模擬的程序進行系統的研究」的理論。有關成果曾獲 1978 年全國科學大會獎和 1982 年國家自然科學一等獎。王恒升（1901～2003），岩石礦床學家。中國科學院院士。河北定縣人。1925 年畢業於北京大學地質系。1937 年獲瑞士蘇黎世大學理學博士學位。中國地質科學院地質研究所研究員。對岩石礦床理論進行了長期的探索，並參與和指導了我國許多煤礦、鐵礦、鉛鋅礦、鉬礦、特別是鉻礦的普查勘探工作。關於湖北大冶鐵礦的理論觀點現已被地質工作者普遍接受。角閃石晶體結構水高於 900℃才能分解釋放的結論，解決了長期困擾岩石化學家的角閃石化學分析總量不足的疑難問題。首次發現中國中生代火山岩從基性到酸性的完整噴發序列。在新疆於田南部崑崙山中發現了我國唯一的現代活火山。提出了岩漿液態重力分異學說，合理解釋了鉻鐵礦礦床的成礦特徵。與合作所共同作出的基性——超基性岩岩石化學計算和圖解新方法，解決了基性——超基性岩中岩石化學分類與實際礦物分類的矛盾。

　　其次是在工程技術領域，造就出我國高等學校礦山機電專業的奠基人湯德全、無線電通信學家孫仁琦等。湯德全（1915～2006），寧波鎮海人。1942年畢業於瑞士聯邦工業大學，獲動力機械專業學位工程師（相當技術碩士）學位。1946 年起歷任上海同濟大學機電系教授、中國礦業大學礦山機電系系主任、二級教授，人民大會堂建設指揮部副總指揮，煤炭科學基金委員會主任、煤炭部技術委員會委員等。他是我國高等學校礦山機電專業的奠基人，新中國成立後，受煤炭部的聘請，在吳子牧院長的領導下，共同創建了我國新型的中國礦業學院，建立了我國第一個礦山機電專業，作為該專業的奠基人、系主任、教授，親自動手編寫專業教材的教學文件。籌備並建立電機、電子、礦山運輸提升、礦井通風、排水、壓氣和水採機械設備等五大專業實驗室，為我國礦冶類高校的專業建設和人才培養作出了貢獻。1995 年 5 月當選為中國工程院院士。孫仁琦（1922～），生於安徽和縣。1932 年考入和縣初中，畢業會考，名列蕪湖考區第一。1936 年考入南京中央大學高中部。南京淪陷後，考入安徽省第三臨時中學讀到高中畢業，由省政府保送到大後方，升入國立廣西大學理工學院電機工程系。1944 年，獲學士學位後，供職於資源委員會中央無線電器材有限公司重慶無線電廠任技術員，助理工程師。1948年留學瑞士，就讀於蘇黎世高等工業大學。1951 年元旦應新中國駐瑞士馮鉉大使之邀，毅然回國，任軍委通信兵部電信科學技術研究所工程師。1978 年任南京郵電學院教授。孫仁琦教授長期從事無線電通信科研與教學工作。他

負責研製「數學通信 PCM30/32 路中繼系統」，獲 1978 年全國大會獎。「具有 ADFE 的 PCM 二次群 4GHZ 微波信道機系統」，獲 1984 年江蘇省科技成果三等獎。1986 年獲郵電部「全國郵電教育先進工作者」稱號。現為美國電氣與電子工程師學會高級會員。著作有《孫仁琦教授無線電論文集》。

　　再次是在醫學領域，培養出著名眼科專家俞德葆、胸外科專家石華玉、生理學專家王復周。俞德葆（1909～1981），浙江新昌人。19 歲獨立行醫。1936 年 8 月畢業於同濟大學醫學院，任上海寶隆醫院醫師。抗戰時任軍醫、地方醫院院長等職。1947 年 6 月，赴瑞士伯尼爾大學、巴塞大學眼科進修，後為美國哥倫比業大學眼科研究所研究生。解放前夕回國，自行開業，從事眼科診療。1952 年，任杭州市第一醫院眼科主任，1975 年因病退休，仍任該院眼科顧問。俞德葆行醫數十年，治愈眼病患者甚眾，改進研製眼科醫療器械多有貢獻。1958 年改進「白內障摘除鑷」，國內首次仿製裂隙燈生物顯微鏡，又研製多種前房角鏡、電子眼壓描記儀、閃爍頻率視野機、視網膜電流圖儀，為我國眼科臨床檢查提供新設備。退休後仍指導子女與其他單位合作研製成「流控式眼玻璃體切除器」，國際首創，受國內外重視，獲全國醫學衛生科研成果獎、浙江省科技成果一等獎，並在全國 60 餘家省、市、自治區和部隊醫院推廣使用。石華玉（1913～1977），生於杭州市，祖籍浙江樂清。1938 年上海同濟大學醫學院畢業。抗戰期間曾任國立江蘇醫學院外科講師，副教授。1947 年獲瑞士蘇黎世大學醫學博士學位，並在該校任胸腔外科病區主任。1948 年奧地利因斯博魯克大學基學院進修，後赴英國愛丁堡大學醫學院，皇家醫院任胸腔外科醫師，並受聘赴美國工作。新中國成立後，歷任浙江醫科大學系統外科教研室主任，胸腔外科教授、附屬醫院胸腔外科主任等職。又是國際防癆聯合會會員，對我國胸腔外科事業有卓越貢獻。1949 年國內首次進行胸膜外肺鬆解術及胸膜外氣胸術，1950 年創造胸內照明燈，1953 年國內首創多孔引流管。隨後兩年又首創長效推旁阻滯術和推旁阻滯及縱膈反射區浸潤麻醉進行胸腔手術，使我國在這一領域處於領先地位。1957 年完成人工心肺機的試製工作，1954～1963 年研製了第一、二、三架心臟鏡、電麻醉機和心動起搏器。專著有《肺臟切除手術學》、《胸腔透視學》，譯著《最新治療學》等。王復周（1920～2001），一級教授。河北舞陽人。1946 年畢業於同濟大學醫學院，1947 年赴瑞士巴塞爾醫學院生理學系學習。1950 年回國，任大連醫學院生理學講師。1951 年後，歷任第四軍醫大學生理教研室主任、教授。是

國家衛生部醫學科學委員會生理專業組委員，中國生理學會常務理事。在人才培養、內分泌生理學、神經生理學等研究方面取得許多重要成就。

另外，在社會科學方面，有西方哲學史專家、翻譯家王玖興、法律專家陳公綽等。王玖興（1916～2003），生於江蘇省贛榆縣。早年曾在東海師範學校學習，1935 年獲江蘇省師範院校會考第一名，1937 年到 1941 年，先後考入南京中大和武漢大學哲學系學習。1944 年至 1946 年，進入清華大學研究生部學習哲學，畢業後留校任教。1948 年通過公費留學考試，前往歐洲留學。1948 年至 1957 年，在瑞士弗萊堡大學學習，獲得碩士學位，同時教授中國哲學。他還旁聽了著名哲學家雅斯貝爾斯和海德格爾的課程。這些寶貴的訪學經歷都為他日後在西方哲學史領域中所取得的成就打下了堅實的基礎。1957 年 6 月回國，到中國科學院哲學所工作。學術專長是德國古典哲學，其治學特點是翻譯與研究相結合。早在 60 年代，就與賀麟先生合作翻譯了黑格爾的《精神現象學》，獲得了 1982 年哲學所科研成果一等獎。1986 年，翻譯了費希特的《全部知識學的基礎》。還撰寫了《黑格爾論同一、差別、矛盾》、《德國古典哲學在中國》、《費希特哲學與法國大革命》等相關論文。1965 年翻譯出版了盧卡奇的《青年黑格爾》一書的節選本；80 年代後，又譯出了盧卡奇 40 餘萬字的《理性毀滅》。曾多次隨哲學所代表團出國進行學術訪問，參加了國際黑格爾及康德大會，與國外同仁就德國古典哲學及其在中國的研究和發展等問題進行過廣泛的交流和討論。被選為「中華全國外國哲學史協會」常務理事、《黑格爾全集》中文版編委會副主任委員、《中國大百科全書》外國哲學史部分副主編。陳公綽（1923～），湖北武漢人。1945 年畢業於武漢大學法律系，1947～1950 年先後在瑞士的洛桑大學法律系、日內瓦大學法律系和法國的巴黎大學法學院研究院學習。曾在外交部國際關係研究所從事研究和譯校工作，曾任貿促會法律顧問部兼職律師。是國內為數不多的精通英、法語的法律專家之一，曾多次赴聯合國機構工作，成績斐然，在聯合國獲得很高評價。主編的《英漢法律政治經濟詞彙》成為聯合國各機構中文部門的必備工具書。

3、奧地利

奧地利地處歐洲中心，是歐洲重要的交通樞紐。教育體制發達，自 1740 年以來實行 12 年義務教育，上學不收學費。外國學生在奧地利求學，收取部分費用。高中畢業的學生，可以直接升入大學繼續學習，不需考試，修完大學學分直接獲得碩士學位。奧地利的科研水平世界一流，在許多學科領域中

均處於世界領先水平，可能是世界上人均諾貝爾獎獲得數最高的國家。奧地利的維也納大學，國立音樂和表演藝術學院、雷奧本大學等大學都是享譽歐洲乃至世界的著名學府。

南京政府時期的留奧學生，據檔案記載，1930～1937 學年，依次爲 11、0、3、2、1、3、6、2 人，1945 學年度爲 5 人，共計 33 人。人數不多，卻出了一批出類拔萃的人才。

（1）造就出三位中國科學院院士，這就是數理邏輯學家胡世華、化學家王序、地質學家何作霖。胡世華（1912～1998），生於上海市，祖籍浙江吳興。因其父胡惟德曾任北洋政府國務總理，久居北京。1935 年畢業於北京大學哲學系，留校研究數學。1936～1940 年，先後在奧、德、法、瑞士學習和研究數理邏輯與數學基礎，在德國西威廉敏思特大學獲哲學博士學位。1941 年回國後，任廣東中山大學數學天文系副教授；1943～1946 年任重慶中央大學哲學系數理邏輯、數學基礎教授；1946 年 4 月任北京大學哲學系數理邏輯、數學基礎教授。1950 年起調任中國科學院數學研究所研究員。1949 年參加中國民主同盟，1954 年參加中國共產黨。1980 年當選爲中國科學院學部委員，並任計算機科學組組長。是我國少數幾位在國內發展數理邏輯的代表人物之一。而在中國把邏輯研究超出哲學的範疇並和數學聯繫起來的工作是他開創的，也是國內把邏輯和計算機結合起來進行工作的倡導人。王序（1912～1984），生於江蘇無錫。1935 年滬江大學化學系畢業。1936 年去奧地利維也納大學研究生院深造，1939 年獲博士學位。1940 年回國。歷任浙江大學教授，北平研究院化學研究所研究員，北京大學醫學院藥學系教授，北京醫學院藥學系主任、核酸化學研究室主任等職。曾任全國政協常委。早期測試中國草藥射幹、丹參、土大黃、益母草等的成分及結構。在研究香豆素類合成中發展了稠環角甲基的合成方法。50 年代以後主要從事雜環化合物、糖類化合物、核苷酸及中藥活性成分的研究。曾提出以酶和受體等作爲常用中藥的篩選標準，從 200 多種中藥的 600 多個提取物的研究中獲得有意義的活性成分信息。在抗腫瘤藥物的研究中，系統地研究了硫代糖和去氧糖的合成以及嘧啶、嘌呤類核苷酸的合成。其中一些三嗪類化合物和它們的核苷，經證明是有效的抗癌劑。是我國最早從事中草藥成分化學研究的科學家之一，在有機合成方面也造詣很深。早在國外期間，就曾在植物成分的有機結構分析方面進行了研究，並取得顯著成績。回國後，在抗戰期間和國民黨統治下極端困難的條

件下，仍堅持進行中藥天然成分的分析和合成研究。解放後，繼續進行中藥成分，核酸化學及藥物生產工藝等方面的研究，為我國研究中藥的作用和藥物合成，探索新路。他一貫主張科研要勇於創新，要為國民經濟服務。科研成果多次獲得國家科委，衛生部和北京市的獎勵。在藥學教育方面，他學風嚴謹，忘我工作，道德高尚，身教言教，為我國培養我國藥學專門人才作出了巨大貢獻。何作霖（1900～1967），蠡縣人。1926 年畢業於北平大學地質系。先後在河北大學、北平大學任教。1938 年奧地利茵城大學學習「岩石結構學」，獲得地理學博士學位。1940 年在德國萊比錫大學學習「結晶構造學」。回國後任北京大學、北京師範大學、山東大學教授。1952 年調任中國科學院地質研究所特級研究員，地質研究所學術委員會主任兼岩石學礦物學研究室主任。曾受業於著名地質學家李四光。在光性礦物學中貢獻尤大。著有《光性礦物學》、《結晶體構造學》等。

（2）培養了三位著名醫學家，即眼科專家郭秉寬、皮膚性病學家尤家駿、骨外科學家屠開元。郭秉寬（1904～1991），福建龍岩人。眼科一級教授，原國務院學位委員會學科語文評議組成員，衛生部科學委員會委員。1928 年畢業於北京協和醫學院醫預科。1934 年獲奧地利維也納大學醫學院醫學博士學位。曾任同濟大學醫學院、貴陽醫學院、國防醫學院、上海醫學院的眼科主任、教授。建國後歷任華東醫院及上海第一醫學院眼科主任、眼科研究所所長，眼耳鼻喉科醫院副院長等。其主持的「沙眼病源學研究」獲 1978 年全國醫藥衛生科學大會獎。「高度近視眼與原發性開角型青光眼」、「角膜保存液實驗研究與臨床應用」等 10 餘項科研成果分別獲衛生部及上海市級科研成果獎。主編《眼科學》等。尤家駿（1900～1969），山東即墨人。我國皮膚性病學奠基人之一。1926 年畢業於齊魯大學醫學院，獲醫博士學位。1932～1933 年在奧地利維也納大學皮膚病院留學。1947 年去美國紐約哥倫比亞大學中心醫院進修，回國後任齊魯大學醫學院教授兼附屬醫院皮膚科主任，後任濟南市立醫院院長。1948 年作為中國麻風病學專家代表，參加在哈瓦那舉行的第五次國際麻風會議，做了「關於麻風分類」的發言。建國後，歷任山東省皮膚病防治研究所所長、山東醫學院教授兼附屬醫院皮膚科主任等職。1952 年在我國首次發現「黃色釀母黴菌病」。著有《麻風病學概論》、《新麻風病學簡編》等，對麻風及皮膚黴菌病有很深的造詣，弛名國內外。屠開元（1904～1999），著名的醫學教育學家，我國骨外科學奠基人之一，一級教授。1922 年進入柏林大學醫學院學習，1929 年獲博士學位，1933 年冬在維也納大學專修

矯形外科，1937 年毅然回國參加抗日救國。歷任同濟大學教授，矯形外科主任，第二軍醫大學副校長。他作爲我國現代骨科學的奠基人之一，無論是在戰火紛飛的抗日戰線，抗美援朝時期，還是在和平年代親自任教，手把手傳幫帶，共培養了六代學生近六千人，許多骨科著名專家都曾受教於屠老門下，早年的學生今已年屆古稀。

　　（3）人文社會科學領域湧現出小提琴演奏家戴粹倫、邏輯學家王憲鈞、國際問題評論家劉思慕。戴粹倫（1912～1981），江蘇蘇州人。自幼學習小提琴。1927 年入上海國立音樂專科學校主修小提琴。1934 年畢業後赴奧地利入維也納音樂學院深造小提琴演奏，1937 年回國，在北京、上海、重慶等地舉辦獨奏音樂會，後加入上海工部局交響樂隊。1942 年任重慶國立音樂院分院提琴教授兼院長。抗日戰爭勝利後，曾任上海國立音樂專科學校校長、上海市政府交響樂團指揮。1949 年任臺灣師範學院音樂系主任。1950 年任臺灣省交響樂團指揮。1973 年移居美國。王憲鈞（1910～1993），出生於江蘇南京。1933 年清華大學哲學系畢業。1933～1935 年爲清華大學研究生。1936～1938 年在奧地利維也納大學、德國敏士特大學從事研究工作。1938 年回國後歷任西南聯大哲學系講師、教授，清華大學哲學系教授、代理系主任，北京大學教授、學術委員會委員。多年來從事數理邏輯的教學和研究工作，培養了一批中國數理邏輯研究工作者，對中國數理邏輯的發展起了一定的推動作用。論著有《論蘊涵》、《批判邏輯實證主義的意義理論》、《判斷及其種類》等。劉思慕（1904～1985），廣東新會人。1923 年就學於嶺南大學，1926 年去蘇聯莫斯科中山大學學習，1927 年回國。1932 年春，把歷年積蓄的 3000 元作爲旅費，並向民智書局預支稿費，離別妻兒，隻身乘坐法國郵船到德國深造。1933 年春，轉赴奧地利維也納大學經濟系學習，同年秋回國。在德奧一年多的經歷，爲他以後深人研究國際問題打下了深厚的基礎。1935 年在武漢進行地下革命活動，因受當局通緝，出亡日本。抗戰爆發後回國，在上海、武漢地區從事抗日宣傳活動。後赴香港，參加國際新聞社香港分社工作。先後擔任多家報刊及出版社總編輯，1979 年後任中國社會科學院世界歷史研究所所長、研究員。著有《世界政治地理》等。

三、意大利、埃及、印度

　　這幾國歷史悠久，又分別是天主教、伊斯蘭教、佛教中心，中國學子負笈前往的歷史較早，且具有濃厚的宗教色彩。

1、意大利

意大利位於歐洲南部，教育、科技發達，創辦高等學校和發展科學研究歷史比較悠久，北方的博洛尼亞大學是歐洲最古老、最有名的大學之一，它由一批有才華的法學學生於 11 世紀末創辦。1200 年該校建立了醫學系和哲學系，1360 年設神學系；到 14 世紀末，各科系已基本完備。這所大學的歷史比法國著名的巴黎大學以及英國的牛津、劍橋兩所古典大學還要久遠。意大利著名大學有羅馬大學、米蘭博可尼大學、波倫亞大學、帕多瓦大學、那不勒斯大學、比薩大學和佛羅倫薩大學。意大利過去沒有研究生制度，取得大學畢業文憑的文科生就可作博士，取得工科大學畢業文憑的稱為工程師。

中國人留學羅馬歷史悠久，早在明末清初，就有少數中國教徒隨西方教士渡海西行，進修神學。1654 年澳門青年鄭瑪諾隨洋教師到羅馬，17 年後學成歸國；1707 年山西青年樊守義赴羅馬，13 年後回國傳教；1724 年又有 5 名青年隨馬國賢抵達那不勒斯城。馬國賢曾在清朝宮廷供奉 13 年，他回到意大利後，創辦了「中華書院」，至 1891 停辦，該院培養了上百名中國天主教徒。

南京政府時期，中國前往意大利留學者，據國民政府檔案統計，1929～1946 學年度分別為：1929 學年度 1 人，1930 學年度 2 人，1931 學年度 1 人，1933 學年度 2 人，1934 學年度 10 人，1935 學年度 2 人，1936 學年度 6 人，1937 學年度 1 人，1946 學年度 3 人，合計 28 人。

較之其他國家，留意教育有兩大特色，一是部分青年前往進修神學，後來湧現出幾位天主教主教，如羅光、金魯賢等。羅光（1911～2004），天主教臺北教區任總主教。生於湖南省衡陽市。20 歲以前，深受家族中天主教信仰的薰陶，於是在 1930 年 10 月 15 日從上海遠赴羅馬求學。在拉特朗大學獲法學碩士、博士，其間，於 1936 年 9 月 13 日晉鐸。1939 年獲博士學位之後，因歐戰受阻，留在傳信大學任教，並進修神學，於 1941 年獲神學博士。三年後拔擢為蒙席。1943 年中國與教廷建交，設梵蒂岡使館，羅光任我國駐教廷顧問，直到 1961 年 9 月 8 日至臺南就任主教止。1966 年 5 月，轉赴臺北教區任總主教，直到 1978 年任輔仁大學校長。1992 年 1 月羅總主教辭職卸任之前，他在輔仁大學設立了藝術學院、醫學院，又建了淨心堂、行政大樓等。羅總主教精通英文、法文、拉丁文、意大利文、德文，著述宏富，廣涉宗教、哲學、史學、文學，有《羅光全集》42 冊。金魯賢（1916～），天主教上海教區主教。上海人。1946 年上海徐家匯天主教耶穌會神學院畢業。1947 年赴意大

利、瑞士等國的神學院學習。1950 年獲意大利羅馬厄伍略大學神學博士學位，1951 年回國。歷任上海總修道院院長兼耶穌會上海區代會長，中國耶穌會代巡閱使，天主教上海教區主教，中國天主教愛國會常務委員，上海市天主教愛國會主任，全國政協常委。

　　二是國民黨政府派軍政人員前往學習軍事政治，這是留意人數中最多的。歸國後得到重用，多數成爲國民黨軍事將領或黨政要人。如程思遠、薛光前、侯俊、劉仲荻、張丹、鄭爲元等。程思遠（1908～2005），廣西賓陽人。1930～1934 年任國民黨第四集團軍總司令李宗仁秘書。1934～1937 年在羅馬大學攻讀，獲政治學博士學位。回國後歷任國民黨軍事委員會副參謀總長白崇禧秘書，三青團中央團部組織處副處長，廣西綏靖公署政治部主任，國民黨中央執行委員、常務委員、立法委員，國民黨中央非常委員會副秘書長。1949～1965 年居住香港，曾任《正午報》專欄作家。1965 年隨李宗仁回北京定居。後任全國政協副主席，全國人大常委會副委員長。薛光前（1910～1978），政治活動家。江蘇青浦人。1927 年入南洋中學。1930 年考入東吳大學，1933 年任上海新聞社社長，1934 年主編《一九三三年之上海教育》。1935 年，赴意大利深造，1936 年獲羅馬皇家大學政治經濟學博士。留學期間，在中國駐意大使館任主事，獲識蔣百里。承命撰《第一次大戰後意大利經濟和財政改革經過》。回國後任鐵道部編譯處處長。抗戰軍興，奉命隨同蔣百里陪送史顧問返意爲名，同行赴歐。百里滯德，他留羅馬，旨在勸阻德、意兩國與日本合作及承認僞滿。1938 年回國，任交通部長簡任秘書，並先後兼任全國公路運輸局副局長，及川陝水陸聯運總管理處處長。1943 年，入中央訓練團高級班受訓，結業後任外交部專門委員。抗戰勝利後，奉派爲駐意大利大使館公使銜代辦，旋任我國駐聯合國特別委員會中國代表團團長，並以顧問身份出席 1945 年 9 月在倫敦舉行之五國外長會議。次年，奉派任巴黎和會中國代表團顧問。薛在意求學及奉派在意服務期間，與天主教多所接觸，1948 年，與其夫人同在羅馬領洗，先後獲教宗庇護十二世策封爲騎士，聖若望二十三世封爲聖額我略爵士。新中國成立後，定居美國，1951 年，爲美國天主教西東大學創設遠東學院。8 年後應聘爲歷史教授，並籌設自由學院，旋即改爲亞洲研究學院，兼任院長。1964 年起改稱亞洲研究中心。著有《從孔子到基督》等。侯俊（1903～？），江蘇泰興人。早年留學德國，1930 年回國，在浙江省保安處工兵講習所任職。1931 年起任南京中央軍官學校、陸軍大學教

官。1933 年赴歐洲考察軍事後入意大利陸軍大學。1937 年回國,任第五戰區少將參謀。1938 年任稅警隊旅長。1940 任陸軍 188 師副師長,後爲重慶陸軍大學教官。1946 年起,先後爲「制憲」國大代表,憲政促進委員會宣傳委員,監察院監察委員。1949 年去臺。劉仲荻(1906～1960),江西龍南人。早年贛州農業學校畢業。1924 年投身軍旅,入粵軍,任排、連長。北伐戰爭中任營長、團副。1927 年底赴日留學,1930 年秋回國,任軍參謀處長、師參謀長等。1936 年 9 月考入意大利陸軍大學。1939 年秋畢業歸國,任山地師師長等。抗戰勝利後,任臺灣師管區司令、23 軍軍長等。1949 年去臺,任「國防部」戰略設計委員會委員、「總統府」戰略顧問。著有《荻廬詩稿》。張丹(1912～),浙江鄞縣人。1933 年上海交通大學畢業,1934 年留學意大利,入都靈大學電工研究院,後獲特許工程師資格。1937 年回國,任空軍電臺長、高級教官等。1941 年任四川大學教授,1949 年去臺,任臺灣工程學院教授、教務長等。1965年任「教育部」次長。著有《電機工程學》等。鄭爲元(1913～1993),安徽合肥人。陸軍軍官學校第八期畢業,後赴意大利步兵學校學習。回國後又入三軍聯合大學正一期、「實踐學社」聯戰班學習並畢業。還曾赴美國陸軍參謀大學學習。曾任駐意大利大使館武官、陸軍少將署長。1949 年到臺後,歷任師長、中將軍長、陸軍總參謀長、海軍陸戰隊司令、陸軍副總司令、「國防部」副部長、部長。是國民黨 12 屆中央委員、13 屆中央常委。

除以上兩類人員外,留意教育也培養出一批科學技術人才。

在航空航天領域,有著名空氣動力學家曹鶴蓀、力學家季文美等。曹鶴蓀(1912～1998),生於江蘇省江陰縣。1934 年上海交通大學電機系畢業。不久教育部受航空委員會之委託,公開登報招考留歐公費生赴意大利學習航空工程。這次考試從 200 餘人中錄取 25 人。出國之前航空委員會技術處處長錢昌祚給每人規定了學習方向,指定他學習空氣動力學理論。1934 年秋,他先在意大利的那波里東方語言學校學習意語,僅用四個月就考試合格,提前進入都靈大學航空工程研究生院學習。空氣動力學課由意大利年輕有爲的空氣動力學家費拉里教授講授,沒有講義。他上課細心作筆記回家加以整理。以後又與另一位意大利研究生合作編寫了該課程的講義。此外他還接受一項根據翼剖面升力分佈的改變對翼剖面形狀作相應修正的專題研究。於1936 年被授予工學博士學位。隨即去羅馬附近的意大利航空城空氣動力學實驗室實習二個月,並參觀了由 2850 馬力的多級壓縮器驅動的連續式超音速

風洞。其實驗段截面爲 400 毫米×740 毫米。取得學位後他在都靈大學理學院又學習了數學物理、數學分析和外彈道等課程。然後去德國哥廷根大學繼續進修空氣動力學理論。在快將結束柏林大學的德語班課程時，「七・七」事變爆發。接到航委會召回命令，即中止學習，啓程回國。在重慶交通大學創辦了航空系。中華人民共和國成立後，對建立哈爾濱軍事工程學院的教學體系及規章制度起了重要作用，培養出不少優秀的科學技術人才。晚年研究高超音速空氣動力學、稀薄氣體動力學和計算流體力學，對我國航天飛行器空氣動力學的發展作出了貢獻。季文美（1912～2001），浙江省義烏縣人。1934 年畢業於上海交通大學電機工程系，1936 年在意大利獲博士學位。1942年起，歷任上海交大教授、航空工程系主任、總務長，華東航空學院副教務長，西安航空學院副院長，西北工業大學教務長、副校長、校長，長期致力於我國航空教育和振動力學研究，爲我國航空領域的發展作出了傑出貢獻，先後被航天航空工業部授予「勞動模範」、「有突出貢獻的專家」等稱號。1978年獲全國科學大會獎，1996 年在第 20 屆國際航空科學大會上被授予莫里斯・魯瓦（Marice Roy）獎，是世界上第一位獲此殊榮的中國人。

　　生物學領域，有昆蟲學家周堯（1910～2008）。浙江鄞縣人。1936 年江蘇南通農學院畢業後，去意大利那波里大學學習，1938 年獲博士學位回國。在廣州從軍北上抗日。1939 年起受聘爲西北農學院教授。對昆蟲的研究和農業害蟲的防治有獨到的見解，成績卓著。50 年代對造成小麥災害的吸漿蟲的防治首獲成功，確定了原尾目昆蟲的地位，解決了國際上爭論 60 多年的問題，其論文《原尾昆蟲研究》被日本一位昆蟲學家譽爲震驚世界的論文。他先後發現和命名的昆蟲有 40 種之多，並創辦了「天則昆蟲研究所」、「昆蟲博物館」等研究機構及多種學術刊物。1960 年意大利皇家拿波里大學爲紀念西維爾斯特利而決定向全世界有突出貢獻昆蟲學家頒發金質獎章，他是 40人之一。1984 年獲得聖馬力諾共和國國際科學院院士稱號。

　　外國文學方面有翻譯家田德望（1909～2000）。河北宕縣人。1931 年畢業於清華大學外文系，1935 年在清華大學研究院外國語文研究所畢業後，由研究員送往意大利佛羅倫薩大學從事研究工作，獲文學博士學位。1938 年到德國哥廷根大學從事研究，1939 年底回國後一直在大學教書，潛心從事翻譯工作。他翻譯的瑞士作家凱勒的作品堪稱德語文學翻譯作品中的範本。畢生研究但丁，是國內最著名的但丁研究專家。1986 年退休以後，集中精力翻譯但

丁的《神曲》，他翻譯的《神曲》不僅是一部眞正做到「信、達、雅」的傑出中文譯本，而且也是一部有獨到見解的高水平的學術專著。不僅獲得了我國的「彩虹」翻譯獎，而且獲得了意大利文學遺產部的國家翻譯獎。爲了表彰他在但丁研究中的傑出成就，意大利總統於 1999 年接見了他，並授予意大利「總統一級騎士勳章」。

藝術領域有畫家符羅飛（1897～1971）。廣東文昌人。1921 年赴日留學，入陸軍士官學校。1922 年因病回國，在上海美專學畫。1930 年赴意大利那不勒斯陶器工藝學校半工半讀，個人畫展曾獲得皇家獎。1933 年於那波里亞皇家美術大學研究院繪畫系畢業，出版《符羅飛油畫集》。1936 年回國。1940年任桂林師範學校美術教師。1946 年任中山大學教授。不幸「文化大革命」中被迫害致死。

2、埃 及

埃及跨亞、非兩洲，大部分位於非洲東北部，是世界四大文明古國之一。回教發源於阿拉伯，後之文化中心則移至埃及之開羅。埃及愛資哈爾大學創立已 900 餘年，是埃及伊斯蘭教古老高等學府，爲伊斯蘭世界規模最大、地位最高、享有盛名的宗教大學。中國回教徒欲對於宗教學有深造者輒赴埃留學。相傳，在很早的時候，就有中國穆斯林借去麥加朝覲之機，到國外學習伊斯蘭教文化知識，前往中亞國家和印度求學者也不乏其人。而目前有確切文字記載的，是 1841 年我國清代經學大師伊斯蘭學者馬復初赴埃及愛資哈爾大學學習，首開中國留埃學生先河。之後又在耶路撒冷、塞浦路斯、伊斯坦布爾、羅德島、亞丁、新加坡等地遊學，與各地伊斯蘭教學者長老廣泛接觸，共同探討「天方之學」，並搜集伊斯蘭經籍，歷時 8 年歸國。他終生致力於闡揚伊斯蘭教義和文化，譯著頗多。其《寶命眞經直解》前五卷，是中國最早的《古蘭經》中文節譯本。他被譽爲中國「四大經學家及譯著家」之一。1906年王浩然大阿訇偕其高足馬德寶阿訇借道麥加朝覲後，在埃及、土耳其遊學考察近一年時間。翌年返回祖國，帶回土耳其素丹贈送的經書千餘卷，並聘請土耳其經學專家二人一同來華傳授《古蘭經》的誦讀學和方法。1913 年我國著名伊斯蘭教學者、教育家，被譽爲現代中國「四大名阿訇」之一的上海的哈德成，亦在完成朝覲後，在埃及短期留學。1922 年我國著名伊斯蘭經學家、翻譯家、「四大名阿訇」之一的王靜齋偕其高足馬宏道赴埃及，在愛資哈爾大學進修一年有餘，並擔當愛大首任中國學生部部長。

　　南京政府建立後，1931 年開始了中國穆斯林青年有計劃的分批派遣至埃及愛資哈爾大學留學的工作。據趙振武在《禹貢》半月刊第五卷第十一期發表的文章《三十年來之中國回教文化概論》中寫道：「留學之風始自近十數年。民國十年時王靜齋偕弟子馬宏道西行，王氏入埃及愛資哈爾大學，馬氏則入土耳其君堡大學。厥後，王曾善氏自費留土，海維諒氏自費留印。然此皆個人行動。其由學校正式資派，經與駐在國正式商洽者，則自埃及愛資哈爾大學中國學生派遣團始。此項派遣團至今已有四屆。第一屆之派遣爲雲南明德中學三人組成之，並由明中訓育主任沙儒誠先生護送前往，沙氏因亦留埃監護。民國廿二年北平成達師範學校竟以畢業生五人組織派遣團，是爲第二屆，本屆之派遣由該校馬代校長松亭親自護送，抵埃之後，馬氏且覲見埃王福德一世，歷陳東西文化溝通之需要，及中埃兩國應負此溝通之任，極蒙埃王嘉許，當允盡量收容中國學生，且許派教授二員來北平擔任該校教授。自是而後中西文化之溝通乃益進展。廿年愛資哈爾大學中國學生部正式宣布成立，沙儒誠被任爲部長。廿三年雲南明中復派三生赴埃，是爲第三屆。同年上海伊斯蘭迴文師範學校派遣第四屆學生五人，而留印之海維諒氏亦由德來克勞等外輾轉抵埃。於是愛資哈爾大學中國學生部中已有廿人之譜，濟濟蹌蹌，盛況空前。」〔註5〕上述第一屆學生指的是馬堅、納忠、林仲明、張有成等人，於 1931 年 3 月抵埃。明德中學之自修指導主任沙儒誠辭去職務，自備資斧，護送 4 生赴埃。12 月抵開羅，得愛資哈爾大學同意，准予入學。愛資哈爾大學並組織中國留埃學生部，以沙爲部長，一方面接洽中國學生入學手續，一方面招待中國來埃之學生。第二屆學生是 1933 年北平成達師範學校選送的韓宏魁、金殿桂、馬金鵬、王世明、張秉擇 5 人。第三屆學生是雲南明德中學所繼送之納訓、林興華、馬俊武 3 人，於 1934 年 3 月抵埃。埃及國王福阿德特獲悉中國學生抵埃後即以本人巨幅肖像贈明德學校留念。艾大聘沙國珍爲「中國留學生部」部長，並特許每年保留中國留學生名額 10 名。第四屆爲上海伊斯蘭師範學校派送之金子常、定仲明、胡恩鈞、林興智、馬有連五人，於 1935 年 5 月抵埃。繼上述四屆留學生之後，海維諒自印度萊克努大學於 1934 年轉入愛大，作爲第五屆；1936 年愛大學位考試，僅納忠一人得學士學位，爲中國學生在埃得此學位之第一人。1936 年 10 月，馬松亭借赴埃考察回教文化之便，特向愛資哈爾大學校長穆拉額接洽增加中國留學生之名額。埃及國

_____

〔註 5〕　見楊志波：《中國穆斯林留學生之今昔》，《新月華》創刊號（2004 年 12 月）。

王法魯克一世特准愛大增收中國學生 20 名，其學費及生活費均由埃王私資津貼。1937 年 6、7 兩月由成達師範學校招考保送，投考資格「信奉回教，阿拉伯文有相當程度。曾在高級中學、高級師範或同等學力者」。留學年限定爲 5～8 年。第六屆赴埃留學生團陣容最大，有成達師範教員龐士謙和學生馬繼高、馬宏毅、馬維芝、劉麟瑞、高福爾、杜壽芝、范好古、張懷德、熊振宗、楊有漪、丁在欽、王世清、金茂荃、張文達、李鴻清。此後，1939 年 10 月新疆莎車的葛西穆及其女兒海底徹、阿拉吾丁、古比拉汗、阿布杜‧艾哈德等 5 人進入愛資哈爾大學學習。1940 年，由印度孟買新疆同鄉會前往愛資哈爾的新疆學生爲穆罕默德哈桑、阿布杜‧哈力格、努爾‧穆罕默德、賽爾德等 4 人。還有艾罕默德、歐拜杜拉 2 人亦於 1945 年先後抵達愛資哈爾就學。以上共計 40 餘人。

近代以來，隨著留學之風的漸盛，宗教教育，乃由舊式之學塾，進至現代化之師範學校，再進而留學國外，教徒對於學識之吸收漸廣，回教復興已露一線曙光。我國穆斯林出國留學最多的地方當推埃及愛資哈爾大學，他們在艱苦的環境下，潛心苦學，數年不歸。在他們完成學業返回祖國後，其中許多人成爲傳播伊斯蘭教、溝通中阿文化交流和傳授阿拉伯語方面的棟梁之材，作出了突出的貢獻。30 年代赴愛資哈爾大學學習歸國的留學生中，更是人才輩出。如海維諒、馬堅、納忠、納訓、龐士謙等。海維諒（1912～），知名回族學者。湖南邵陽人。深造於印度德里伊斯蘭國民大學、埃及艾資哈爾大學，先後供職臺灣駐伊朗、印度、埃及、伊拉克、沙特、利比亞等國「大使館」及駐聯合國辦事處，精通阿拉伯、波斯、烏爾都、英語等多種語言，論著和譯作有《中阿關係》、《中國回教史過去與現在》、《中國穆斯林》、《中國與伊朗的關係》、《認主獨一》、《穆斯林教義指南》、《伊斯蘭人權論叢》等十餘種，上百萬言。馬堅（1906～1978），中國伊斯蘭哲學史家，阿拉伯語學者。雲南蒙自人。回族。1928 年在上海伊斯蘭師範學校學習。1931 年由原中國回教學會選派去埃及留學，曾在開羅愛資哈爾等學校學習，專攻阿拉伯語及伊斯蘭哲學，1939 年學成回國。先後在上海、重慶、雲南等地從事教學及著述翻譯工作。自 1946 年起擔任北京大學東方語言文學系教授、阿拉伯語教研室主任。成爲第一個在政府高等學府中教授阿拉伯語的教師。1949 年參加中國人民政治協商會議，並當選爲第一屆全國政協委員。從 1954 年起，連續當選爲第一至第五屆全國人民代表大會代表。曾任中國伊斯蘭教協會常務委

員、中國亞非學會理事等職。譯著有《伊斯蘭哲學史》、《回教哲學》、《回教教育史》等。對伊斯蘭哲學及回教哲學有較深的研究，打破了國內過去只研究伊斯蘭教義的局面，開創了對伊斯蘭哲學史及回教哲學的研究工作，漢譯了全部《古蘭經》，對擴大伊斯蘭教的學術研究，作出了貢獻。納忠（1910～2008），回族，中國著名阿拉伯歷史學家，阿拉伯語教育家，研究阿拉伯－伊斯蘭文化的著名穆斯林學者。出生於雲南省通海縣納古鎮。1931～1940 年在埃及愛資哈爾大學學習，攻讀伊斯蘭學，阿拉伯語，阿拉伯－伊斯蘭歷史和文化。1932 年將埃及著名學者哈桑‧曼蘇爾的《伊斯蘭教》一書譯成中文，其後又翻譯了敘利亞著名學者穆罕默德‧庫爾迪‧阿里的《伊斯蘭與阿拉伯文明》、埃及著名學者艾哈邁德‧愛敏的《阿拉伯－伊斯蘭文化史黎明時期》。1936 年獲愛資哈爾大學最高委員會授予的該校最高學位「學者證書」。1940年回國後，出任雲南明德中學教務主任、代校長，兼任《清真鐸報》主編。自 1943 年 2 月起，歷任中央大學、雲南大學、北京外交學院、北京外國語大學教授、系主任。其間，共出版各類學術著作、譯著 20 餘部。1961 年和 1991年先後兩次榮獲北京市優秀教師稱號，1991 年被國務院評為對中國高教事業有突出貢獻的專家，享有政府特殊津貼。在中國高校教授阿拉伯語和傳播阿拉伯－伊斯蘭文化，為發展中國和阿拉伯－伊斯蘭國家友誼，加強國際學術交流貢獻多多。納訓（1911～1989），出生通海縣納古鎮。孩童時代由於勤奮好學，被回族團體舉辦的阿文學校選送到埃及作為師資培養，後畢業於埃及資哈大學。在埃及，他不但精通阿拉伯語，還熟悉英語。回國後，到昆明明德中學教書。先後擔任教導主任和校長之職，同時主編回族刊物《滇真鐸報》。50 年代初調入雲南民族學院教導處工作，後又調省文聯從事翻譯並加入中國作家協會。1959 年，奉調北京人民文學出版社從事翻譯工作。畢生致力於《一千零一夜》阿拉伯民間文學巨著的翻譯。這是一部記載阿拉伯幾個世紀的社會變遷，歷經七、八百年之久的文學巨著。其範圍包括阿拉伯、波斯、印度、希臘、羅馬等國家和地區的民間文學和記事，內容涵蓋音樂、美術、教科書、戲劇、舞蹈等多個文化藝術領域。這部巨著經他成功地翻譯後，先後被轉譯為英、日、法、德、俄、西班牙語等多種版本在全世界出版發行，影響很大。他對翻譯工作認真負責，知識淵博，文筆流暢，對中文和阿拉伯語言文字的融會貫通達到了爐火純青的程度，為中阿文化的交流與發展獻出了自己的一生。龐士謙（1902～1958），是中國伊斯蘭教著名的學者和大阿訇，

回族。從小就在清眞寺裏學習教義，先後到河南、山西、甘肅等省去請教許多著名的伊斯蘭教學者，向他們學習阿拉伯文、波斯文和伊斯蘭教經典，同時學習漢文。1922 年開始擔任阿訇，並在家鄉創辦「經漢小學校」。此後，積極從事伊斯蘭教教育和著述活動，在山西、北京等地都創辦了學校，另一方面也潛心研究伊斯蘭教經典。1937 年到埃及留學，專門進修伊斯蘭教教法。1947 年回國，在著名的大學裏開設阿拉伯語課程；同時與其他人合作創辦了「北平回教經學院」以及一些宗教刊物。1949 年以後，繼續從事伊斯蘭教教育工作。在伊斯蘭教經典的翻譯和著述方面有傑出的貢獻。

另外，馬宏毅翻譯了《布哈里聖訓實錄精華》；林仲明翻譯了《中東石油戰》和《回教歷史教科書》；林興華翻譯了著名小說《卡里來和笛木乃》；馬金鵬翻譯了《穆罕默德傳略》和名著《伊本‧巴圖泰遊記》等等。值得一提的是，張秉鐸用漢阿對照形式翻譯了《古蘭經》前二卷，他在我國從事阿拉伯語的翻譯、播音工作數十年；劉麟瑞、楊有漪教授和馬維芝、馬繼高、金茂荃、范好古等先生，在阿拉伯語教學上都做出了貢獻，是我國阿語界的老前輩。他們的學生可謂桃李滿天下，遍及我國的外交、外貿、文教和出版翻譯等各個領域，在祖國的社會主義建設和現代化建設中發揮了自己的作用。

3、印　度

印度是世界四大文明古國之一，公元前 2000 年前後創造了燦爛的印度河文明。中國歷史上影響最大的留印者首推家喻戶曉的唐僧玄奘。玄奘俗姓陳，洛州（河南）人，13 歲出家，20 歲受戒。對大小乘佛學都很有研究。他發覺各家的說法都互有矛盾歧異，又從印度僧人口中知道印度那爛陀寺的戒賢論師，學問淵博，於是決心前往天竺取經。貞觀元年（627 年），自長安出發西行求法，留學印度 15 年，鑽研佛學。當時正是印度大乘佛教盛行之際，故玄奘所學極爲精深博大。貞觀十九年（645 年）返歸長安，共帶回經論 657 部。回國後 19 年中，譯經 70 部，共 1300 餘卷，由於譯文忠實，又能對佛學作有系統的介紹，對中國佛教發展及中國文化影響甚大，同時創法相宗，弘揚大乘佛理，又口述《大唐西域記》，詳細介紹西域及印度風土文物，是古代西域、印度史地的重要文獻，對國人瞭解中亞古史及中西交通史有很大幫助。

近代第一個去印度留學的中國學生是曾聖提，1924～1925 年先後在國際大學和沙巴瑪提眞理學院學習。印度國際大學是 1921 年印度大詩人、諾貝爾文學獎獲得者泰戈爾創辦。泰戈爾關心、熱愛中國，1924 年作爲國際大學的

代表訪華，呼籲加強兩國文化界的瞭解和交流。在中印文化界人士的努力下，一些中國學者開始前往國際大學訪問，中印學會也分別在兩國成立。

南京政府時期，前往印度留學者，據國民政府檔案，1931、1932 學年度各 1 人，1942 學年度 12 人〔註6〕。這是僅就教育部的統計，而實際上要比此多一些。目前從資料中所能見到的有：1931 年有 3 名中國學生在國際大學學習，具體情況不詳。譚雲山 1931 年在德里遇到一位名叫海維諒的中國學生，該生是由中國伊斯蘭教協會派到印度攻讀伊斯蘭宗教和哲學的。也有的材料說他是「自費留印」〔註7〕。

魏鳳江是第一個由中印學會選派到國際大學學習的中國留學生，他於 1933~1939 年在國際大學攻讀印度歷史文學，學習、生活在泰戈爾身邊。魏風江（1912~2004），早年畢業於春暉中學。1933 年秋，22 歲的魏鳳江由中印學會會長蔡元培推薦並批准，隻身赴印度留學，到泰戈爾創辦的國際大學學習印度語言、歷史和文學。當時泰翁已 70 多歲，對於這唯一的中國學子，他親自乘著馬車，到數十里外的聖蒂尼克坦車站去迎接。他拍著魏鳳江健壯的身軀，和藹可親地說：「你是華夏飛來的第一隻小燕，歡迎你在這裏築巢。」魏鳳江出生於浙江紹興的一個殷富之家，他用赴印前從家裏帶來的一架德國製的相機，攝下了許多珍貴的鏡頭：銀鬚及胸的泰戈爾在林間斑駁的晨光裏吟誦詩歌；光頭跣足、打著赤膊的甘地盤膝坐在草團上，就著矮桌疾書；膚色白晰、雙眸晶瑩的英迪拉在翩翩起舞……逾越了半個多世紀之後，這些照片如今已發黃變脆，然而它們卻成了印度人民珍貴的歷史文物！留學期間，老師泰戈爾的詩歌和文學創作對魏風江的影響甚深，尤其是泰戈爾詩文中所體現的「平等」和「愛」的思想，深深印記在魏風江的腦海中，使其始終都保持著對普通勞苦群眾的同情和關愛，由此得到了周圍百姓的交口讚揚。歸國後，魏風江主要在浙江和上海兩地從事大學和中學的英語教學工作，參與翻譯了《大不列顛百科全書》，並著有《我的老師泰戈爾》等專著。在促進中印兩國的友好關係上作出了自己應有的貢獻，並以 70 多歲的高齡單獨出訪印度，加強兩國之間的交流〔註8〕。

〔註6〕 《抗戰前後歷年度出國留學生之留學國別表》，中國第二歷史檔案館編：《中華民國史檔案資料彙編》第五輯第二編教育（一），江蘇古籍出版社 1997 年版，第 892~893 頁。

〔註7〕 趙振武：《三十年來之中國回教文化概論》，《禹貢》半月刊第 5 卷第 11 期。

〔註8〕 徐作正：《中印「民間大使」魏鳳江》，《友聲》第 128 期 2004 年 3 月。

中國學生楊國賓於 1933 年去國際大學攻讀印度哲學，並於次年應邀去印度大學碩士班就讀。回國後，1936 年他翻譯了他的老師阿得利雅博士的《印度倫理學綱要》一書，該書共 12 章，對因明、正理和印度各派的邏輯思想作了簡明而又全面的介紹。他在序言中說到：「這一本書雖是小，可是關於印度倫理學方面的主要思想已搜集無餘了。而且這本書體材（裁）簡明，印度大學預科用它當作印度倫理課之課本的。」〔註9〕

30 年代去印度留學的還有寺院派出的僧人。如 1931 年去國際大學學習梵文的體參和 1936 年去國際大學學習的岫廬。太虛大師為了發揚佛教的真理，期望學僧融會印度、斯里蘭卡、泰國、緬甸等國的佛教聖典和語文，曾派遣留學僧從事於巴利文、梵文等的研究。在派遣斯里蘭卡留學僧泰緬留學僧的同時，也派遣了印度留學僧。1940 年太虛大師訪問印緬回到重慶，適斯里蘭卡佛教界要求太虛大師派遣法師至斯里蘭卡宣揚大乘佛法。於是法舫、白慧、達居 3 人前往緬甸、印度等地專究梵文，巴利文等。法舫（1904～1951），俗姓王，河北石家莊人。18 歲出家。1940 年 9 月奉命啓程飛往南洋，由於戰事告急，沿途受阻，終於在 1942 年 2 月到達印度，這一年他 39 歲。在印度期間，入住國際大學，一方面研讀巴利文、梵文及英文；一方面又任教於該校中國學院及摩訶菩提會，宣揚中華文化，並拜訪佛教及其他教界人士，為中國佛教作各種宣傳活動。翌年夏天，他離開印度轉赴錫蘭，掛錫智嚴東方學院，再次深造巴利文，修學南傳經典，如《阿毘達磨攝義論》、《清淨道論》等。1946 年 6 月，法舫應印度中國學院院長譚雲山之邀，再返印度，宣講佛學，同時完成《阿毘達磨攝義論》的翻譯工作。翌年春，太虛大師示寂，法舫由印度回國。留學期間，由於法舫德學兼優，受印度國際大學和錫蘭大學禮聘為教授，在中國僧伽中，此乃空前光榮之大事。由於法舫和雅高尚的風度，講說深入淺出、活潑生動及多國語言的互易運用，真正把大乘佛法傳遍於世，而成為馳名中外的一代佛教學者。法舫法師是我國近代傑出高僧之一，精通中、英、梵、巴四種語文及大小乘佛學，先後任教於武昌佛學院、柏林教理院、漢藏教理院，三度主編《海潮音雜誌》，並主持世界佛學苑圖書館，襄佐太虛大師設立世界佛學苑研究部，成果斐然。

留印生中政府交換留學生佔重要部分。1942 年，印度教育顧問沙金特來華訪問，對中國的戰時教育大為讚賞，歸國後即建議交換學生 10 名，以加強中印

〔註9〕 阿特里雅著，楊國賓譯：《印度倫理學綱要》，商務印書館於 1936 年版序言。

文化交流。次年由國民政府教育部政務次長顧毓秀率領的教育文化訪問團訪問印度，與印度政府和教育界商討了互派教授、學生等事宜，決定在 1943 年各派 10 名研究生留學。我國選派的 10 名赴印留學生是：胡汝楫、王漢中、魏珪孫、歐陽中庸、盧浩然、湯迪寶、池際咸、趙碩欣、甘其綬、沈錡。其中 6 人在大學就讀，4 人學習實驗與工程。印度首批學生於 1943 年 11 月到達中國，他們均繫大學畢業，有的已獲得碩士或博士學位。由教育部分至中央大學、西南聯合大學、浙江大學、武漢大學、金陵大學等校，從事中國歷史、哲學、考古學、化學、數學、農學等學科的研究。雙方原定交換學生期限為 1 年，期滿後，中國學生返國 5 人，印度學生返國者 6 人，其餘經兩國政府核准延期 1 年到年半不等，至 1946 年均分別返國〔註10〕。中印兩國政府互相選派留學生的工作自此斷續進行。中國留印生中後來較有影響者有：盧浩然（1916～2002），生於福建省三明市大田縣，1942 年南京中央大學農學院研究生畢業，1943 年 10 月赴印度留學，獲得博士學位，1946 年回國任南京中央大學農學院副教授，1949 年 2 月任福建省立農學院教授。新中國成立後，歷任福建農學院教授、系主任、副院長、院學術委員會主任等職。是一位學識淵博、碩果累累的作物遺傳育種專家，國內最早涉足作物雜種優勢研究的少數專家之一，1949 年發表的相關論文，為我國雜種優勢的研究和利用奠定了基礎。

　　40 年代，前往印度學習的還有金克木、石素珍、陳正仁、劉雋湘、徐仁等。金克木（1912～2000），中國印度語言文學專家，翻譯家。安徽壽縣人。1930 年到北平求學。1935 年在北京大學圖書館任館員。1938 年去香港任《立報》國際新聞編輯。1939 年到湖南省立桃源女子中學和湖南大學任教。1941 年經緬甸到印度，在加爾各答《印度日報》（中文版）任編輯。1943 年後在印度學習梵文，研究古代印度哲學和文學。1946 年回國任武漢大學哲學系教授。1948 年任北京大學東方語言文學系教授。著作有《梵語文學史》、《印度文化論集》、《藝術科學叢談》、《舊學新知集》等，譯著有《高盧日爾曼風俗記》、《我的童年》、《雲使》、《古代印度文藝理論文選》、《伐致呵利三百詠》、《印度古詩選》等，以及詩集《蝙蝠集》，散文集《天竺舊事》等。金克木係國內外著名東方學者、教授，在梵文、佛學、翻譯、詩歌、美學、比較文學、文藝理論、古代文史及中印文化交流史等方面均取得卓越的研究成果，為中國現當代學術事業的發展與創新作出了突出的成就。石素珍（1918～2009），女，

〔註10〕《第二次中國教育年鑒》，商務印書館 1948 年版，第 878 頁。

河南偃師人。1936 年北平大學女子文理學院文史系畢業後中學任教，1942 年
赴印度，在國際大學中國學院攻讀孟加拉文。1944 年獲泰戈爾文學院獎學金。
1946 年底回國後，專心研究和翻譯泰戈爾的作品，是我國直接從孟加拉文翻
譯泰戈爾及其它孟加拉作家作品的第一位翻譯家，介紹了印度、孟加拉大量
文學作品，主要譯作有泰戈爾的《摩克多塔拉》等。陳正仁（1914～1992），
湖南長沙人。1940 年湖南湘雅醫學院畢業後在湖南省衛生廳任職。1943 年 1
～4 月被派往印度哈佛金研究所進修鼠疫的防治，回國後在湖南常德進行反對
日本細菌戰工作。1947 年 10 月被派往丹麥國立血清研究所進修卡介苗的研
制，半年後到瑞典、挪威、瑞士、意大利、法國、英國、美國考察卡介苗的
製造和使用。回國後從事卡介苗的研製工作，是現代著名細菌學和免疫學家、
菌苗專家。論著有《結核病的預防接種》等。劉雋湘（1916～1999），河北任
丘人。1940 年同濟大學醫學院畢業，1943 年在中央防疫實驗處工作。1944～
1945 年在印度加爾各答熱帶病學院進修，獲 D・T・M 學位。1947 年到美國
哈佛大學讀研究生。1948 年回國後長期從事生物製品研究工作，改進了血漿
蛋白分離的第九法，創立了第十法；首次在我國製造出胎盤球蛋白等。徐仁
（1910～1992），生於安徽蕪湖。植物形態學、植物解剖學、古植物學家。1980
年當選為中國科學院學部委員。1929 年以優異成績考入清華大學。1933 年獲
學士學位並於 1937 年獲北京大學碩士學位。1944 年，前往印度勒克大學進行
研究工作，於 1946 年被該大學授予哲學博士學位及金質獎章。二次赴印後，
於 1952 年在李四光的幫助下重新回到祖國。在印度勒克大學時，主要對我國
雲南泥盆紀植物化石和微化石進行了研究，實際考察了克什米爾的地層，並
研究了克銳阿峽谷紫色砂岩中的微體化石，這使他成為國際上微體化石研究
的先驅之一。二次赴印期間，他在當時國際上惟一的古植物研究所——印度
薩尼古植物研究所對同型木和中國泥盆紀微體化石作了進一步研究。在此期
間，還以訪問學者的身份訪問了瑞典與英國，學習了 T・哈利和 T・M・哈里
斯研究古植物的方法，收集了大量文獻資料，並於 1949 年擔任了印度古植物
研究所副教授兼代所長。新中國成立後，夜以繼日的工作，把印度古植物研
究所收藏的一套相當完整的世界古植物學文獻拍成長達 1200 多米的縮微膠
片。他放棄了國外優厚的待遇和良好的科研條件，毅然投身於祖國的科學事
業和社會主義建設。他是世界古植物學及孢粉學權威人士之一，中國古孢粉
學研究的創始人。推論出中國古、中、新生代含煤岩系和中新生代含石油地

層的地理分佈規律，爲普查找煤和石油提供理論依據；解決了爭論多年的晚三疊世──早侏羅世地層時代及對比的問題。爲探討喜瑪拉雅山的升起和青藏高原隆起的原因、過程提供了重要的古植物學證據。1983 年根據古植物學證據，提出北美與東亞兩個相距很遠的植物區系現存不少相同的屬，是因爲原地有孑遺分子，而不是遷移的結果，從而解決了 140 年來植物地理學領域中這個懸而未決的問題。

　　另外，前往印度的還有因有趣於印度文化而就讀、任教、研究於國際大學或國際大學中國學院的學者。泰戈爾 1924 年訪華期間，多次呼籲中國學者到印度去研究和講學。1928 年，有志致力於中印文化交流的青年學者譚雲山應泰戈爾之邀來到國際大學。譚雲山（1901～1983），旅印國際關係學家，哲學家，佛學家。字啓秀。長沙府茶陵人。早年就讀長沙城南書院，1920 年入湖南省立第一師範，畢業後任附小教師。1924 年去新加坡、馬來西亞任教。1927 年結識泰戈爾，次年任職印度聖蒂尼克坦國際大學，開辦中文班，同時學習梵文，並開始研究印度學。1931 年譚雲山回國，發起組織中印學會工作。1934 年應泰戈爾之召返回印度，組織了以國際大學爲根據地、以泰戈爾爲主席的中印學會。接著，譚又回國，於 1935 年 5 月成立了以蔡元培爲理事會主席的中國中印學會。這樣，中印學會在中國和印度分別建立。中印學會最重要的工作就是在國際大學內部建立了中國學院。1936 年春，譚雲山帶著籌集的錢和書返回印度，經過一年的苦心經營，中國學院終於建成。這是一幢兩層的西式建築物，樓上是圖書館、研究室、辦公室，樓下是講堂、會議室、學生宿舍。中國學院是國際大學的特別研究部門之一，目標是使中國學者研習印度文化、哲學、宗教、語言，同時使印度學者致力於中國文化、歷史、哲學和語言的研究。因爲佛教是中印文化交流的媒介，因此佛學、佛典研究、佛經翻譯在這兒很受重視。中國學院成立後，譚任院長，研究哲學、文學和佛學。一批有志於中印文化交流的中國學者先後到此進行講學和研究，他們是：林我將、巴宙、周達夫、石岫廬、吳曉鈴、常任俠、徐梵城、楊允元、陽羅衡、法航法師、巫白慧、張敬、尹揮戈、余清波、蕭化民、童紀唐、周祥光、冉雲華、冉肖鳳、胡季藻、李開物、楊瑞琳、譚中等。

　　也有一些中國學者曾到印度做客或短期研究。如，許地山 1926 年自英國回國時，曾到印度羅奈城印度大學研究梵文及佛學；1934 年再度到該校研究梵文及印度宗教。徐志摩 1928 年到印度做客，看望泰戈爾。陶行知 1936 年

訪問印度，留下 5 首反映被壓迫人民生活的詩歌；1938 年他再次訪問印度，拜訪了甘地、泰戈爾等名流，考察了印度教育，還應甘地請求，用英文撰寫了《中國的大眾教育運動》一文，發表在印度《民族旗幟》（HARIJAN）上。徐悲鴻 1939 年應泰戈爾邀請，到印度國際大學講學。其間，他與畫家安龐寧‧泰戈爾、南達拉爾‧鮑斯、錢達夫人等談論藝術、欣賞繪畫，結下深厚友誼；完成了《愚公移山》、《群馬》、《喜馬拉雅山之晨》等作品；爲泰戈爾、甘地、國際大學的學生們和印度民間藝人畫像；還在生汀尼克坦和加爾各答兩地舉辦畫展。此外，因與中國學院有關係而暫居國際大學的還有張大千、陳祚龍、糜文開、薛雷等人〔註11〕。

四、菲律賓、荷蘭、丹麥、澳大利亞、瑞典等

這是中國學子前往留學人數較少的幾國，影響亦遠不如以上國家。

1、菲律賓

菲律賓是一個位於亞洲東南部的群島國家。教育制度與西方發達國家和美國相似。文化普及率很高，有許多設施齊全的國立和私立大學。許多大學在世界很有名望，如菲律賓大學、愛特諾德馬尼拉大學、德拉薩莉大學和亞洲管理學院等。聖托馬斯大學是亞洲最古老的大學。

南京政府時期留學菲律賓的中國學生，據國民政府檔案統計，共計 15 人，1929～1938 學年度依次分別爲：3、0、1、2、1、1、1、3、2、1 人。後來成爲名人者有考古學家林惠祥、社會活動家馬樹禮、教育家黃覺民。林惠祥（1901～1958），其祖父從晉江縣遷居臺灣。1926 年他畢業於廈門大學文科社會學系並獲文學士學位，留校任預科教員一年。繼之，留學菲律賓大學人類系，1928年獲得人類學碩士學位。1931 年任廈門大學歷史系教授兼主任，1947 年再度受聘並兼任廈門海疆資料館館長，50 年代任廈大南洋研究所副所長、廈大人類博物館館長等職。是我國系統研究臺灣高山族文化的第一人。1929 年受聘於南京中央研究院。1929 年和 1935 年，他兩次冒險隻身深入到日本佔據下的臺灣實地調查高山族文化，同時調查著名的臺北圓山貝丘遺址。兩次採集 200多件石器和陶片標本，這些成了大陸博物館中惟一的臺灣考古珍藏。他將圓山的考古資料與高山族的民族志合編成著名的《臺灣番族之原始文化》一書，

〔註11〕李喜所主編：《五千年中外文化交流史》第 4 卷，世界知識出版社 2002 年版，第 567 頁。

以鐵的事實論證了「臺灣番族（高山族）是中華民族的一個組成部分，臺灣是中國的領土」。此書迄今仍是臺灣史前考古與高山族研究上最重要的文獻之一。他不僅是大陸學者實踐臺灣田野考古的第一人，而且在閩臺文化關係的考古研究上為後人創立了一套迄今仍然適用的理論框架。臺灣著名學者李亦園教授說：「《臺灣番族之原始文化》可以說是中國科學家研究臺灣高山族的軔始，象徵臺灣光復後大批中國學者在臺灣研究南島系民族文化的前驅。」他編撰出版我國第一部《文化人類學》專著。1931 年任廈大歷史社會學系主任教授，開始提倡人類學課程。1934 年出版了《文化人類學》，為「大學叢書」，是國內通行甚廣的大學教科書，從而確定了他作為中國人類學的開拓者、奠基者的地位。1936 年另一部重要著作《中國民族史》（上、下冊）問世，開了當代中國民族系統分類的先河，從而確立了廈門大學自 30 年代起即為中國人類學在南方的傳播中心。他是華南新石器時代文化最早的發現者與研究者。曾於 1929 年與 1935 年兩次赴臺圓山遺址發現有段石與印紋陶。於是，最早提出「臺灣的有段石是從福建傳過來的，早在新石器時代海峽兩岸的文化就是一體」的觀點。接著，1937 年發現武平小徑背山的新石器時代遺址群，1941 年發現馬來西亞吉打舊石器時代遺址，先後撰著《臺灣新石器時代遺物的研究》及《中國東南區新時期文化特徵之一：有段石》兩篇論文，開創性地通過一種典型考古文物首次復原了我國大陸東南史前文化，通過臺灣向東南亞、西南太平洋群島傳播的海上通道，不僅最早發現考古學上的「東南區」文化，為後來東南區考古理論的形成奠定了基礎。迄今對閩臺關係的歷史、考古研究，仍有指導作用。他不愧為閩臺關係考古研究的奠基者，中國東南區考古理論的創立者。馬樹禮（1909～2006），江蘇漣水人。1928～1929 年留學日本，在明治大學肄業。後赴菲律賓，入聖多瑪斯大學，1938 年獲商學士學位後，在新、馬、菲等東南亞諸國從事新聞和教育工作，曾任僑報編輯、總編，僑校教員、校長等職。1937 年率菲記者戰地採訪團回國採訪。1938 年夏，請纓抗日，歷任第三戰區政治部組員、秘書、組長、少將副主任。1945 年參加國民政府前進指揮所，協助冷欣與日軍談判受降事宜，後任《前線日報》社長。1947 年當選為立法院立法委員。1949 年去印度尼西亞創辦《中華商報》。1959 年去臺灣，任「中央廣播公司」董事長，臺灣東亞協會駐日代表等。是國民黨九至十二屆中央委員、十二屆三中全會秘書長、十三屆中央評議委員。著有《印尼獨立運動史》、《印尼的動與亂》等。黃覺民（1897～1956），福建閩侯人。1920 年在上海青年會專科學校進修，1923 年任廈門雲梯中學校

長。1927 年入菲律賓大學研究生院，攻讀教育學。1931 年獲得碩士學位後轉赴美國，1933 年獲哥倫比亞大學教育碩士學位和教育心理學專家證書。回國後，歷任上海大夏大學教育心理系教授兼系主任，上海商務印書館《教育雜誌》社社長兼總編輯，四川大學等校教授。新中國成立後，先後爲福建教育廳副廳長，華東師大教授。著有《教育心理學》等。

2、荷　蘭

荷蘭位於歐洲西部。自 1815 年荷蘭王國建立以來，政府就承擔提供充分與良好教育的責任。1848 年的《基本憲法》明確規定了教育自由，即任何群體的人都可以根據自己的宗教信仰、人生哲學或教育方式來建立學校。因此荷蘭的學校形形色色，諸如羅馬天主教學校、耶穌基督教學校、猶太教學校、伊斯蘭教學校、印度教學校以及各種自由學校，包括蒙臺梭利式、耶拿計劃式以及道爾頓式學校。也存在一些將上述不同原則相結合的學校。儘管荷蘭四分之三以上的學校爲私立學校，但所有滿足一定條件的學校都可從政府得到一筆「教育專款」用來安排學校的各項教學活動。荷蘭的高等教育分成三大體系：常規大學、高等專業教育大學、國際教育學院。根據學生高中階段修讀的時間不同，學生選擇進入不同的高等院校學習並獲得相應學位。

據國民政府檔案，中國留學荷蘭學生 1931、1935、1936 學年各 1 人，1946 學年度 3 人，合計 6 人。實際可能要多些。留荷學子後來成爲名人者，生物學界最多，有國際知名昆蟲學家欽俊德、微生物學家王善元、生物學家陳德明。欽俊德（1916～2008），中科院院士。生於浙江安吉。1941 年畢業於東吳大學生物系，考入燕京大學研究實驗動物學。後任教於成都燕京大學，任職於昆明清華大學農科研究所。1947～1950 年留學荷蘭阿姆斯特丹大學研究院獲理科博士學位，又赴美國明尼蘇達大學任榮譽研究員，研究甜玉米對玉米螟的抗性和蜚蠊肌肉三磷酸腺苷酶的溫度係數。1951 年回國，先後任中國科學院實驗生物研究所、昆蟲研究所和動物研究所研究室主任、研究員，創建了我國第一昆蟲生理研究室；揭示了昆蟲與植物的生理關係，闡明了昆蟲選擇植物的理論；研究馬鈴薯甲蟲、飛蝗、棉鈴蟲、粘蟲、蚜蟲等多種害蟲的食性和營養及植物成分對它們生長和生殖的影響；以昆蟲天敵爲對象，研究七星瓢蟲的營養和人工飼料，以添加保幼激素類似物，解決了適宜的人工飼料配製難題；研究明確了東亞飛蝗卵期對環境適應的特點及浸水與耐乾能力，爲測報蝗害發生提供了科學依據；研究成功適用於大量飼養蚤幼蟲的飼

料及快速偵檢不同來源蚊蟲的方法。1991 年當選爲中國科學院學部委員。著有《論昆蟲與植物的相互作用及其演化》等。王善源（1907～1981），中國科學院院士。福建福州市人。1929 年荷蘭萊登大學醫學系畢業，獲醫學博士學位；1938 年法國巴黎大學物理數學系畢業，獲物理學博士學位；1948 年英國倫敦 EMI 學院電子機電系畢業，獲電子工程學學士學位。1948～1956 年先後任荷蘭生物物理試驗所所長、荷蘭結核病門診部主任等。在國外期間，曾先後發表有關醫學微生物學、生物物理學、膠體化學及統計學著作論文 70 餘篇（部）。在數學、電子學和化學方面也有很深的造詣，還精通英、法、德、日、荷蘭、意大利、西班牙、馬來西亞多國語言。1956 年歸國。被聘爲中國醫學科學院流行病學微生物學研究所一級研究員，1957 年當選爲中科院生物學地學部委員。在醫學、生物物理方面造詣頗深，有較高聲望。爲宇宙輻射與肺結核、腫瘤的關係研究，留下大量寶貴資料。陳德明（1920～），廣西北海人。1942 年昆明西南大畢業。後留學荷蘭，1950 年獲阿姆斯特丹大學理科博士學位。曾任美國伊利諾大學副研究員。回國後歷任北京大學城內辦事處主任、生物系主任、分子生物學研究所所長等。從事蜚蠊尾鬚毛狀感受器、昆蟲性引誘外激素及細胞抑制因子等研究，開創了我國昆蟲外激素的研究。在國內首先建立觸角電位技術，建立了國內第一個開展昆蟲嗅覺研究的單細胞記錄實驗室，推動了中樞神經系統外激素感受機理的研究。論著有《腎上腺肥大現象》、《松毛蟲性外激素》等。

　　除生物學外，還有水利專家、海岸工程專家嚴愷，岩土力學、地球動力學專家陳宗基。嚴愷（1912～2006），中國科學院院士。生於福建閩侯。1933年畢業於交通大學唐山工學院。1935～1938 年在荷蘭德爾夫特科技大學深造，獲工程師學位。1938 年底回國後，先在雲南從事農田水利工作，後在中央大學水利系任教授。1943 年在黃河水利委員會，先後任技正兼設計組主任、研究室主任和寧夏工程總隊長等職。1948 年在上海交通大學任教授。1952 年負責籌建華東水利學院，任副院長、院長。1956 年起兼任水電部南京水利科學研究所所長。歷任中國水利學會理事長、中國海洋學會名譽理事長，國際大壩委員會中國國家委員會主席，聯合國教科文組織國際水文計劃第三、四屆政府間理事會副主席、墨西哥科學院通訊院士等職。曾參加遭到嚴重破壞的塘沽新港修復和擴建工作。爲研究解決該港的嚴重回淤問題作出了貢獻，開創了中國淤泥質海岸的研究工作，創建了海岸動力學和海岸動力地貌學。

主持長江口的治理工作並取得了進展。兩次率領工作組到廣東，爲珠江三角洲的全面規劃和綜合治理進行了長時間的調查研究後提出了報告。參與解決葛洲壩水利樞紐工程的科技問題以及三峽工程的複雜研究論證工作。發表論文和報告多篇，主編了《中國海岸工程》一書。他主持的《中國海岸帶和海塗資源綜合調查研究》獲得了 1992 年國家科技進步獎一等獎。陳宗基（1922～1991），中國科學院院士。福建安溪縣人。生於印度尼西亞。1941 年在印尼萬隆工學院就學，1946 年留學荷蘭德爾夫特科技大學，1949 年畢業並獲工學學士學位，1954 年獲優秀技術科學博士學位後回國。曾任中國科學院土木建築研究所研究員、土力學研究室主任、岩力學研究所第一副所長、中國科學院地球物理研究所所長。曾當選爲全國人大常委會委員，全國人大華僑委員會副主任，中國僑聯副主席。長期從事土力學、岩石力學、流變力學和地球動力學研究，1954 年在國際上首創土流變學。對土流變學的研究居世界前列，得到國際力學界知名專家的高度評價並獲德爾夫特科技大學獎狀。1978 年在全國第一次科學大會上獲土流變學研究獎，在粘土的試驗研究中提出「粘土結構力學和卡片結構」新學說，被國外教科書稱作「陳氏卡片結構」；在土的變形和強度理論以及動力特性研究方面，提出粘土最高屈服值，在國際上被稱爲陳氏屈服值，許多國家把他的理論研究成果應用於工程實際。在岩力學方面，他提出的岩石流變、擴容、封閉應力方面的研究成果也是舉世矚目；在國內先後參加與指導了三峽工程、葛洲壩工程、南京長江大橋、五強溪水電站、黃河龍門水利樞紐、麥積山石窟國家重點文物加固工程、鎳都金川地下工程、撫順西露天礦——石油一廠邊坡工程以及國家防護工程，解決了一系列岩土力學與工程問題，爲國家建設作出貢獻。指導了攀西裂谷礦產資源及福建地熱資源的開發和研究，撰寫了許多論文，研製了 3 套具有國際先進水平的高主實驗儀器設備，爲建立高溫高壓開放實驗室奠定了基礎。1980 年當選爲中國科學院技術科學部委員。1986 年比利時國王授予他一級騎士勳章和榮譽證書。

　　3、瑞　典

　　瑞典位於北歐斯堪的納維亞半島東部。著名大學有 1447 年建立的烏普薩拉大學、1666 年建立的隆德大學、1877 年建立的斯德哥爾摩大學、1964 年建立的默奧大學、皇家工學院、斯德哥爾摩商學院、卡洛林斯卡醫學院等。瑞

典高等教育由本科教育，輔助和高級研究，研究培訓組成。基礎高等教育提供標準形式的學習項目和課程。分爲本科學習和研究生學習與研究兩個階段。

　　南京政府時期留學瑞典的中國學生，檔案記載 1931 學年度 3 人，1946 學年度 7 人，合計 10 人。他們中後來成就卓著者，有郭可信、顧振潮。郭可信（1923～2006），材料學家、晶體學家。中科院院士。福建福州市人。1946 年浙江大學化工系畢業，1947 年赴瑞典留學，先後入皇家工學院、烏普薩拉大學學習和研究。1956 年回國，任中科院金屬研究所研究員、室主任，中科院瀋陽分院院長。1980 年受聘爲瑞典皇家工程科學院國外院士。1981 年當選爲中國科學院學部委員。他發現了一些新的合金相，並對高速鋼和不鏽鋼的相變等問題的研究作出重要貢獻。科研成果被收入國際權威性典籍《特殊鋼手冊》。在準晶體的對稱性與結構方面取得一系列創新成果，獲 1987 年國家自然科學一等獎、第三世界科學院 1993 年物理獎。著有《電子衍射圖》、《晶體學中的對稱群》、《高分辨電子顯微鏡學在固體學中的應用》等 12 本專著。顧振潮（1920～1976），上海人。1942 年中央大學地理系畢業。1945 年清華大學研究院畢業。1947 年留學瑞典，入斯德哥爾摩大學攻讀氣象專業研究生。1950 年回國，歷任中央氣象局和中國地球物理所聯合天氣分析預報中心主任，大氣物理研究所第一任所長。主要從事雷達、氣象研究。在天氣數值預報、雲物理、雷電物理及雷達氣象等方面都有重大開創性研究成果，其中，《西藏高原對東亞大氣環流及中國天氣的影響》榮獲國家科學獎。發表論文 100 多篇。

4、丹　麥

　　丹麥王國是個地處北歐、美麗富饒的國家。丹麥政府重視國家教育事業，注重智力開發。無論在文學、哲學領域，還是在物理學方面都培養出了很多優秀人才，在世界上頗具影響。丹麥大學的學位制度分碩士和博士兩級。學制一般分五年，有的專業長達八年。學生大學畢業後，即可獲得相應學位。哥本哈根大學和南丹麥大學是丹麥規模最大、最有名望的綜合大學，也是歐洲歷史較長的一所大學。此外，丹麥的承認教育和職業技術教育也比較發達，這成爲了丹麥職業技術教育的一個突出特點。

　　檔案資料統計，南京政府時期留學丹麥學者，1931 學年度 2 人，1934、1935、1936 學年度各 1 人，1946 學年度 6 人，共計 11 人。後來較有影響者，主要是在生物化學方面，如秦仁昌（1898～1986），植物學家。中國科學院院士。生於江蘇武進。1925 年畢業於金陵大學林學系。1929～1932 年先後在丹

麥、瑞典、德國、法國、奧地利、捷克等國訪問研究。歷任雲南大學教授、
生物系主任，雲南省林業局局長，中國科學院植物所研究員、分類室主任，
植物研究所顧問，中國植物志編委會秘書長，植物分類學報主編，中國植物
學會名譽理事長，國際植物分類學會和命名委員會名譽主席等職。創建廬山
植物園。重點研究了蕨類植物中最大的水龍骨科的分類系統，把傳統的、十
分龐雜混亂的水龍骨科分為 33 科 249 屬，震動了當時國際蕨類學界，產生了
深遠影響，推動了蕨類植物系統學的研究和發展。著有《中國蕨類植物志》、
《中國高等植物圖鑒》三冊、《中國蕨類植物科屬系統排列和歷史來源》專著
和論文 150 餘篇，共 500 多萬字。陳俊愉（1917～2012），園林及花卉專家。
中國工程院院士。原籍安徽安慶，生於天津。1940 年畢業於金陵大學。1943
年園藝研究部畢業（農碩士）。1946 年復旦大學副教授。1947 年丹麥哥本哈
根皇家獸醫及農業大學研究花卉，1950 年畢業，榮譽級科學碩士。1950 年回
國後歷任武漢大學教授、華中農學院園藝系教授、北京林業大學教授。1997 年
當選為中國工程院院士。是中國觀賞園藝學的開創人和學科帶頭人。創立花
卉品種二元分類法，對中國野生花卉種質資源有深入的分析研究，創導花卉
抗性育種新方向，培育成功具有多種抗性的梅花、地被菊、金花茶等新品種
70 多個，並在全國率先開展花卉區域實驗。系統研究中國梅花，在探討菊花
起源上有新的突破，培養了大批園林專門人才。楊士林（1919～），化學家。
江蘇吳縣人。1941 年浙江大學化學系畢業後留校任教。1949～1951 年留學丹
麥哥本哈根理工學院有機化學系。1963～1966 年為英國利物浦大學訪問學
者。後歷任浙江大學教授、系主任、校長。是中國化學會理事、浙江政協副
主席。長期從事高分子化學特別是烯烴的配位共聚研究及教學工作。著有《乙
丙共聚反應中添加活化及時活化機理的探討》等。陳廷祚（1917～），微生物
學家。江蘇鹽城人。1943 年上海醫學院畢業，1947 年由教育部公費資助留學
丹麥，在丹麥國家血清研究所學習微生物學、生物製品製造和檢定。1949 年
12 月回國，歷任遼寧大連生物製品研究所檢定科長、生產科長和總技師，成
都生物製品研究所副所長、研究員等。主持的菌苗生長流程自動化工程獲 1978
年全國科學大會獎。主編《鉤端螺旋體病學》，編譯《實用細菌學》。李士諤
（1919～），生物化學家。成都人。早年就讀昆明西南大和金陵大學，獲碩士
學位。1948 年起留學丹麥和美國，獲得克薩斯大學研究院化學系哲學博士學
位。1955 年回國，歷任中國醫學科學院基礎醫學研究所生物化學及分子生物

學研究室副主任、研究員。是中國生物化學學會理事，《生物化學雜誌》常務編委。研究成果獲衛生部科技進步一等獎。主譯《腫瘤的科學基礎》等。

另外，醫學方面有蔡如升（1915～2006）。福建廈門人。1941 年北京協和醫學院畢業，留校任教。1947 年留學美國和丹麥。1948 年回國，歷任北京協和醫學院教授，解放軍胸科醫院副院長，阜外醫院副院長、名譽院長，中國醫學科學院心血管病研究所副所長、教授。是《中華心血管雜誌》副主編，《中華結核病和呼吸疾病雜誌》第一副主編、名譽總編輯。參編《胸部外科》等。

5、澳大利亞

位於南太平洋和印度洋之間，由澳大利亞大陸和塔斯馬尼亞等島嶼組成。澳大利亞聯邦的教育體制是國際上公認的，其境內大部分學校是由政府所辦，各州政府負責管理本州的學校，同時聯邦政府對各大、中、小學及其它院校進行宏觀管理。澳大利亞的大學教育始於 19 世紀 50 年代，當時的悉尼大學和墨爾本大學都倣仿了英國的牛津與劍橋的模式。到 1911 年，爲適應國家飛速發展的需要，六個主要城市都已經擁有了自己的大學。大學一般可授予學士、碩士、博士學位。授課的方法是：課堂講課，個別指導，研討會，學生實驗和圖書館獨立工作。學生的成績是考試成績和平時成績相加。

根據國民政府檔案，中國留學澳大利亞的學生只有 1946 學年度的 2 人。實際數肯定要多些，現從材料上見到的有著名林業生態學家中科院院士陽含熙、動物營養學家劉金旭、地學家嚴欽尚。陽含熙（1918～2010），江西南昌人。1935～1939 年在金陵大學森林系學習。後在中央農業實驗所和江蘇蠶桑專科學校工作。1947 年赴澳大利亞留學，在墨爾本大學獲碩士學位，1949 年轉讀英國牛津大學森林學院，再獲碩士學位。1950 年回國，先後在浙江大學、東北農學院任教。1954 年起在中國林業科學研究院林業研究所工作，任林木生態研究室和森林土壤研究室主任。1976 年起在中國科學院自然資源綜合考察委員會工作。1991 年 11 月當選爲中國科學院生物學部學部委員。長期從事生態學研究，倡導並創建了我國第一個杉木人工林林型分類、氣候區劃和土壤分類系統，以及速生豐產林栽培技術，爲我國的杉木林和森林生態學應用基礎研究作出了重要貢獻。1991 年當選爲中國科學院院士。劉金旭（1917～2010），天津人。1939 年清華大學生物系畢業。1946 年到澳大利亞進修，1947～1952 年留學美國康奈爾大學獲哲學博士學位，後任依阿華研究員。1956 年回國。曾任中國農業科學院畜牧研究所所長、中國營養學會理事兼國際學術交

流部主任。在我國家畜家禽礦物質微量元素、蛋白質營養以及有毒蛋白質的利用等方面，開展了大量的基礎研究和應用研究，獲得農牧漁業部技術改進一等獎。曾與同事繪製了除臺灣以外的全國飼料牧草硒含量分佈圖譜，對我國畜牧業發展和人民衛生事業有重要指導作用。在對有毒餅類作為飼料的研究方面也取得了較大成績，其中菜籽餅和棉籽餅的脫毒方法已在生產中應用，並獲得國家獎勵。取得幾十項科研成果，發表 30 多篇論文和實驗報告。嚴欽尚（1916～1992），江蘇無錫人。1942 年浙江大學史地系研究生畢業。後留學澳大利亞，1948 年獲悉尼大學自然地理學碩士學位。同年在浙江大學任教。1949 年後，任上海同濟大學教授、華東師範大學教授和沉積研究所所長。擅長地貌學、沉積學、自然地理學研究，曾參加東北資源調查、治理淮河、陝北治沙、地貌區劃、新疆綜合考察等大型科研項目，主編《海洋地質學》、《地貌學》等。

6、人數極少的幾國

　　國民政府時期前往越南學習者，檔案記載 1933 年、1938 年各 1 人，實際至少有 3 人，因為下面兩位皆不是 1933 年出國。董希文（1914～1973），中國油畫家。生於浙江紹興。1933 年考入蘇州美術專科學校，翌年轉入杭州藝術專科學校。1938 年就讀於上海美術專科學校。抗日戰爭中隨國立藝術專科學校輾轉湖南、貴陽、雲南，曾一度到越南河內美術專科學校學習，不久即回國，到苗族地區寫生，搜集素材。1943 年在敦煌石窟臨摹、研究古代壁畫。1946 年任教於北平藝術專科學校。1949 年後三赴西藏，深入生活，寫生創作。曾任中央美術學院教授。他的油畫在寫實的基礎上，吸取借鑒民族繪畫及民間藝術的某些手法，注重油畫的民族性。作品以人物為主，大都反映現實生活，有強烈的時代感。代表作有《苗女趕場》、《祁連放牧》、《哈薩克牧羊女》、《開國大典》、《春到西藏》及《千年土地翻了身》等。出版有《長征路線寫生集》、《董希文畫輯》、《董希文作品選集》等。顏保（1922～），廣西南寧人。自幼僑居越南，1937 年回國，在昆明參加公費留學考試，保送至河內公立保護學校就讀，後轉學至河內公立工業專科學校，1940 年回國。1942 年考入國立東方語言專科學校，畢業後留校任教。1948 年赴法國深造，就讀於巴黎大學政治學院。1951 年回國後任北京大學東語系教授等。主要譯作有阮輝想《阿陸哥》、武秀南《人民在前進》等。還參加翻譯《毛澤東選集》1～5 卷。

　　前往印尼留學者，檔案記載 1936 學年爪哇 1 人，現知著名詩人蒲風 19

世紀 20 年代末去印尼，故中國留學印尼青年至少有 2 人。蒲風（1911～1942），廣東梅縣人。1927 年開始學習寫詩，後去印尼學習，曾編輯《狂風》雜誌。1930 年回國後考入上海中國公學大學部文史系。1932 年，參與發起中國詩歌會；次年參加會刊《新詩歌》編輯工作。1934 年出版詩集《茫茫夜》，作品描繪農村生活的黑暗，呼喚人民起來反抗。同年冬赴日本。1935 年出版長詩《六月流火》。1936 年回國，到福建學院附屬中學任教，課餘仍進行詩歌創作，出版了詩集《生活》與《鋼鐵的歌唱》。1937 年起在汕頭、廈門、廣州從事詩歌活動，寫下了大量鼓舞抗戰的作品，出版了《抗戰三部曲》、《可憐蟲》等詩集。其後又出版詩集《黑陋的角落裏》、《真理的光澤》等。作品有抒情詩、長篇敘事詩、諷刺詩、明信片詩，樸實無華，通俗易懂。1940 年到皖南參加新四軍，從事文化宣傳工作，1942 年 8 月病逝戰地。後追認為「革命烈士」。今有《蒲風詩選》、《蒲風選集》行世。

　　另外，從有關材料得知，史學家楊兆鈞曾有土耳其留學之經歷。楊兆鈞（1909～2003），北京人，回族。1926 年北京尚志中學畢業，後赴土耳其安卡拉大學學習，1940 年畢業回國。歷任西北大學歷史系副教授、中央民族學院政史系主任、青海大學教授、雲南大學西南研究所教授。1972～1980 年主編《西南亞資料》。著有《土耳其經濟》等〔註12〕。1936 年中國與波蘭、意大利交換留學生各 1 人，為中國交換留學生之始〔註13〕；檔案亦記載 1936 學年度留波 1 人，具體情況不詳。1948 年陳錦清赴朝鮮，入崔承喜舞蹈研究所學習。陳錦清（1921～1991），舞蹈教育家、組織活動家。1942 年參加延安秧歌運動，自此對民間舞蹈產生了濃厚的興趣。1948 年赴朝鮮學習和考察。1949 年在瀋陽東北魯迅藝術學院創辦舞蹈班，創作演出了《太平鼓》、《農作舞》、《鍛工舞》等，並多次率團赴各國考察、演出。

〔註12〕周棉主編：《中國留學生大辭典》，南京大學出版社 1999 年版，第 134 頁。
〔註13〕王奇生：《中國留學生的歷史軌跡》，湖北教育出版社 1992 年版，第 387 頁。

第十五章　海外學子的滯留與回歸

　　據高教部統計，到 1950 年滯留在各國的留學生和學者有 5000 多人，其中美國 3500 人、日本 1200 人、英國 443 人、法國 197 人、德國 50 人、丹麥和加拿大各 20 人，大多數是抗戰前後出國留學或工作的。新中國成立後，黨中央和老一代科學家們召喚年輕學子回國工作。在 1949～1954 年間，有 1424 人經過坎坷挫折和百折不撓的鬥爭回到祖國，多數是從美（937 人）、英（193 人）、日（119 人）和法國（85 人）回來的。到 50 年代末回國人數增至 2500 名。其中著名科學家錢學森、趙忠堯、郭永懷、李恒德、師昌緒、陳能寬、侯祥麟等是在朝鮮戰爭後，經過中美多次談判才得以回國的。另據美籍華人學者薛君度先生統計，1949～1955 年從西方國家返回中國服務的留學生有 1500 餘人，但還有 7000 餘人留居國外，其中 5000 餘人在美國〔註 1〕。

一、留學生的滯留

　　戰前中國留學生大多學成即歸，回國率甚高。而戰後留學生特別是留美生大部分留在美國。

1、滯留不歸之原因

　　造成這種狀況的最根本的原因，在美國，主要是由於該國政府對留學生回國的阻撓。1949 年新中國的成立，宣告了美帝扶蔣反共政策的破產，但它繼續與中國人民為敵，對人民政權採取經濟封鎖、外交孤立政策，在文化教育上則宣稱不讓數千名受過高科技訓練的中國學生回國「資敵」，對其回國「開

〔註 1〕 轉自黃新憲：《中國留學教育問題》，湖南教育出版社 1995 年版，第 161 頁。

始刁難，諸如到移民局簽證、買船票等故意爲難。約在 1950 年 4、5 月間，直航中國的客船已停航。」〔註2〕朝鮮戰爭爆發後，中美關係更加緊張，美國政府乃絕對禁止中國留學生離美，並通過法令，強迫他們無限期居留美國。「於是 4 千名中國留學生（當時美國當局確認之數）經美國『安全調查』之後，調整身份，在美國就業或繼續進修。」〔註3〕除了客觀上美國政府的阻撓外，在其他國家和從留學生本身主觀因素而言，則由於以下幾點：

第一，對新中國缺乏瞭解，存有懷疑、觀望態度。有人談到當年自己的思想時說，作爲一般知識分子，對國內的政治糾紛缺乏深刻認識，國民黨給中國人民帶來無窮災難，共產黨取而代之，怎麼知道他們一定會比國民黨強？況且「一個政權在最初開始時不會安定；何不等到國內政局穩定之後，再回國貢獻一臂之力」〔註4〕。所以要等待觀望一番，哪知後來情況有變。

第二，爲完成學業或攻讀更高的學位。新中國成立時，許多人學業未完，就此中斷覺得可惜；有的讀完了「碩士」，還想繼續拿到「博士」。他們覺得好不容易出國，開始困難重重，現在已經適應，對學習研究已有了初步認識，而就此放棄，實不忍心，但等到學業完成之後想回國時已難以脫身。

第三，國外優厚的物質條件、理想的工作環境和開明的政治氣氛的吸引。有些人在國外已有或易於找到自己理想的工作，不僅薪水多，生活條件優裕，而且具有先進的教學科研工作條件，他們估計回國後工作開展會障礙重重，難以施展抱負，不易創出成果。加之中國封建殘餘嚴重，民主空氣不濃，行政干預過多，相對美國較爲寬鬆的政治氣氛，也影響了經過西方文明陶冶的知識分子回國的積極性。

第四，少數人對共產主義的敵視。極少數人數典忘祖，在資本主義文明面前顯示了極度的民族自卑感，對新生的人民政權採取敵視的態度；至於在國共兩黨內戰中，爲逃難而借留學之機出國者，留居海外則更是很自然的了。

這批留學生滯留海外之後，大多繼續留在大學讀書，念完了碩士或博士學位，其中理工的佔大多數，文法科的則較少；少數予以就業。他們是一批人才，但開始尋找工作時卻到處碰壁，後來有些單位開始試用這些人，他們以中國人民喫苦耐勞的美德和非凡的表現，贏得了社會的美評。以後在中外

〔註2〕 張之光：《留美觀感》，山東省政協文史委編：《留學生活》，山東人民出版社
1992 年版，第 165 頁。
〔註3〕 王奇生：《中國留學生的歷史軌迹》，湖北教育出版社 1992 年版，第 34 頁。
〔註4〕 楊富森：《我在美國三十年》，三聯書店 1985 年版，第 42～45 頁。

長時間處於敵對和隔絕的狀況下，更加埋頭於專業的探索和學術研究，許多人都作出了優異的成績。

2、對美國等滯留國的意義

這批人才滯留不歸，對中國的建設來說，自然是個很大的損失，而對滯留國的發展卻具有重要意義。其中滯留美國者最多。對美國的影響也最大。表現在：

一是推動了美國科技的進步。這些留學生勤奮好學，圖強自取，頗有建樹，其中部分人利用美國先進的設備和科研條件，親自接受世界一流專家學者的指導，加之個人的刻苦努力，獲得了卓著成績，在美國學術界科技界嶄露頭角，湧現出一批蜚聲世界的科技人才。如世界著名的物理學家楊振寧、李政道，化學家李遠哲，當代小型電腦奠基人王安，女醫學科學家鮑薇青等。除了一些知名者外，還有很多是無名英雄，譬如大公司的研究人員，在本公司做出驚人的成績，可外面的人們不一定知道他的名字。無數知名的和不知名的科技工作者，他們的許多發現、發明和創造，對美國的科技進步和經濟的繁榮無疑起了積極作用。

二是加快了美國教育事業的發展。戰後留美學生所從事的職業，多集中在高等教育界，作為他們之中一員的唐德剛博士曾評論說：「我國從前軍隊裏面有句話叫『無湘不成軍』，在今日美國的教育界，也幾乎是『無華不成校』。北美洲稍為像樣點的專科以上學校，差不多都有中國教授。」〔註5〕起初，這批華人教書匠並不被美國所重視，後來，隨著美國對高等教育特別是中國語文教學的加強，使他們開始大有用武之地，不少人成為大學教授，有的還當了院長或副校長。幾十年來，他們辛勤耕耘，嘔心瀝血，為美國培養了一批又一批大學生、研究生，對美國教育事業的發展作出了獨特的貢獻。

三是提高了華僑、華人的社會地位。中國人大批出洋美國始於十九世紀中葉，那時美國正在進行開發西部運動，其中一項重要工程是修築鐵路，許多人應募而去。鐵路修完了，又趕上加里福尼亞州的掘金熱潮，接著參加了開礦工作，之後不少人便留了下來，奠定了美國華僑的基礎。這批「苦力」在美國長期受到歧視和迫害，其原因主要在於舊中國半殖民地的屈辱地位和美國的種族歧視政策，另外，同這批移民的素質也有很大關係。戰後滯留美國的學生和第一批移民相比大不一樣，他們都受過最高教育，是社會上的知

〔註5〕　唐德剛：《胡適雜憶》，臺北 1981 年版，第 160 頁。

識分子,其中榮獲博士頭銜的要佔半數以上,他們都成了高級研究員,技師或工程師,或大學教授,這在講究社會地位的國家來講,顯然和第一批移民開洗衣店或餐館的相差太遠了!美國人對這批新移民再也不敢歧視了〔註6〕。到八十年代末,在美國各州著名的大學中,有三分之一的數學系、物理系主任是華人;全美機械工程學會的 12 個分會中,有 6 個分會的主席由華人擔任;國際商業機械公司(全美國的電子計算企業)有 800 多名工程師,其中一半以上是華裔;美國電腦中心有 1000 多名中國血統的研究員;美國著名的太空研究中心也有 100 多位華裔研究專家〔註7〕。隨著華人的增加和文化水平的提高,參政問題日益為他們所關注,從六十年代初第一位華裔副州長的產生到1996 年第一位華人州長的競選成功,充分說明了這一問題。

四是促進了中美文化的交流。戰後滯留美國的青年學生經受過中美兩種文化的薰陶,在國內受過正規教育,對中國傳統文化有較深的理解,在美國又接受最高教育。他們思想敏捷,易於接受新事物新知識;他們懂中文及外語,不少人又從事教育工作,利用講壇這個陣地,把中國國語、文學、哲學、戲劇、文藝、歷史、地理等介紹給成千上萬的美國青年;他們著書立說,介紹和宣傳中國文化,使更多的人瞭解中國;同時又把美國文化利用他們便利的條件通過種種途徑傳播到中國;由於他們對中美兩國都熟悉瞭解,所以在兩國人民乃至政府之間的交往方面,還常常穿針引線,充當橋梁和紐帶。因此,他們對加強東西文化交流,增進中美人民的友誼方面發揮了異乎尋常的作用。

滯留其他國家的中國學子比美國少得多,作用也遠不如美國,但同樣產生了重要影響。

3、對中國的影響

這批留學生滯留海外,得益最大的是美國等滯留國,不過從長遠的辯證的觀點看,對中國來說也並非無利可得。由上所述,利用國外先進的儀器設備、科研條件,造就出一批聞名世界的傑出人才,他們的突出貢獻推動了科技的進步,這不僅對外國,而且對整個人類,當然也包括中國都具有重要意義;華僑華人地位的增強,也無疑提高了中華民族在世界上的聲譽,擴大了影響;中外之間交流的加強,自然對雙方都是有利的。特別值得一提的是,這批留居海外

〔註6〕 楊富森:《我在美國三十年》,三聯書店 1985 年版,第 328 頁。
〔註7〕 蔡北華:《海外華僑華人發展簡史》,上海社科院出版社 1992 年版,第 127~128 頁。

的知識人才，是中國四化建設的一支不可忽視的重要力量。雖然他們之中不少人已「落地生根」，加入了外國國籍，但他們認爲自己「仍是中國人，有中國人的血統，有中國人的愛國熱誠」。幾十年來，新中國的成就和國際地位的提高，給他們帶來了光榮與驕傲，也使他們「心中始終抱著遺憾，他們受環境的局限，沒有得到機會在偉大的解放運動之中發揮一分力量，做出一番貢獻，以致他們青年時代的壯志未能如願以償，每想到這裏，他們有時不免自咎自責。可是他們始終未能忘本，他們始終相信落葉歸根的古訓；一旦機會到來，他們願意盡一些力量，爲國爲民，盡忠報國。」〔註 8〕作爲龍的傳人、炎黃子孫，他們渴望祖國強盛，願在有生之年爲祖國的四化大業貢獻自己的餘熱。

　　自 1972 年尼克松訪華，中美僵局打開之後，特別是中共十一屆三全會實行改革開放政策以來，這些被困異國他邦多年的遊子紛紛回國探親訪友，觀光遊覽，講學交流，將西方的先進技術、文化介紹給國內。不少人被聘爲教授、研究員、顧問，甚至兩院院士，他們竭盡全力培養人才，提供科技信息、技術和咨詢，將自己的知識毫無保留地貢獻給祖國。

　　世界著名物理學家李政道，自 1971 年以來多次回國，受到黨和國家領導人的接見，爲培養祖國人才作了大量工作。如 1979 年第四次回國，爲北京科技大學研究生院講學，堅持每天講課 3 小時，連續 7 周講授 110 個學時，是他在美國通常情況下 3 年的總和。他還早在 1979 年就給美國 40 多所大學教授寫信上百封，爭取他們按照美國的條件和待遇招收中國研究生。八十年代中期，美國招收中國研究生的大學增加到 60 多所，最有名的十幾所大學的物理系，每校每年招收研究生的名額雖然只有 10 至 25 名，而中國研究生就佔了 4 至 5 名。李則差不多把三分一的時間用於培養中國留學生的工作。

　　匹兹堡大學教授楊富森，1972 年後的十幾年中四度回國，曾在京、津、魯、滬一些高校講學。1979 年他曾給我國有關單位上「萬言書」，建議利用在美國各大學教書的華人教授的休假之便，聘請他們回國講學或指導研究。《李宗仁回憶錄》的記錄整理者唐德剛博士也多次回國，筆者至今還清楚記得 1980 年他在山東大學歷史系講授《美國史》和《胡適研究》時的情形：平常空曠的聯合教室，屆時座無虛席，連通道也被擠得水泄不通。他那淵博的學識，新穎的觀點，生動的言詞，深入淺出的講解，不時引起一陣陣掌聲。大家普遍認爲聽他的課既增長了知識，又是一種藝術享受。還有不少當年滯留美國

〔註 8〕　楊富森：《我在美國三十年》，三聯書店 1985 年版，第 347 頁。

的學子，晚年返國投資辦學、建廠經商等，種種事例不勝枚舉。他們對祖國各方面帶來的積極作用，日益受到人們的重視。

4、兩院中的外籍華人

中國科學院外籍院士自 1994 年起評選，至 2011 年選聘 11 批共 79 人，其中美籍華人 35 人（美國共 51 人）；中國工程學院 1996 至 2011 年，選聘外籍院士 8 批共 64 人，其中美籍華人 15 人（美國共 24 人）。他們中有 30 年代留德的有陳省身，留美的吳健雄、林同炎，40 年代留加的林家翹。抗戰勝利後至建國前留美的主要有以下幾位：

李政道（1926～），物理學家。生於中國上海，原籍江蘇蘇州。1944～1946 年先後就讀於浙江大學、西南聯合大學。1946 年被吳大猷推薦為中國政府派出的庚款留學生留學美國。因無大學文憑經過周折，後被芝加哥大學物理系錄取，1950 年獲哲學博士學位。1956 年後任美國哥倫比亞大學教授，普林斯頓高等研究院教授，哥倫比亞大學費米講座教授、「全校講座教授」。歷任美國藝術和科學院院士、美國國家科學院院士、意大利林琴科學院外籍院士和臺灣「中央研究院」院士。作為重要的劃時代貢獻，發現了關於弱相互作用中宇稱不守恒定律，和楊振寧教授同獲 1957 年諾貝爾物理學獎。從 40 年代末到 70 年代初，在弱相互作用研究領域還做出了二分量中微子理論、弱相互作用的普適性、中間玻色子理論以及中性 K 介子衰變中的 CP 破壞等重要研究成果；在統計力學方面，和楊振寧、黃克孫合作對多體理論作出了開創性的貢獻。70～80 年代，創立了非拓撲性孤子理論及強子模型，提出了量子場論中的「李模型」、「KLN 定理」以及「反常核態」概念等。1994 年當選為中國科學院外籍院士。

馮元楨（1919～），力學和生物力學家。美國國籍。生於江蘇武進。1941 年畢業於中央大學航空工程系，1943 年獲該校碩士學位。1948 年獲美國加州理工學院博士學位。1959 年後任美國加州理工學院教授、美國聖疊戈加州大學教授。美國國家工程院院士、美國國家醫學研究院院士、美國國家科學院院士、臺灣「中央研究院」院士。曾獲國際微循環學會最高獎 Landis 獎、國際生物流變學會最高獎 Poiseuille 獎、美國機械工程師學會「百年大獎」、美國國家工程院「創始人獎」等。為表彰馮元楨對科學和科學教育的獻身精神，1986 年美國機械工程學會設置了「馮元楨青年研究工作者獎」。1966 年以前，

主要從事航空工程和連續介質力學方面的研究並取得卓著成果，其第一部專著已成為氣動——彈性力學領域的經典著作。1966 年以後致力於新興交叉領域——生物力學的開拓，是舉世公認的生物力學的開創者和奠基人。在這一領域內，馮元楨和他的實驗室取得了三個具有里程碑性質（突破性）的成就，即生物軟組織本構關係的研究，肺血流動力學規律的研究以及生物組織器官生長和應力關係的研究。1994 年當選為中國科學院外籍院士。

葛守仁（1928～），電子學家。美國國籍。生於北京。1945～1947 年就讀於上海交通大學。1949 年獲美國密執安大學學士學位，1950 年獲麻省理工學院碩士學位，1952 年獲斯坦福大學博士學位。曾在貝爾實驗室從事科學研究。1962 年後任美國伯克利加州大學教授，曾任該校工學院院長、美國國家工程院院士，臺灣「中央研究院」院士。是近代電子電路和系統理論的主要奠基人之一，所發表的兩本著作至今仍是世界許多大學的經典教材。他是微電子電路 CAD 的先驅，創導並帶領博士生完成了著稱於世的 SPICE 程序。提出的許多關於集成電路布圖、布線的算法為美國多家公司採用，開發的 SWEC 軟件是當時處理複雜電路及其互聯的最著名軟件之一。多次獲得電子學方面國際大獎。1998 年當選為中國科學院外籍院士。

李天和（1923～），電工科學家。生於上海。1946 年畢業於交通大學，1950 年獲美國紐約州斯克內克塔迪聯合學院電工碩士學位，1954 年獲倫斯勒工學院哲學博士學位。是美國麻省理工學院電機系教授，美國國家工程院院士。在科技研究、開發與管理方面均有卓越的成就。在電機工程方面：一是 1924 年物理學家密立根（諾貝爾獎獲得者）和紹森（著名電機工程師）有一個研製真空斷流器的設想，但許多國家經過二十多年的嘗試，均未獲成功。1955 年通用電氣公司重新提出這一課題，在歷經六年時間、花費 500 萬美元，因李天和研製出一種新的銅鉍合金而獲得成功並取得專利，全球許多公司都採用這項專利，這是科技轉化為生產力的一個很好範例；二是 1964 年以前，水銀弧整流器是高壓直流輸電系統中常用的設備。李天和建議美國通用電氣公司研製矽整流器，並在他的實驗室安裝第一個使用矽整流器的系統，該系統比使用水銀弧整流器的系統更可靠。隨後的研究中還在高壓直流輸電系統中使用光纖技術，這是光纖技術最初的應用。今天所有的高壓直流輸電系統中都使用矽整流器。在系統工程方面：在戰略規劃草創初期，他即為通用電氣公司的動力系統部研製了核動

力系統和燃汽輪機方面的規劃，獲得很大成功，成為戰略規劃中的卓越案例。當石油危機出現時，他擔任美國電機、電子工程協會動力工程學會的理事長。倡導工程技術專家應參與社會上關於能源危機的大討論，因而組織了20多個學會參加的能源委員會。他後來出版了《能源餘波（Energy After Math）》一書，並受聘為芬蘭政府能源顧問。在擔任國際應用系統分析研究所所長期間，他為國際間的科技交流作出貢獻。自七十年代後期，對中國電機工程和系統工程做了許多有益的工作。他在中國科學院研究生院講授「戰略規劃」課程，進而出版了《企業的戰略管理──概要與案例》一書。參與了中國工資改革課題的研究。自1992年以來，創建了北京國際全面質量管理中心，並每年來兩、三次親自開班授課。1994年國慶，獲得我國外國專家局授予的傑出貢獻獎。2000年6月當選為中國工程院外籍院士。

吳耀祖（1924～），流體力學家。美國加州理工學院教授。生於常州。1946年畢業於上海交通大學航空系。1948年獲美國愛荷華州立大學碩士學位，1952年獲美國加州理工學院博士學位。是美國工程院院士、臺灣「中研院」院士。長期從事流體力學的教學和研究。解決了有限翼展水翼的繞流問題，創建了含自由流線的空泡流理論，從而推動了水翼的應用。發展了低雷諾數流體力學的理論，對於 Oseen 流和 Stokes 流建立了系統的奇點解，開創了解決微生物浮遊問題的新方法。此外，在船舶水動力學和海岸水動力學方面也有頗多建樹。曾榮獲美國物理學會流體力學獎等多項科技獎勵並擔任著名期刊主編等。對促進中國科學技術的發展，有很高的熱情。多次訪問過我國的大學和研究所，作學術報告，進行學術交流，並擔任多所大學的榮譽教授等。曾應邀到中國科學院力學所和中國科技大學系統講學，促進了水動力學科研的發展。此外，還積極幫助我國學術機構建立國際學術交流、培養高級科研人才的渠道。2002年當選為中國科學院外籍院士。

二、留學生的回歸

戰後初期的中國留學生大部分滯留國外，而少數人則衝破層層阻力毅然回歸祖國懷抱。如果說留居海外赤子對中外各國的貢獻值得稱道，那麼，回國學子拋棄國外優厚條件投身於新中國建設的精神及其業績，更應該大書特書的。他們能夠得以回國，原因很多，各人情況也不盡一樣，大體來說有以下幾個方面：

1、回歸之動因

　　首先，具有高度的愛國主義精神。這批知識分子，生於帝國主義肆意欺侮中國之時，經歷過中華民族遭受的災難，渴望中國在推翻封建專制統治之後走上富強的道路，他們是抱著振興祖國，造福人民的目的，滿懷學習科技服務於國家的宗旨出國學習的，這樣，學成回國自然在情理之中。山東大學生物系教授秦西燦曾回憶道：「我由中學生成長爲大學教師的時代，正是中華民族災難深重的時代。『九・一八』事變，『七・七』事變相繼發生，日本帝國主義殘殺我同胞，掠奪我國土，激起我的無比憤怒和愛國主義激情，振興中華，是我的理想，報效祖國，是我的志向，用我的知識爲中華民族的昌盛服務，成爲我畢生教育生涯的目標。」〔註9〕進入西方社會之後，中國悠久的歷史和文化傳統以及貧窮落後的現狀，與西方社會文明和富強形成強烈的反差。由於出國目的明確，這種反差更成爲激勵這部分留學生爲改變祖國落後面貌而奮鬥的動力。他們得出一個結論：「美國雖然好，但畢竟是美國人的。美國有今天的富強，是美國人民努力拚搏，以血和汗水換來的。」〔註10〕作爲中國人，還是自己的國家富強起來才行，這就要靠中國人的奮鬥。在這種思想支配下，學有所成，回國從事建設，自然被視爲理所當然，義不容辭的。這樣，外國的富強，優厚的待遇，不僅不能成爲使他們留下的誘餌，反而更增強了他們迅速改變祖國落後面貌的強烈願望，堅定了其回國的信念。

　　第二，外國民族歧視的刺激。那時美國雖自詡民主，但民族歧視政策仍很嚴重，不僅印第安人和黑人被壓迫被虐待的事件司空見慣，而且中國人也被視爲劣等民族，留學生常受卑視和侮辱。不少人赴美乘船到達舊金山的第一個印象就是，美國移民局仍然不遺餘力地推行歧視華人政策。船靠岸後，其他乘客可以上岸，但中國人得在船倉裏排成長隊，等候移民局官員檢查證件，每審查一個要好幾分鐘，排在後面的就得站在那裏等候好幾個小時。進入美國後更難以避免地要遇到一些不愉快的事情，如有些高級的理髮店和旅館門外掛著不接待有色人種的牌子；乘車時有的美國人寧肯站著也不願挨中國人就坐；有的大學學生們開遊藝會等一類活動時，白人不只一次地拿中國過去落後的東西取笑。諸如扮演穿著破爛衣衫的中國人拉人力車，車上坐著

〔註9〕　秦西燦：《留美學習生活》，山東省政協文史委編：《留學生活》，山東人民出版社1992年版，第112頁。
〔註10〕　劉國傑：《爲求知兩次留美》，《留學生活》，第36頁。

白人昂首挺胸翹著二郎腿開口大笑；有的扮演中國纏足的老太太，走起路來東倒西歪，醜化我國婦女，白人觀眾神氣十足，捧腹大笑。留學生心中卻很不是滋味，但也無可奈何！他們認識到這都是貧窮落後的結果，中國「無國際地位，中國人被視爲劣等民族，我們留學生也抬不起頭來。只有埋頭讀書，以爭日後之短長！」〔註11〕國家富強了，中國人才能昂首挺胸，不被別人所欺侮。這樣，美國的民族歧視，更增強了他們的民族自尊心，不僅激發他們爲祖國刻苦攻讀，而且成爲促使他們學成回國，建設自己強盛之國家的動力。

第三，中國傳統文化的影響。重鄉情重人情是中國知識分子的一大情感特徵，孝悌意識和「父母在不遠遊」的傳統觀念加深了他們對故土的向心力。在國外過的時間越久，越思念故土，思念親人。外國有的是高樓大廈和繁華都市，有的是高級物質條件，但是物質上的享受抵消不了精神上的苦悶。所以許多留學生不羨慕汽車洋房，不喜歡燈紅酒綠，而愛的是祖國和親人，掛念著令人魂繞夢牽的祖國。祖國雖窮，但有許多令人留戀之處。山東大學數學系教授莫葉在《學成爲祖國，遊子愛故鄉》中寫道：「祖國的大好河山，如浩浩蕩蕩的長江，層巒疊嶂的崇山，淡裝濃抹均宜的西湖，均使我心往神馳。就是我度過童年的湖南龍山，杉青竹翠，小橋流水，竹籬茅舍，也使我戀戀不捨。祖國歷史悠久，有豐富的文化遺產，如韻味無窮百讀不厭的詩詞，情節曲折扣人心弦的小說。我在國內讀中國書說中國話，寫中國文章、詩詞，是多麼快樂！祖國還有我的親人，白髮老母正在倚門盼兒歸；我的妻子，在上海到重慶的途中，遭到日機轟炸，她以自己的身體掩護我⋯⋯難道我忍心與她長期分離嗎？祖國培育了我，從小學到大學⋯⋯我豈能辜負祖國培養之恩？我在交大執教多年，有親如手足的摯友，可以促膝談心，有聰敏勤奮的學生，可以得英才而育之，豈能留在美國爲人作嫁？」〔註12〕懷鄉戀家，知恩必報，拳拳之心，躍然紙上，反映了不少留學生當時的思想觀念，在這種思想支配下，學成回國就是很自然的了。

第四，親友的勸說和對共產黨的願望。不少留學生身在海外心繫祖國，時刻關心著祖國的未來，渴望建立一個繁榮富強的新中國，他們目睹了國民黨的種種腐敗，轉而把希望寄託在共產黨身上。全國政協委員王兆俊研究員回憶說：「我過去曾看過美國記者埃德加·斯諾關於訪問延安等抗日根據地的

〔註11〕張之光：《留美觀感》，《留學生活》，第162頁。
〔註12〕莫葉：《學成爲報國 遊子愛故鄉》，《留學生活》，第80〜81頁。

報導，也聽到抗戰期間投奔新四軍的幾位上醫同學的介紹，他們一致稱讚，中國共產黨一切爲人民，不謀私利，團結一切可以團結的人，爲的是建設一個繁榮富強、獨立自主的新中國。我深信共產黨掌握政權後，必將爲我們的國家帶來無限的光明與希望，使我們知識分子報國有門，學有所用，因此決定早日返回祖國，爲建設新中國貢獻自己的力量。」〔註13〕

親友們的勸說對堅定他們回國的信心也起到很大作用。留學生們不斷接到國內親友的信，向他們介紹國內的情況，鼓勵他們返回祖國。山東師大生物系教授秦西燦回憶說，「我經常收到妻子的來信，告訴我國內的形勢，她不斷鼓勵我努力學習，早日歸國爲國效勞……由於國內解放戰爭捷報頻傳，她受到很大鼓舞，她告訴我，當前國內形勢一派大好，共產黨領導的人民革命力量日益壯大，國民黨反動統治崩潰在即，我們渴望的獨立、民主的新中國即將誕生，切望我早日速歸，爭取爲祖國做貢獻！」〔註14〕曾兩次留美的中國科大學教授劉國傑談到回國前的情況時也說，「我的愛人來信都堅決地告訴我，學成之後應該返國，因爲新中國迫切需要建設人才。她一再描述祖國解放後欣欣向榮的情景，強調每個知識分子愛國的天職。在孩子們的信中也都談到一些上海解放後人民歡樂的場面，十分感人。」〔註15〕親友的信使一些人認清了形勢，加深了對共產黨的認識和信賴，他們歡迎新中國的成立，決心爲她的建設貢獻自己的才智，從而更堅定了回國的信念。

第五，先進分子的宣傳鼓動和率先垂範。新中國成立前後，留美學生和科技工作者當中的先進青年歡欣鼓舞，更爲活躍。他們積極建立組織，宣傳鼓動留學生回國。其中較爲出名的有「留美中國科學工作者協會」和「新中國研究會」等。「留美中國科學工作者協會」簡稱科協，始建於 1948 年，理事有華羅庚、張文裕、侯祥麟等 9 人，其成員是研究生以上的中國留學生和在美國講學的中國學者，大多數是學自然科學的，也有少數是學社會科學的。活動宗旨主要是爭取團結更多的留學生歸國。科協在舊金山、紐約、波士頓、芝加哥等大城市定期舉行一些學術和社會活動，探討學術問題，交流學習經驗，聯絡感情，互通國內外的消息。在舊金山的海灣地區，科協分會還出版一份不定期的刊物《通訊》。1950 年 6 月科協曾在芝加哥舉行過一次非正式的

〔註13〕王兆俊：《身在海外　心繫祖國》，《留學生活》，第 124 頁。
〔註14〕秦西燦：《留美學習生活》，《留學生活》，第 118 頁。
〔註15〕劉國傑：《爲求知兩次留美》，《留學生活》，第 36 頁。

全國性會議，本擬成立一全國性組織，後因形勢的變化而放棄。朝鮮戰爭爆發後，其成員大部分回國。

「新中國研究會」是 1949 年春在舊金山華埠從事報業工作的一些華僑、華人、留學生及在加利福尼亞大學學習的研究生自動組合而成。它一方面通過學習、研究和討論，更好地瞭解新中國的各項政策；另一方面，通過報紙和學生會在華僑、華人社會中傳遞信息。新中國研究會的會員人數不多，但還是有一定的群眾基礎，因爲它的成員既有和華僑、華人社會各界人士有廣泛聯繫的從事報業工作的人，也有加利福尼亞大學中國留美學生會的負責人和留美科學工作者協會舊金山分會的骨幹。他們定時定期舉行有關新中國問題的討論會，互相傳遞新中國的消息，提高對新中國的認識，動員留學生回國參加建設工作。事實上，所有當時參加新中國研究會的成員，絕大部分在五十年代初回國。

著名數學家華羅庚 1950 年初回國，他在歸國途中發表了《寫給留美同學的公開信》，進一步鼓動留美學生回國。他說：「爲了抉擇眞理，我們應當回去；爲了國家民族，我們應當回去；爲了爲人民服務，我們也應當回去；就是爲了個人出路，也應當早日回去，建立我們工作的基礎，爲我們偉大的祖國建設和發展而奮鬥！」指出，「『梁園雖好，非久居之鄉』，歸去來兮！」華羅庚等德高望重的著名學者的宣傳鼓動和率先垂範，對推動留美學生的回國自然起了重要作用。

第六，共產黨的爭取和歡迎。新中國成立後，亟需建設人才，對國外留學生採取「爭取、團結、教育、改造」的政策，鼓勵和歡迎他們回國。1949 年 12 月 6 日，政務院教育委員會成立辦理留學生回國事務委員會，統一辦理留學生回國事宜，一些重要口岸、城市建立了留學生接待站。留學生回國後，一般先到教育部報到，參加當時舉辦的學習班，然後按專業作適當分配。1952 年 4 月 18 日，教育部發出《接濟國外留學生回國旅費暫行辦法》，到 1952 年底，這個委員會共接待回國留學生及學者 2000 餘人，並安排他們到經濟建設部門、高等學校和科研部門工作，這其中大部分是由美國回來的。

2、曲折的過程

當時美國當局不准中國留學生回國，不少人是經過迂迴曲折，輾轉各地，爭取出境簽證的。全國政協委員薛廷耀在回憶建國前夕第一批回國留美學生、專家學者的情況時說，他們「先到紐約，未能獲准出境；再到中西部，

想盡了各種辦法辦理回國手續，仍不得其門；最後輾轉到了美國西部重鎮舊金山，以旅遊者身份，溜出美國，不告而走，途經當時的美國領地檀香山」，出走日本和香港，終於在 1949 年 9 月，回到天津市〔註16〕。回國之前，他們已和中共駐香港聯絡站宋日昌取得聯繫，宋當時的公開身份是香港大學講師。爲避免目標過大，減少被美國當局挾持扣留抓回的可能性，在當年 8 月份，分批搭乘兩艘輪船離開美國。兩船同時到達香港，有原青島山東大學中文系教授、著名作家老舍等 20 餘人。宋日昌到碼頭迎接，並爲每人弄到一張由香港到天津運送醫藥用品的貨船船票，發給每人 200 元港幣作爲路費。當時天津市長兼市委書記黃敬本想親到碼頭迎接，後因北京有重要會議改派市政府交際處處長到外海歡迎，然後送之北京。在京停留一個月，組織參觀學習，再分配到各有關單位。

山東農業大學植保系原主任張之榮也回憶說，1950 年 4、5 月間，直達中國的客輪已停航，「我即從各方面早託人買貨鋪位」，「約於 5 月中下旬從舊金山開船。船上共有回國留學生 11 人……在日本時我們就電告天津留學生接待站，船到天津時接待站的同志對我們非常熱情，此時便感覺到在美國遇到的冷漠，在祖國懷抱中的溫暖，不覺熱淚盈眶，初步認識到新中國對知識分子的態度……在天津住一兩天，在大街上觀光一番，我們即去北京，住高教部招待所，食宿由國家供應。在此住一個多月，學習《共同綱領》，高教部派人輔導，隨時講新中國的一些政策，以及當前內外形勢等，使我們對新中國有所認識，並初步解決一些思想問題。與此同時根據個人所學專業並徵求個人意見安排工作。」〔註17〕

劉國傑先生在《爲求知兩次留美》一文中也談到 1950 年回國時的激動心情和受到的歡迎：「我們一行 48 人，克服重重困難，直到 11 月 2 日才安抵羅湖，遠遠看到祖國深圳鎮山頂上飄揚著的五星紅旗，我們激動得熱淚盈眶，我們歡呼，我們跳躍。車過羅湖橋，踏上了祖國土地，心情更是萬分激動。廣東省、廣州市的領導同志以及各界群眾均來歡迎我們，在粵期間組織我們參觀、座談，並介紹祖國的最新建設」情況〔註18〕。

在中華人民共和國召喚的時刻，其他各國留學生歸國的熱情也十分高漲，有人見到「約 300 份中國留日同學會複製的《中國留學生調查表》，從表中填寫

〔註16〕薛廷耀：《追溯往事》，《留學生活》，第 175 頁。
〔註17〕張之光：《留美觀感》，《留學生活》，第 165～166 頁。
〔註18〕劉國傑：《爲求知兩次留美》，《留學生活》，第 36 頁。

的情況不難看出，絕大多數人都希望回國服務，而且心情十分急迫。」如賀德昌同學畢業於日本盛岡農林專門學校農藝化學科，他這樣寫道：「在這裏只能消磨時光，不如及早歸國，使學有所用。（歸國後）若可能時，想在農業試驗所當一個助手，同時想在 10 數年內使中國農民知道如何用化肥。」〔註19〕吉林大學教授初慶芝，1934 年冬，經考試篩選被公派到日本奈良女子大學留學。1943年 9 月，入國立廣島文理科大學學習世界史。1946 年 9 月畢業，先後在廣島、橫濱等地幾所學校任教。1950 年，她在當地一家報紙上看到中華人民共和國成立的消息，欣喜若狂，立刻申請回國，歷經周折，終於結束了在日本 13 年的留學、居留生活。

新中國成立後，滯留英國、法國的學子也拋棄舒適的生活和良好的工作條件，衝破種種阻撓，毅然回到祖國懷抱。

留學生回國後，根據個人的要求和國家的需要，多數分配到高等學校、科研單位及文化衛生、經濟建設等部門工作，享受每月 300 斤小米的包幹制待遇，直到 1956 年才改為薪金制。

幾十年來，雖有「左」傾錯誤的干擾，在反右派鬥爭和「文化大革命」中，某些同志受到不公正的衝擊，但他們不計報酬不計得失不計恩怨，兢兢業業，勤勤懇懇，悉心教學、科研和著述，把愛國之心化為報國之行動，在各自的崗位上，作出了非凡的成績。特別是中共十一屆三中全會以來，隨著改革開放和知識分子政策的落實，他們更煥發了青春，進一步受到國家的重視，不少人被選為人大代表、政協委員，許多人還參加了中國共產黨，成為共產主義者，政治地位日益提高。

3、院士風采

新中國科技教育事業的發展，工業建設，尖端技術的攻克，都有歸國留學生的辛勤勞動。當年風華正茂的莘莘學子，如今多數已屆耄耋之年，成為各學科的學術帶頭人和蜚聲中外的學者，繼續戰鬥在各個關鍵崗位上。新中國成立後，海歸學子彙聚起一股強大的科技力量，用科學的力量，捍衛、建設共和國的江山。1955 年中國科學院首屆學部委員的 172 人中有 158 人是歸國學者；榮獲「兩彈一星功勳獎章」的 23 人中有 21 人是歸國學者。1988 年科學普及出版社出版的《中國科苑英華錄》新中國之部一書，介紹了中國科

〔註19〕許瓏：《奔向光明的時刻──記建國前後留學生的回國潮》，載李長發，高廣溫主編：《中國留學生史萃》，中國友誼出版社 1992 年版，第 104 頁。

學院全部學部委員名錄。至 1980 年全部委員 473 人，除 5 人未提供材料外，共記錄了 468 名。筆者統計了一下，他們當中就其學歷而言，留學生 385 人，佔總人數的 82.2%，而其中 1945～1949 年期間留美學生 117 人，佔全部委員的 1／4。這充分顯示出留美歸國學生在中國當代科技文化教育中所佔據的位置，它既反映了歸國留學生的貢獻，也說明了國家對他們的重視。

　　數學物理學部有鄧稼先、程開甲、朱光亞、戴傳曾、吳文俊、王湘浩、關肇直、嚴志達、莊逢甘、湯定員、李蔭遠、吳式樞、應崇福、洪朝生、談鎬生、謝希德、謝家麟、廖山濤、魏榮爵等。特別值得一提是：鄧稼先（1924～1986），兩彈元勳，核物理學家。安徽懷寧人。1945 年畢業於西南聯合大學。1947 年通過了赴美研究生考試，於翌年秋進入美國印第安那州的普渡大學研究生院。由於他學習成績突出，不足兩年便讀滿學分，並通過博士論文答辯。此時他只有 26 歲，人稱「娃娃博士」。1950 年 8 月，獲得博士學位九天，便謝絕了恩師和同校好友的挽留，毅然決定回國。後為中國核工業部研究員。1958 年以來組織領導開展了爆轟物理、流體力學、狀態方程、中子輸運等基礎理論研究，對原子彈的物理過程進行了大量模擬計算和分析，從而邁開了中國獨立研究設計核武器的第一步。領導完成了中國第一顆原子彈的理論方案並參與指導核試驗前的爆轟模擬試驗。組織領導了氫彈設計原理、選定技術途徑的研究，組織領導並親自參與了 1967 年中國第一顆氫彈的研製與試驗工作。70 年代初以來，在組織領導與規劃中國新的核武器工作中作出了重要貢獻。1999 年獲「兩彈一星功勳獎章」。程開甲（1918～），核武器技術專家。江蘇省吳江市人。1941 年畢業於浙江大學物理系，1946 年赴英國愛丁堡大學留學、工作，1948 年獲博士學位後任英國皇家化學工業研究所研究員。1950 年回國，歷任浙江大學、南京大學副教授、教授，二機部核武器研究所副所長、核武器研究院副院長，國防科工委核試驗基地研究所副所長、所長、基地副司令員、科技委常任委員、顧問。現任中國人民解放軍總裝備部科技委顧問。程開甲被人們尊稱為「核司令」。他是當年受周恩來總理點將，隱姓埋名數十年，投入核武器試驗事業的科學家，是我國第一顆原子彈研製的開拓者之一，是我國核武器試驗事業的創始人之一。在國內第一個計算出原子彈爆炸的彈心溫度和壓力，其內爆機理研究解決了原子彈的關鍵問題，為原子彈爆炸威力、彈體結構設計提供了重要依據。他創建了核試驗研究所，成功地設計和主持了首次原子彈、氫彈、導彈核武器和增強型原子彈等不同方式

的幾十次核試驗，推動了核武器設計、改進和試驗技術協調發展。他是核試驗總體技術的設計者，及時提出了向地下核試驗方式轉變的建議並在較短的時間裏組織實現了大氣層試驗向平洞與豎井試驗的轉變。創立我國自己的系統核爆炸及其效應理論，為我軍的核武器應用奠定了基礎。開創了核爆炸的測試研究，對武器的研製及改進、效應及其防護研究起到重要作用。開創了抗核加固技術新領域並完成首次抗加試驗。1985 年獲國家科技進步獎特等獎。1999 年 9 月 18 日榮獲中共中央、國務院、中央軍委頒發的「兩彈一星功勳獎章」。朱光亞（1924～2011），核物理學家，中國科學院院士，中國工程院院士。湖北省武漢市人。1945 年畢業於西南聯合大學物理系。1946 年赴美國密執安大學從事實驗核物理研究工作，獲物理學博士學位後於 1950 年春回國。歷任北京大學教授，核武器研究所副所長、國防科委副主任，中國工程院首任院長、黨組書記，全國政協副主席，中共中央委員，中國人民解放軍總裝備部科技委主任，中國科學技術協會名譽主席。從事核反應堆的研究工作，領導設計、建成輕水零功率裝置並開展了堆物理試驗，跨出了我國自行設計、建造核反應堆的第一步。他是我國核武器研製的科學技術領導人，負責並領導我國原子彈、氫彈的研製工作。1962 年主持編寫的《原子彈裝置科研、設計、製造與試驗計劃綱要及必須解決的關鍵問題》，對爭取在兩年內實現第一次原子彈爆炸試驗的目標起了重要作用。參與組織領導我國歷次原子彈、氫彈的試驗，為「兩彈」技術突破及其武器化工作作出了重大貢獻。70 年代以來參與組織秦山核電站籌建和放射性同位素應用開發研究。80 年代後參與國家高技術研究發展計劃的制定與實施、國防科技發展戰略研究工作。1985 年獲國家科技進步獎特等獎。戴傳曾（1921～1990），核物理學家，中國科學院院士。浙江寧波人。1980 年當選為中國科學院學部委員。1942 年畢業於西南聯合大學。1946 年庚款留英。1951 年獲英國利物浦大學哲學博士學位後回國。主要從事實驗核物理、反應堆物理、反應堆工程和核電安全方面的分析研究並獲重要成就。50 年代到 70 年代，他研製創造了我國「五個第一」：即第一臺中子晶體譜議、第一臺中子衍射儀、第一座快中子零功率堆、第一批中子嬗變摻磷的單晶矽和第一座微堆，分別達到了當時國際先進水平。獲國家科技進步一等獎等。曾任中國原子能科學研究院名譽院長，國務院學位委員會委員，中國核學會常務理事，核能動力學會常務副理事長。吳文俊（1919～），中國社科院院士。生於上海。1940 年畢業於上海交大數學系，1946 年

經陳省身介紹到上海數學所做研究工作。1947 年公費留法，1949 年在斯特拉斯堡大學獲博士學位，又到法國國家科學院研究中心在嘉當指導下工作。1951 年回國，任北大數學系教授，1952 年 10 月到數學所任研究員，建立中國研究拓樸學的中心。1956 年與華羅庚、錢學森獲得第一屆自然科學最高獎——一等獎。曾任中國數學會理事長，當選爲第三世界科學院院士。他的研究工作涉及數學的諸多領域。在多年的研究中取得了豐碩成果。其主要成就表現在拓樸學和數學機械化兩個領域，爲拓樸學做了奠基性的工作。他的示性類和示嵌類研究被國際數學界稱爲「吳公式」、「吳示性類」、「吳示嵌類」，至今仍被國際同行廣泛引用，影響深遠，享譽世界。70 年代後期，在計算機技術大發展的背景下，繼承和發展了中國古代數學的傳統（即算法化思想），轉而研究幾何定理的機器證明，徹底改變了這個領域的面貌，是國際自動推理界先驅性的工作，被稱爲「吳方法」。吳的研究取得了一系列國際領先成果並已應用於國際上當前流行的符號計算軟件方面。在 50 多年的研究工作中，始終站在數學領域的前沿，做出了原創性研究成果。在國際上產生了重大影響。是 2000 年度國家最高科學技術獎獲獎者。王湘浩（1915～1993），代數學、計算機科學家。河北安平人。1937 年畢業於北京大學。1937 年畢業於北京大學，1946 年留學美國。1949 年獲美國普林斯頓大學哲學博士學位。歸國後任北京大學教授，吉林大學教授、副校長。主要從事代數數論和賦值論、人工智慧學等方面的研究並取得多項重要成果。40 年代糾正了格倫瓦爾定理的錯誤，對該定理作了推廣並給出該定理成立的充要條件，重新證明了狄克遜猜想。證明代數數域上單純代數換位子群與其麼模子群相等。提出並解決了利用「保 n 項關係」的方法解決多值邏輯中函數集的完備性問題。在定理機器證明和計算機代數方面，推廣了歸結原理，並推廣而且改進了 Vincent 定理。關肇直（1919～1982），數學家，中國科學院院士。原籍廣東南海，生於天津。1941 年畢業於燕京大學數學系。1947～1949 年在法國巴黎大學彭加勒研究所研究數學。歷任中國科學院編譯局編審，數學研究所研究員，中國科學院系統科學研究所所長及北京大學等五校教授，《系統科學與數學》主編等職。是中國現代控制理論研究的開拓者，創設了中國第一個泛函分析專門化和現代控制理論專門化，在泛函分析、現代控制理論及應用、中子遷移理論等領域取得了出色的研究成果。首先將最速下降法推廣到無窮維空間。用十分簡潔的方法證明了「激光理論中積分非零本徵值的存在性」問題。從嶄新的角度給予了當時

國際上研究中子遷移理論中本徵函數問題的 Case 方法嚴格的理論。對彈性振動結構阻尼作了研究，從而開創了分佈參數系統的一個新領域。嚴志達（1917～1999），中國科學院院士。生於江蘇南通。1936 年南通中學畢業後考取清華大學物理系公費生。1941 年西南聯大畢業後在雲南大學任教。1946 年考取公費留法生，1947 年到法國的斯特技斯堡大學攻讀博士學位。1949 年獲法國國家博士學位，1948 年至 1952 年在法國科學研究中心任助理研究員。1952 年回國，在南開大學任教。他年輕時，在西南聯大時受教於陳省身、華羅庚與蔣頓民等數學大師，就表現出了卓越的數學才能，與陳省身教授合作發表的積分幾何運動基本公式是積分幾何中的最重要結果之一，被國內外的各種數學百科全書收錄，稱爲「陳—嚴公式」。在法國期間對曲面叢的微分幾何、二次外微分型以及特殊單李群的研究都取得了國際領先的成果。特殊單李群的貝蒂數是一個困擾許多這方面工作領袖的難題。他用獨特的表示論方法解決了。他的工作是李群的拓撲工作的里程碑。回國後到「文革」前，主要從事對稱空間、實半單李群李代數的研究。得到了實半單李代數對合自同構的「嚴志達標準形」以及實半單李代數分類的「嚴志達圖」等一系列領先於西方 6、7 年的重大成果。他的這些成果有多方面的應用，對微分幾何中的對稱空間、齊性空間，李群李代數的結構、表示等都產生了越來越大的影響。「文革」期間，他從事齒輪齧合理論的研究，建立了該理論的數學基礎，不僅使我國在此方向的理論研究處於世界領先水平，而且爲我國機械工作做出了巨大的貢獻。此項研究獲得 1978 年全國科學大會重大成果獎。他不僅在他所研究的每個領域中得到了重要的結果，而且創建了獨具匠心的方法，這些方法有很大的普遍性，廣泛的適用性，因而他的研究成就能夠產生廣泛的，長期的影響。

化學部有唐敖慶、嚴東生、閔恩澤、徐採棟、蕭倫、何炳林、陸婉珍、陳榮悌、陳茹玉、陳鑑遠、周同惠、徐僖、徐光憲、殷之文、高小霞、黃量、黃維垣、黃葆同、梁曉天、蔣麗金、蔣錫夔、蔡啓瑞等。尤其突出的是：唐敖慶（1915～2008），中國理論化學的奠基人，中國量子化學之父。江蘇宜興人。1940 年畢業於西南聯合大學化學系。1946 年經曾昭掄的推薦，進入哥倫比亞大學研究生院化學系，在 R·哈爾福德教授指導下攻讀博士學位。由於他學習非常刻苦，過度緊張的學習使視力急劇減退，近視已過千度。爲此，他開始鍛鍊以耳朵聽、腦子記的本領來彌補視力的缺陷，練就了至今尚且驚人

的記憶本領。第一學年結束時，他因成績名列前茅，獲該校象徵能打開科學
寶庫的金鑰匙獎。1949 年獲美國哥倫比亞大學博士學位，1950 年回國。曾任
國家自然科學基金委員會名譽主任，吉林大學教授、名譽校長。50 年代起進
行有關分子內旋轉的阻礙勢函數及高分子反應動力學的統計理論研究。60 年
代後系統地開展配位場理論的研究，得到了從連續群到點群的群分解鏈；擴
大了維格納─卡特定理的應用範圍，建立了一種計算旋軌耦合作用的新方
案。70 年代，配合化學模擬生物固氮作用的研究，開展了分子氮絡合作用的
化學鍵理論研究。在分子軌道圖形理論的研究中，利用分子圖的拓撲性質得
到了共軛分子的本徵多項式和分子軌道的一般表達式。80 年代主要進行分子
固化理論與標度研究和原子簇化學的研究工作。多次組織全國性專題研討班
並親自任課，培養了一批國內著名學者和學術帶頭人。嚴東生（1918～），無
機化學家、材料科學家。兩院院士。出生於上海。1939 年畢業於燕京大學化
學系。1946 年赴美深造，在伊利諾大學主修陶瓷工程專業，於 1949 年春獲博
士學位，在伊利諾大學進行了一年的博士後研究，次年回國。先後當選為美
國紐約科學院院士、第三世界科學院院士（1993）、國際陶瓷科學院院士，亞
洲各國科學院聯合會主席，並獲美國陶瓷學會「傑出終身會員」稱號。曾任
中國科學院副院長。針對包頭含氟鐵礦深入研究氟化物對耐火材料的侵蝕機
理，提出了選材建議。結合航空航天及其他新興技術的需要，進行了各類耐
高溫、抗氧化、新型塗層以及抗燒蝕復合材料的研究，在多方面獲得應用。
對高溫氧化物、氮化物體系進行了相平衡和結晶化學規律的基礎研究。近年
來研究材料設計，納米材料和介孔分子篩材料，發展氮化物材料，提高斷裂
韌性，在理論與應用上取得優異結果。閔恩澤（1924～），石油化工催化劑專
家。兩院院士。四川成都人。1946 年中央大學化工系畢業。1951 年獲美國俄
亥俄州立大學博士學位。1993 年當選第三世界科學院院士。1994 年當選中國
工程院院士。中國石油化工股份有限公司石油化工科學研究院學術委員會主
任、高級工程師。60 年代開發了製造磷酸矽藻土疊合催化劑的混捏─浸漬新
流程；通過中型試驗提出了鉑重整催化劑的設計基礎；研製成功航空汽油生
產急需的小球矽鋁催化劑；又為重油加工，開發了微球矽鋁裂化催化劑；以
上催化劑都已投入生產。70～80 年代領導了鉬鎳磷加氫催化劑、一氧化碳助
燃劑、半合成沸石裂化催化劑等的研製和開發，也均投入生產和應用。1980
年以後，他指導開展新催化材料和新化學反應工程的導向性基礎研究，其中

新催化材料有：層柱粘土、非晶態合金、負載雜多酸、納米分子篩等；新化學反應工程有：磁穩定床、懸浮催化蒸餾。在這些研究的基礎上，已開發成功己內醯胺磁穩定床加氫、烯烴與苯烷基化的懸浮催化蒸餾等新工藝。近年來，他進入綠色化學的研究領域，曾任國家自然科學基金委員會「九五」重大基礎研究項目「環境友好石油化工催化化學和反應工程」的主持人。近年他還擴展至開發化纖單體己內醯胺的製造技術，正開發新的工藝，已取得長足進展。徐採棟（1919～），中國科學院院士。江西奉新人。1943年畢業於交通大學唐山工學院。1946年公費留法，1949年獲法國格羅布電化電冶高等工業學院博士學位。曾任貴州工學院教授、副院長，貴州省工業廳總工程師，貴州省科學院院長，貴州省副省長，貴州大學校長，全國政協常委。50年代主持高爐煉汞試驗成功，從而大幅度提高了煉汞的產量和回收率；主持電解法制高錳酸鉀的試驗，在國內首次試製成功；主持豎爐製鈣鎂磷肥試驗成功，從1958年起各地陸續建廠生產。多年從事有色冶金物理化學的研究，在濕法冶金酸性浸出液除鐵理論方面，有較精闢的見解。在有色金屬硫化礦焙燒產物的穩定區間問題上，提出了新的熱力學處理方法。從事攀枝花釩鈦磁鐵礦冶金過程理論研究，在碳氮化鈦形成及其對冶煉的影響方面，提出了一些有價值的獨到見解，把化工冶金理論研究推向一個新的高度。著有《汞冶金的理論基礎》、《鋅冶金的物理化學》等。

　　生物學部有吳階平、馬世駿、鄒承魯、王世貞、王德寶、莊巧生、汪坤仁、吳中倫、鄭國錩、鈕經義、徐冠仁、唐仲璋、梁植權、蒲蟄龍、裘維蕃、鮑文奎、薛社普等。著名者是：吳階平（1917～2011），醫學家。兩院院士。江蘇常州人。1937年畢業於北平燕京大學，獲理學士學位。1942年畢業於北平協和醫學院，獲醫學博士學位。1947～1948年在美國芝加哥大學進修。曾任中國醫學科學院名譽院長，中國協和醫科大學名譽校長，北京醫科大學泌尿外科研究所名譽所長、教授，人大常委會副委員長。他是我國泌尿外科的奠基人和開拓者，為發展我國泌尿外科學和技術幹部的培養做出了重要的貢獻。對腎結核對側腎積水的病理和診斷的創見，挽救了過去被認為是絕症的病人；對輸精管結紮術的改進，便利了計劃生育工作的推行；確定了腎上腺髓質增生為獨立疾病，得到了國際醫學界的承認；對腎切除後留存腎的代償性生長進行了系統性研究，既屬於基礎醫學課題又直接為臨床實踐服務；開拓了性教育禁區等等。馬世駿（1915～1991），著名昆蟲生態學家。山東兗州

人。1937 年畢業於北平大學農學院生物系。1948 年赴美國猶他州州立大學攻讀昆蟲生態學，1949 年獲科學碩士學位，1951 年獲明尼蘇達州哲學博士學位。回國後，創建了國內第一個昆蟲生態學實驗室。歷任中科院昆蟲研究所研究員，西北高原生物研究所所長兼北京大學等四校教授，中科院生態環境研究中心主任、環境科學委員會主任，國際昆蟲學會常務理事，歐洲生態科學院通訊院士，英國皇家昆蟲學會會員，中國環境科學學會副理事長，中國生態學會理事長等職。對東亞飛蝗生理生態學、粘蟲越冬遷飛規律、害蟲種群動態及綜合防治理論作了深入研究，推進了生態環境保護工作，取得良好的經濟與生態效益。早在 20 世紀 70 年代就提出了可持續發展的論點，曾與挪威首相 Brundtland 夫人等共同起草了著名的 Brundtland 宣言：「我們共同的未來」。著有《中國昆蟲生態地理概述》等，發表《談農業害蟲綜合防治》等論文百餘篇。鄒承魯（1923～2006），分子生物學家，中科院院士。江蘇無錫人。1945 年西南聯大化學系畢業，1946 年赴英，1951 年獲劍橋大學生物化學博士學位後回國。中國人工合成牛胰島素主要貢獻者，他在研究中所提供的方法已被國際上廣泛採用。妻子李林是著名地質學家李四光之女，也是一位成就卓著的院士。這是一個「一家有三個院士」的令人尊敬的家庭。1981 年第一次在科學界鮮明地提出「科研道德」問題，因堅持抨擊學術腐敗、呼籲科學道德被喻爲「科技界眞理鬥士」。

　　地學部有葉連俊、謝義炳、董申保、王仁、毛漢禮、文聖常、業治靜、葉篤正、池際尙、吳汝康、張炳熹、周立三、周廷儒、周明鎭、涂光熾等。顯著者是：葉連俊（1913～2007），地質學、沉積礦床學家。山東日照人。1937 年畢業於北京大學。1945～1947 年在美國聯邦地質調查所進修，並參加了與美國墾務局合作進行的長江三峽水壩的地質研究。中國科學院地質研究所研究員。幾十年來主要從事沉積礦床的形成及展布規律方面的理論研究。創建並主持了國內第一個沉積學研究室。提出了「陸源汲取成礦論」、「沉積礦床成礦時代的地史意義」、「沉積礦床物理富集成礦說」、「多因素多階段成礦說」和「生物成礦說」等一些創新性見解。50 年代早期與侯德封一道，正確地判斷了地表高價氧化錳與深部碳酸錳之間的關係，從而找到了豐富的碳酸錳礦床，爲黑色冶金工業的發展做出了貢獻。50 年代中期開展《中國磷塊岩研究》，系統深入地論證了沉積成礦的「事件性」及多因素多階段成礦過程，揭示了礦床隨沉積相域分帶而展布的規律。90 年代投入「生物成礦」這一邊緣交叉

型重點課題的系統研究，主要在生物成礦作用的類型和過程，成礦環境和地質背景及礦床的時空定位、成礦預測和生物成礦標誌等方面提出了創新性見解。「生物成礦」見解現已成爲當前國內外礦床學界研究的一項熱門課題。謝義炳（1917～1995），氣象學家。湖南新田人。1940 畢業於清華大學。1943年獲浙江大學碩士學位。1945 年赴美留學，1949 年獲芝加哥大學博士學位，留校進行博士後研究工作，次年回國。北京大學教授。50 年代初期首先發現東亞上空多層鋒區、急流分支和副熱帶高空急流。60 年代初期首先發現西太平洋大多數颱風發生在赤道輻合帶上並有中期過程，提出「颱風群」的概念和切變不穩定理論。70 年代末提出中低緯度天氣系統的概念模式，以及濕斜壓大氣的概念和系統理論。80 年代以來，從事大氣環流基礎理論的研究，提出了空間不穩定性概念，鑒定了傳統的斜壓行星波不穩定性理論和判據。晚年從事大氣大型渦旋與基本氣流的關係的研究，提出指數循環的動力學理論。科研成果對中國天氣分析和預報實踐起了指導作用，豐富和發展了大氣環流基礎理論，對氣象科學作出了重要貢獻。董申保（1917～2010），1980 年中國科學院學部委員。祖籍江蘇常州，生於北京。1940 年畢業於北京大學理學院地質學系，1944 年取得碩士學位後留校任研究助教。1946 年考取公費留法生（法政府交換生），於 1948 赴法國巴黎大學，後轉入克萊蒙非朗大學攻讀博士學位。在 J. Jung 和 M.Roques 教授指導下，研究法國中部高原的變質岩系。1951 年回國，任北京大學地質學系副教授、北京大學教授。從事變質岩及花崗岩研究。50 年代領導長春地質學院變質岩研究小組在華北及東北進行變質作用研究，提出「變質岩石組合」、「混合岩礦床」等假說。80 年代爲編製中國變質地質圖（1：400 萬）的主編者之一，獲國家自然科學二等獎。1980年從事藍片岩帶研究提出的揚子北緣元石化的陸內板塊俯衝爲國際所關注。

　　技術科學部有吳良鏞、陳芳允、師昌緒、錢寧、林蘭英、丁舜年、王守武、王希季、王補宣、盧肇鈞、蕭紀美、汪聞韶、張興鈐、陳能寬、林爲幹、林炳南、黃宏嘉、曹建猷等。較著名者是：吳良鏞（1922～），建築學家。江蘇南京人。1944 年畢業於重慶中央大學建築系，獲工學士學位。1948～1950年在美國匡溪藝術學院建築與城市設計系學習，並獲碩士學位。1950 年回國後在清華大學建築系任教至今。1995 年當選中國工程院院士。在建築教育領域作出了傑出貢獻，多次獲得國內外嘉獎，1996 年被授予國際建協教育／評論獎。此外他主持參與多項重大工程項目，如北京圖書館新館設計、天安門

廣場擴建規劃設計、廣西桂林中心區規劃、中央美術學院校園規劃設計、孔子研究院規劃設計等。其中他主持的北京市菊兒胡同危舊房改建試點工程獲1992 年度的亞洲建築師協會金質獎和世界人居獎。先後出版了《中國古代城市史綱》著作，並參與中國建築學會、中國城市科學研究會等多個全國性學術組織的創建工作，獲 2011 年度國家最高科技獎。陳芳允（1916～2000），無線電電子學、空間系統工程專家。中國科學院院士，國際宇航科學院院士。浙江省台州市人。1938 年畢業於清華大學物理系，1945 年在英國 COSSOR 無線電廠研究室工作，解放前夕回國。先後在中國科學院上海分院、中國科學院物理所工作。中國衛星測量、控制技術的奠基人之一。1957 年，原蘇聯發射第一顆人造衛星時，他即對衛星進行了無線電多卜勒頻率測量，並和天文臺的同志一起，計算出了衛星的軌道參數，該方法成為以後我國發射人造衛星所採用的跟蹤測軌的主要技術之一。1963 年研製出國際領先的納秒脈衝採樣示波器。1965 年擔任衛星測量、控制的總體技術負責人，為我國第一顆人造衛星的準確測量、預報作出了重要貢獻。他還參加了我國回收型遙感衛星的測控系統方案的設計和制定工作，為我國十幾顆遙感衛星成功回收作出了重大貢獻。他相繼提出了微波統一測控系統、「雙星定位系統」、遙感小衛星群對地觀測系統和小衛星移動衛星通信系統等方案。他直接參與指導研製成功的微波統一測控系統，在我國同步通信衛星發射和運行中發揮了很高的效用。「兩彈一星」功勳獎章獲得者。1985 年獲國家科技進步獎特等獎。師昌緒（1920～），金屬學及材料科學家。兩院院士。河北徐水人。1945 年畢業於國立西北工學院。1948 年獲美國密蘇里礦冶學院碩士學位，1952 年獲歐特丹大學博士學位。1995 年當選為第三世界科學院院士。中國科學院金屬研究所名譽所長、研究員、國家自然科學基金委員會特邀顧問。曾任中國工程院副院長。中國高溫合金開拓者之一，發展了中國第一個鐵基高溫合金，領導開發我國第一代空心氣冷鑄造鎳基高溫合金渦輪葉片，可用作耐熱、低溫材料和無磁鐵錳鋁系奧氏體鋼等，具有開創性。多次參加或主持制訂我國有關冶金材料、材料科學、新材料全國科技發展規劃；主持國家重點實驗室、國家工程研究中心及國家重大科學工程的立項和評估工作。錢寧（1922～1986），泥沙運動及河床演變專家。浙江杭州人。1943 年畢業於中央大學。1947 年留學美國，1948 年獲美國衣阿華大學碩士學位，1951 年獲加利福尼亞大學博士學位。清華大學水利系教授。長期從事泥沙問題及其治理的研究。倡導了高含

沙水流運動機理研究，爲我國河流動力學與地貌學相結合研究河床演變做出重要貢獻。主持研究的「集中治理黃河中遊粗泥沙來源區」成果，是治黃認識上的一個重大突破。先後著有具有很高理論及實用價值的《泥沙運動力學》、《河床演變學》兩書。主編了《高含沙水流運動》。

4、社會科學家

建國前後歸國的留學生除大部分是自然科學工作者外，也有少部分日後成爲著名社會科學家。如被國際藝壇認定的 20 世紀現代中國畫的代表畫家吳冠中、著名翻譯家許淵沖、法學家端木正等。吳冠中（1919～2010），生於江蘇宜興，起初他學工科，因一次機緣參觀了當時由畫家林風眠主持的杭州藝專，便立即被五彩繽紛的藝術美迷住了，下決心改行從藝，奉獻終生。中學畢業後他考入了杭州藝專。大學畢業後，於 1946 年考取留法公費，1947 年入巴黎國立高等美術學院研習油畫，受教於蘇弗爾皮教授。1950 年毅然回國，先後於中央美術學院、北京藝術學院、清華大學美術學院任教授。曾任全國政協常委。吳冠中是學貫中西的藝術大師，也是中國當代碩果僅存的藝術大師和文學巨匠。他在油畫、水墨、彩墨、速寫及藝術理論和文學創作等方面均造詣卓著，享譽海外，先後在英、法、美、日及東南亞、香港、臺灣等地舉辦畫展數十次。1992 年大英博物館打破慣例，首次爲在世畫家吳冠中舉辦大型個人畫展。1990 年獲法國文化部最高文藝勳章。1999 年文化部在中國美術館舉辦吳冠中藝術展。2004 年吳冠中先生的水墨畫作爲中法文化年的重頭戲首先在法國上演，然後將作歷時四年的世界大巡展。許淵沖（1921～），江西南昌人。1943 年畢業於清華大學外文系，1944 年入清華大學外國文學研究所學習，1948 年赴法留學。回國後在北京、張家口、洛陽等地外國語學院任英文、法文教授，1983 年起任北京大學、清華大學教授。是本世紀將中國古典詩詞譯成英、法韻文的唯一專家，在國內外出版了中、英、法文的文學作品五十餘部。中文專著《文學翻譯六十年》，提出了中國學派的文學翻譯理論，英文專著《中詩英韻探勝》，列入北京大學名家名著文叢，並用作清華大學教材。《中國不朽詩三百首》將中國古典文學名著《詩經》、《楚辭》、《漢魏六朝詩》、《唐詩三百首》、《宋詞三百首》、《李白詩選》、《蘇東坡詩詞選》、《西廂記》、《元明清詩》、《新編千家詩》十餘種譯成英美韻文。爲中國文化登上世界文壇寶座開闢了道路。法學家端木正（1920～2006），安徽安慶人，生於北京。回族。1942 年畢業於武漢大學政治系，1947 年獲清華大學法學碩士學位，

同年考取赴法國留學公費生。1950年獲巴黎大學法學博士學位。1951年獲巴黎大學高級國際法研究所畢業文憑，同年回國。歷任嶺南大學歷史政治系副教授兼代理系主任，中山大學法律系教授兼系主任，法學研究所所長，廣東省人大常委會副主任。1990年被全國人大常委會任命爲最高人民法院副院長。1993年起任中國向國際法院指派的仲裁員，1994年任中國法官協會副會長。專於國際法、現代國際關係史和法國近現代史，通曉法、英、俄三國語言。曾主持國家社會科學「六五」規劃重點項目——廣東經濟特區涉外經濟法研究。著有《世界簡史》。譯有〔法〕索布爾《法國革命》等。

　　從1949年起，一批批留學生陸續踏上了歸國的艱難路程，「但同時從印尼、馬來西亞、香港、臺灣等地又有一部分中國學生到英、法、美、日等國去學習。」〔註20〕這就是說，雖然一些留學生陸續歸國，但同時，香港、臺灣地區以及海外的中國人，又有人接連踏上留學英、法、美、日的道路，只不過人數極少，大批的大陸青年則湧向蘇聯和東歐，中國留學教育進入一個新的時期。

〔註20〕許瓏：《奔向光明的時刻——記建國前後留學生的回國潮》，載李長發，高廣溫主編：《中國留學生史萃》，中國友誼出版社1992年版，第106頁。

結 束 語

　　留學教育是一種跨國界的特殊教育形式，具有鮮明的社會性。它與一定歷史時期的政治、經濟、文化、科技因素相聯繫。雖然受個人的影響，但個人是無法決定和操縱這一社會現象的，是受社會力量的驅使和推動而發展的。回顧南京政府時期留學教育的歷史，我們可以看到，大致有以下特點：

　　（1）面向世界相對集中。較之清末民初和新中國成立初期，中國留學教育呈開放性，面向世界，分佈 20 多國，相對集中在少數幾國。人數最多者爲日本、美國。留日生國統區派出約 1.5 萬，淪陷區約 0.8 萬，再加上臺灣，共計 3 萬幾千人之多；美國約 1 萬人左右。由於調查方式不同說法不一。據梅貽琦、程其保的《百年來中國留美學生調查錄》[註1]，1927～1949 年，入美國大學、學院人數爲 8718 人，如加上未入大學、學院的預備生、特別生等，定會更多些，估計不會低於 1 萬人；而據教育部高等教育司發出出國留學證統計，1929～1946 年爲 3257 人[註2]，但有些未列其中，如 1944 年依據美國租借法案選派赴美實習的 1200 人；1946 年 7 月公費留學生考試中合於自費標準的 718 人，准其留學；同年自費留學生考試錄取 1216 人；1947 年譯員考試錄取 97 人；青年軍官考試錄取 25 人。還有，1927 年、1928 年各 300 多人；1947、1948、1949 每年皆過 1000 人，這樣，總計也在 1 萬人以上。其次爲英、法、德約八、九百人，蘇聯數百人，比利時近 200 人。再次爲加拿大、瑞士、奧地利、埃及、印度、意大利，各約 30～60 人；菲律賓、丹麥、瑞典各 10

〔註 1〕 見周棉主編：《中國留學生大辭典》，南京大學出版社 1999 年版，第 591 頁。
〔註 2〕 中國第二歷史檔案館編：《中華民國史檔案資料彙編》第五輯第二編教育
　　　　（一），江蘇古籍出版社 1997 年版，第 890～891 頁。

幾人。另外，荷蘭、澳大利亞、越南、印尼、朝鮮、波蘭、土耳其則皆不足10人，有的僅一、二人。累計約4.6萬人，其中國統區約2.8萬人。形成以國統區留學教育為主體、美日為主流，英、法、德為骨幹的留學教育格局。這與清末民初只向日本和歐美少數幾國和建國初只向社會主義國家派遣留學生的情況不同。

（2）國統區留學教育專業以理工科為主，其最大最根本的作用是培養了一批出類拔萃的科技人才。留學生是現代中國科技事業的開拓者和促進者，新中國成立以來的留學生對中國發展的作用多反映在科技領域；留學歸國人員的作用多體現在自然科學、社會科學的研究上或促進中國生產力現代化的高科技產業發展上，以及引進和傳播先進的管理理念方面，在上層建築和意識形態領域所體現的作用雖然潛移默化，但仍然極為有限，有影響的軍事政治人才遠不如清末民初之多。

（3）留日學子在數量上遠遠超過歐美留學生，但當選院士的比例很低。其主要原因一是歐美生資格起點高，尤其是公派生經過嚴格考試選拔，庚款生更是寧缺勿濫，在國外攻讀的是碩士、博士學位；而留日生尤其是眾多的自費生，資格低，在國外多受的是普通教育，入大學者就很少，更不要說研究生了。二是留日生大多完成大學學業後便返國工作，很少留在國外繼續深造獲得較高學位。而留學美歐者，不但在取得學士學位後留在留學國繼續深造，取得了碩士或博士的較高學位，而且不少人在取得較高學位後，仍然留在留學國，在導師的指導下，進行過相當一段時間的比較深入的研究工作，大多從中領悟到了研究的性質和途徑。同時，不管是社會科學還是自然科學，許多學科的前沿那時已經集中在歐美。再加上當時的美國等，已經建立起了有利於科學發展的現代學術制度。在美歐留學並作過科研工作而歸來的學者，大多是現代學術制度培養出來的佼佼者，掌握著當時最先進的科技。這些都是留學美歐者佔據院士高比例的重要因素。

（4）出現留學生滯留問題。清末民初中國外出學子學成即歸，很少有滯留者，但南京政府時期卻出現這一現象。一是抗日戰爭、第二次世界大戰的爆發，使交通中斷，致使一些學子難以回國，歐美生中除少部分回歸外，大部分畢業後留在國外長期工作，到戰後回國時已是卓有成就的科學家和熟習現代產業技術的工程師。二是新中國成立前後，西方某些國家對華的敵視政策，中西關係的斷絕，加之意識形態的分歧，對新政權的觀望和懷疑等致使

大部分學子滯留國外。後雖陸續有少數回國，但仍有不少海外紮根。這與清末民初學成即歸和五六十年代留學蘇聯、東歐學生幾乎全部返回都不一樣。

（5）留學教育波動大。這一時期大部時間處於戰亂之中，先是新軍閥混戰、國共戰爭，隨之日本入侵，經過長期抗戰，剛剛取得勝利，又爆發了全面內戰。短短的22年，硝煙彌漫，烽火連天，造成形勢混亂、財政枯竭、交通阻塞，嚴重影響了留學教育的正常發展，使其出現了較大的起伏和搖擺。否則，留學教育的規模和成就必定會更大。

以史為鑒，南京政府時期留學教育的經驗教訓，對我們做好留學教育工作提供了有益的啟迪：

（1）完善留學制度，堅持留學教育。南京政府時期的中國留學教育儘管存在不少問題，但它造就出一批卓著人才，無論是留居海外還是回國者中都湧現出許多聞名中外的專家、學者，或成為新中國建設的骨幹，或對國外科技文教的發展產生重要影響。從而有力地證明派遣留學生出國學習，是開展中外文化交流，引進國外先進科學技術、經濟管理經驗及其他有益的文化，特別是加強高級專門人才培養的有效途經，必須長期堅定不移地堅持下去，不能因為存有某些陰暗和消極的東西而因噎廢食，也不能因為某些人滯留不歸而發生動搖。

新中國成立後，我國從1950至1966年止，先後向蘇聯東歐其他社會主義國家派遣了萬餘名留學生。隨著這些留學生陸續學成歸來，高級人才緊缺的矛盾逐得到緩解。「文革」期間，由於眾所周知的原因，留學教育被停止。1972年起，又有少數人員出國留學，粉碎「四人幫」後方全面恢復了這項工作。1979年後隨著改革開放政策的實施，出現了留學史上最大的一次留學熱，而且迄今久盛不衰。2010年9月10日國務院新聞辦公室發表的《中國人力資源狀況》白皮書指出，1978年至2009年底，中國各類出國留學人員總數達160.07萬，其中留學回國人數達49.74萬人。到2011年底，中國各類出國留學人員總數達224.51萬人。

目前我國留學工作的總方針是實事求是的，1992年國務院辦公廳根據鄧小平南巡講活精神，發布了《關於在外留學人員有關問題》的文件，規定了來去自由留學工作方針，1996國家教委公佈並試行了「個人申請、專家評審、平等競爭、擇優錄取、簽約派出、違約賠償」的新的國家派出國留學選派辦法。新的辦法變行政指令性計劃為面向社會，提供了公平競爭機會，有利於

把擇優錄取和國家宏觀調控相結合，達到按國家需要選拔人才的目的。在留學教育取得顯著成績的同時，也要清醒地地看到仍存在不少問題，為此，必須進一步加強留學教育方面的改革，不斷完善留學政策和制度，保證這項事業持久、健康地進展下去，不因某個具體人物的進退去留而受到影響。

留學教育的發展取決於國內社會穩定和經濟發展。歷史證明，當國內政治比較穩定、經濟比較發展的時侯，留學人數就多，規模就大，反之則會受到影響。留學運動與國家財政經濟是相互作用的。因為留學運動的規模一般受國家財力的限制，留學運動向深度、廣度發展是建立在國家財力所能允許的基礎之上的。社會經濟的發展是一個根本的原因。當然它的發展也在一定程度上促進著社會經濟的發展，二者起著互為促進的作用。一個國家派遣留學生。是為了學習他國的先進的學術和技術，為本國的建設和發展服務。這就需要有一個安定的社會環境。社會安定，教育發達，派遣的留學生基礎好程度高，才能更好的學習和研究留學國的學術和技術，收到學習時間短、所需經費少、留學成績大的好效果。同時，社會穩定才能為回歸留學生提供良好的服務環境，充分發揮其專業特長，促進經濟更快發展。

（2）堅持高精專方向，注重培養高級尖端人才。留學教育不是普通教育，也不是一般高等教育，能在國內學成的就沒必要跑到國外，因此，既要大量派遣，又不可太濫，尤其公費派遣必需高標準，嚴格選拔，重視質量，寧缺毋濫。歷史上留日學生多數資格不高，出國留學只能習中等和普通科目，很多人無法進入專門學科學習，不能達到留學的真正目的。留學歐美的學生則多數質量較高，不僅以優異成績畢業還獲得了碩士、博士學位。

考試是選拔人才的最公平最有效的方法，是保證留學生質量的可靠途徑。歷史證明，經過嚴格考試選拔而出國的留學生多學有所成，有些成就卓著。近代留學史上自費留學是留學的一種重要形式，但難以保證質量。1943年 10 月南京政府頒布了《自費留學生派遣辦法》，規定自費出國留學一律由教育部統籌派遣和管理，採用統考的方法進行選派。至此，終於找到了一個比較科學的派遣辦法，使自費生的留學資格得到了一定保證。

留學的實踐告訴我們，留學前的充分預備是重要的，這種準備主要表現在語言和專業兩個方面，能很好掌握留學國語言和所學專業程度較高，基礎紮實，留學就困難少，提高快，收到好的效果，否則相反。國民黨時期提高留學資格，造就了為數眾多的傑出的科學家、文學家、教育家、醫生、工程

技術人員，都受益於出國前有充分準備。較多地聘用外籍教師承擔留學前預備教育，是有效方法之一，這樣一來可使學生較早地瞭解和熟悉留學國或地區的風俗、人情、習慣、語言和思想方法，留學後所遇到的困難會相對減少些，收到事半功倍的成效。

除特殊情況外，留學年齡不宜過小，一般大學以上學歷，起碼要高中畢業。留學生的低齡化趨勢越來越明顯，低齡留學生已經逐漸成爲目前留學大潮中的一支主力軍。根據抽樣調查數據，2010 年出國留學的高中及以下學歷學生所佔比例已達 19.75%。這些學生大都未滿 18 周歲，有的甚至是小學生。在國外的中國留學生不斷發生一些違背道德和法律的行爲，其中有些事件多出現在未成年學生的身上，這不能不引起我們的憂慮和反思。西方的文化背景及教育方式與我國差異很大，語言又不同，年齡過小、心理遠未成熟的小留學生很難適應這樣的反差。因此，出國留學，必須要把中國文化的底子打好。到了高中畢業，首先是中國語言文字有了紮實基礎，日後即使在國外長期生活，也不至於連中國語言文字都忘掉了。其次，更爲重要的是樹立了民族精神，永遠保有一份爲祖國富強而貢獻的情懷和守倫常、講道德、尊老惜貧，謙遜而有禮的優秀文化品質，在國外，就有了刻苦奮進的精神支柱。

加強留學生的管理是完全必要的。一般來說，對他們既不能放任自流，又不能管得過死。管理過於軟弱無力，留學生留而不學，或不入學校讀書，或未畢業就回國，則不能達到留學目的；統得過死，學生除專業學習外，幾乎無暇旁顧，回國後只能作純業務主義者。在不影響國家利益和尊嚴的前提下，應給留學生以活動的自由，以便多方面汲取外國有益的東西來促進祖國的繁榮發展和文明進步。

（3）利用留學生資源，發揮海外華人的作用。世上許多事情都不是絕對的，留學教育同樣有利有弊，但從總體來看利大於弊。留學教育及留學生中的某些消極現象總是次要的，大多數留學人員是積極進取，是熱愛祖國者，不少人總會學成而歸的。即使留居海外，暫不回國的人，只要他們做出成績，也會爲中國人爭光，也將對發展我國人民同各國人民的友誼和交流具有積極意義，也會對中國某些方面產生影響，有機會他們也會爲祖國出力，故並非全是壞事。從楊振寧、李政道、王安等人身上我們不難明白這個道理，他們對中國的貢獻，也許不亞於某些回國者。從長遠看，在全球化日益發展的今天和未來，任何國家的出境留學而不歸和入境留學而不去，都不是狹隘的人

才流失和人才吸收問題，都不存在人才損失和人才受益的絕對反差。宏觀而言，留學運動是發展國家人才質量向發達國家人才質量比肩的提升過程，也是國際間人才的優化配置過程。人才在全球範圍內渦旋流動，既有利於人類社會的發展和人類文明的進步，也有利於人才流出國的長遠利益。因此，充分發揮海外華人知識分子的積極作用，積極利用留學生資源，是加快四化建設的一個重要課題，無論對老的還是新的留居海外學生，都要採取團結、利用、爭取的政策，不要把他們當成異己力量，更不能視為敵對勢力，而是要看作中華民族的一員，看作我們的寶貴財富。有關部門要熱誠地團結他們，關心、幫助他們，體現祖國的溫暖；要建立留學生人才資料庫，跟蹤在國外各領域中嶄露頭角並取得相當學術成果的留學人員及其成果，並與他們保持專業上的聯繫，取得他們公開發表的科技成果，建立各種形式的政策咨詢活動和信息報導網絡，認真聽取留學生對國內的意見，鼓勵他們回國參觀旅遊、調查訪問、辦班講學、辦廠經商，利用他們的知識、才能及資金為國家建設服務，直至爭取某些人回國定居，說不定哪一天，許多人也會像當年華羅庚、錢學森等人一樣，毅然回到祖國的懷抱。這要看條件是否成熟，而關鍵在於各方面的工作。楊振寧晚年回清華大學定居，也說明了這個問題。

（4）創造良好的學術環境是吸引留學生回歸的關鍵。派遣留學生的目的是希望他們學成回歸，為國效力，倘若滯留不歸，楚才晉用，從教育投資的角度看是傚益不好的表現。近些年留學生回國率雖逐步增長，但學成者中仍有多數居留海外，如何做好留學人員的回歸工作，不能不是留學教育中的首要問題。筆者認為，除對公費生嚴格執行「簽約派出、違約賠償」的辦法外，就絕大多數自費生而言，改善外交關係，爭取留學生接受國的支持和配合；制定特殊政策，提高歸國留學生的地位和待遇；加強與留學人員的聯繫與管理，堅持抓好出國前和留學期間的愛國主義教育等，都是不可忽視的工作，而最根本的是努力把國內事情辦好。吸引留學人員歸國的關鍵不僅是提供優厚的待遇，更重要的是創造良好的學術環境。由於種種原因，社會主義的優越性沒有很好地發揮出來，這是人才外流的根本之因。因此，加快政治經濟體制改革，是吸引留學人員回歸的關鍵。如加強民主法制建設，清除特權思想、等級觀念等封建主義殘餘，形成良好的民主空氣，營造以人為本，尊重知識的時代潮流，保證學術自由，避免以官僚主義、行政權力過多干涉學術研究；以法治國，有法必依，違法必究；懲治腐敗、端正黨風，重新樹立起

黨在人民心中的崇高威望，形成民主清廉的政治氣氛。再如，建立社會主義市場經濟，加快教育科技體制的改革，從根本上提高和改善國內知識分子的工作條件和生活待遇，解決普遍存在的人才浪費問題，建立公平的競爭機制、正常的人事制度，使留學回國人員具有充分施展才能的廣闊天地。國內的事情做好了，政治廉明，經濟繁榮，社會主義的中國就會有吸引力，留學人員何苦要流落在異國他鄉呢！而眾多高級專門人才的回國，定會進一步促進國內的建設，從而使國傢具備雄厚的物力財力，改善回國人員的學習工作生活條件和更多地派遣人員留學，如此互相促進，形成良性循環。

留學生是和平的使者，人類文化的傳播者。留學教育是人類社會現代化的推進器，有著輝煌燦爛的前景。展望未來，我們相信：

（1）出國留學將進一步發展。中國的留學教育會沿著鄧小平開創的改革開放之路闊步前進，不會再回到閉關鎖國的時代。爲了解決建設和發展中的重大問題，爲了提高留學人員學成回歸率，用於資助目的多種留學基金將逐步建立起來。教育部作爲全國出國留學工作歸口管理部門，將根據國家和留學人員的需要，在出國選派、國外管理、鼓勵留學人員回國和爲國服務上，通過加大高層次人才培養力度、支持創新團隊建設、實施長江學者獎勵計劃、春暉計劃、回國科研啓動資金、推動留學人員創業園建設等一系列舉措，推動留學工作更好地發展。

（2）學成回歸的熱潮將會到來。中國政治穩定、經濟繁榮、社會發展，人民生活水平不斷提高，國際聲譽和地位與日俱增，爲留學人員展示了回國報效的美好前景。隨著留學政策的完善，回國渠道的暢通，高層次人才引進力度的加大，創業園、孵化器建設的加強，留學回國服務體系的健全，大批留學人員歸來的熱潮將會出現。

（3）來華留學的人員將會激增。一是中華文化源遠流長，對於渴求異域文化的學子，有無窮的魅力。二是隨著改革開放的進展，我國高等教育的現代化進程加快，有特色有優勢的學科紛紛建立，越來越具有吸引力；三是許多高校都將擴大留學生的招生規模、提高留學生的培養質量作爲發展的戰略重點之一。由於以上原因，中國在留學生派出和吸收的比例上將逐步發生改變。據報導，2005 年全年各類來華留學人員總數爲 141087 人，而出國留學人員總數爲 118500 人〔註3〕；另據 2010 年 9 月 10 日國務院新聞辦公室發表的

〔註3〕 《人民日報‧華南新聞》2006 年 7 月 6 日。

《中國人力資源狀況》白皮書講，1978 年至 2009 年底，中國接受來華留學人員累計達到 169 萬人次，輻射 190 個國家和地區。中國接受留學人員大幅度超過了派出人員，這一形勢，隨著中國國力的不斷提升，相信今後還會有更大的變化。

主要參考文獻

1. 中國第二歷史檔案館編:《中華民國史檔案資料彙編》第五輯第一、二、三編,教育(一),江蘇古籍出版社 1994、1997、2000 年版。

2. 王煥琛編著:《留學教育——中國留學教育史料》,臺灣國立編譯館 1980 年版。

3. 陳學恂,田正平編:《中國近代教育史資料彙編:留學教育》,上海教育出版社 1991 年版。

4. 武強編:《東北淪陷十四年教育史料》一、二,吉林教育出版社 1989、1993 年版。

5. 苗丹國著:《出國留學六十年》,中央文獻出版社 2010 年版。

6. 周棉主編:《中國留學生大辭典》,南京大學出版社 1999 年版。

7. 《中華年鑒》(1948 年下冊),中華年鑒社 1948 年版。

8. 教育部年鑒編委會:《第二次中國教育年鑒》,商務印書館 1948 年版。

9. 國民黨中央訓練部檔案,中國第二歷史檔案館藏,七二二——81、七二二——85、七二二——1404。

10. 國民政府教育部檔案,中國第二歷史檔案館藏,一——15363。

11. 國民政府行政院檔案,中國第二歷史檔案館藏,一——(1)——393。

12. 偽華北教育總署檔案,中國第二歷史檔案館藏,卷宗號 2021,案卷號 505。

13. 《中共黨史資料》第 13 輯,中共黨史資料出版社 1985 年版。

14. 《革命史資料》第 18 輯,中國文史出版社 1987 年版。

※   ※   ※

1. 〔日〕實藤惠秀著、譚汝謙等譯:《中國人留學日本史》,三聯書店 1983 年版。

2. 王奇生著：《中國留學生的歷史軌跡》，湖北教育出版社 1992 年版。

3. 黃新憲著：《中國留學教育的歷史反思》，四川教育出版社 1991 年版。

4. 沈殿成主編：《中國人留學日本百年史》（上、下），遼寧教育出版社 1997 年版。

5. 孫石月著：《中國近代女子留學史》，中國和平出版社 1995 年版。

6. 周一川著：《近代中國女性日本留學史》（1872～1945），社會科學文獻出版社 2007 年版。

7. 丁曉禾編：《中國百年留學全紀錄》（一、二、三、四），珠海出版社 1998 年版。

8. 林子勳著：《中國留學教育史》，臺灣華岡有限出版公司 1976 年版。

9. 孔繁嶺著：《中國近代留學史稿》，中央文獻出版社 2005 年版。

10. 安宇，周棉主編：《留學生與中外文化交流》，南京大學出版社 2000 年版。

11. 周棉主編：《留學生與中國的社會發展》（一），中國礦業大學出版社 1997 年版。

12. 李長發，高廣溫主編：《中國留學生史萃》，中國友誼出版社 1992 年版。

13. 黃新憲著：《中國留學教育問題》，湖南教育出版社 1995 年版。

14. 陳學飛等編：《留學教育的成本與收益：我國改革開放以來公派效益研究》，教育科學出版社 2003 年版。

15. 李喜所等著：《近代中國的留美教育》，天津古籍出版社 2000 年版。

※　　　　　　※　　　　　　※

1. 周一良主編：《中外文化交流史》，河南人民出版社 1987 年版。

2. 王曉秋著：《近代中日文化交流》，中華書局 1992 年版。

3. 汪一駒著，梅寅生譯：《中國知識分子與西方》，臺灣楓城出版社 1978 年版。

4. 李喜所著：《中國近代社會與文化研究》，人民出版社 2003 年版。

5. 李喜所主編、元青等著：《五千年中外文化交流史》第四卷，世界知識出版社 2002 年版。

6. 清華校史編寫組編：《清華大學校史稿》，中華書局 1981 年版。

7. 李國鈞等編：《中國教育制度通史》，山東教育出版社 2000 年版。

8. 毛禮銳等主編：《中國教育通史》，山東教育出版社 1985～1989 年版。

9. 陳書麟，陳貞壽主編：《中華民國海軍通史》，海潮出版社 1993 年版。

10. 齊紅深編著：《東北地方教育史》，遼寧大學出版社 1991 年版。

11. 林毓生著：《中國意識的危機》，貴州人民出版社 1986 年版。

12. 蔡北華編著：《海外華僑華人發展簡史》，上海社科院出版社 1992 年版。

13. 劉伯驥編著：《美國華僑史續篇》，臺北黎明文化事業股份有限公司 1981 年版。

14. 中美關係史叢書編輯委員會編：《新的視野》，南京大學出版社 1991 年版。

15. 延安時事問題研究會編：《抗戰中的中國文化教育》，上海人民出版社 1961 年版。

16. 陶希聖：《潮流與點滴》，臺北傳記文學出版社 1979 年版。

17. 科學家大辭典組：《中國現代科學家傳記》（一），科學出版社 1991 年版。

18. 星火燎原編輯部編：《解放軍將領傳》，解放軍出版社 1989 年版。

19. 瞭望編輯部編：《紅軍女英雄傳》，新華出版社 1986 年版。

20. 黨德信，楊玉文主編：《抗日戰爭國民黨陣亡將領錄》，解放軍出版社 1987 年版。

21. 楊國宇等：《劉伯承的軍事生涯》，中國青年出版 1982 年版。

※　　　　　※　　　　　※

1. 中國科學院學部聯合辦公室編：《中國科學院院士自述》，上海教育出版社 1996 年版。

2. 山東省政協文史委編：《留學生活》，山東人民出版社 1992 年版。

3. 楊富森著：《我在美國三十年》，三聯書店 1985 年版。

4. 錢偉長：《八十自述》，海天出版社 1998 年版。

5. 鍾叔河，朱純編：《過去的學校》，湖南教育出版社 1982 年版。

6. 季羨林：《留德十年》，中國人民大學出版社 2004 年版。

7. 錢寧：《留學美國》，江蘇文藝出版社 1996 年版。

8. 楊尚昆：《楊尚昆回憶錄》，中央文獻出版社 2001 年版。

9. 黃健：《挑戰高度——一個教練的回憶》，同心出版社 2000 年版。

10. 李敏：《我的父親毛澤東》，遼寧人民出版社 2000 年版。

11. 中國社會科學院文學研究所編：《左聯回憶錄》下，中國社科出版社 1982 年版。

12. 唐德剛：《胡適雜憶》，華東師範大學出版社 1999 年版。

※　　　　　※　　　　　※

1. 李喜所主編：《留學生與中外文化》，南開大學出版社 2005 年版。

2. 〔美〕李又寧主編：《華族留美史：150 年的學習與成就》，紐約天外出版社 1999 年版。

3. 〔美〕李又寧主編:《留美八十年》(一、二、三),紐約天外出版社 1999、1999、2003 年版。

4. 〔美〕李又寧主編:《華族留美史:160 年的學習與成就》(一、二),紐約天外出版社 2009 年版。

5. 歐美同學會等主編:《留學與中國社會的發展──中國留學文化學術研討會論文集》,珠海出版社 2009 年版。

※　　　　　※　　　　　※

1. 《教育公報》第 4 年第 1 期(1917 年)。

2. 《留英學報》創刊號,1927 年第 1 期。

3. 《中央日報》,1927 年 8 月 8 日;1928 年 5 月 5、11、16、20、22 日,8 月 10、12 日;1929 年 2 月 16、21 日,3 月 12 日,4 月 9 日,7 月 7 日,8 月 19 日,10 月 3、30 日,11 月 1、4、16、24、27、28 日,12 月 2、3、5、7、8、13、21、26、27、29 日;1930 年 1 月 10、16、17、31 日,2 月 5、13、25、27 日,3 月 27 日,4 月 23 日,7 月 9 日,8 月 19 日,9 月 4、25 日,10 月 5、27 日;1931 年 4 月 2 日,7 月 27 日,8 月 14 日,9 月 10 日;1933 年 5 月 2 日,6 月 14、28 日,8 月 8 日,12 月 2、4 日;1934 年 4 月 23 日,6 月 22 日,10 月 4、10 日;1935 年 4 月 11 日,7 月 12、21 日,11 月 15、17 日;1936 年 2 月 10 日,12 月 17 日;1937 年 1 月 29 日,4 月 30 日,6 月 18 日,7 月 6 日。

4. 《民國日報》,1928 年 3 月 16 日,9 月 27 日,12 月 12 日;1929 年 3 月 16 日,7 月 14、27 日,8 月 17 日,9 月 20 日,11 月 30 日;1930 年 6 月 27 日。

5. 《盛京日報》1929 年 4 月 18 日。

6. 《教育部公報》第 5 卷第 47、48 期(1933 年 12 月)。

7. 《申報》,1934 年 11 月 5 日,1936 年 12 月 8 日。

8. 《興介日報》1937 年 3 年 3 月 5 日。

9. 《留東新聞》1935 年第 5 期。

10. 《留東學報》創刊號,1935 年 7 月。

11. 《教育雜誌》第 25 卷第 10 期(1935 年 10 月)。

12. 《全國學術工作咨詢處月刊》第 2 卷 2 期(1936 年 2 月)。

13. 《禹貢》半月刊第 5 卷第 11 期(1936 年 8 月)。

14. 《新華日報》1942 年 5 月 14 日、6 月 17 日。

15. 《解放日報》1942 年 7 月 28 日。

16. 《教育通訊》復刊第 5 卷第 3 期(1948 年)。

17. 《人民日報》1952 年 5 月 28 日。

18. 《黨史研究資料》1981 年 12 期。

19. 臺北《傳記文學》第 47 卷第 3 期（1985 年）。

20. 《蘇聯問題研究資料》1988 年第 6 期。

21. 《內蒙古大學學報》1989 年第 4 期。

22. 《南京大學學報》1993 年第 4 期。

23. 《廣西黨史》1996 年第 2 期。

24. 《國土資源科技管理》1996 年第 6 期。

25. 《炎黃春秋》1996 年第 7 期。

26. 《抗日戰爭研究》1997 年第 2 期。

27. 《國際人才交流》1997 年第 2 期、2003 年第 2 期。

28. 《民國春秋》1997 年第 6 期。

29. 《黨史天地》1999 年第 2 期。

30. 《南開學報》1999 年第 5 期、2000 年第 5 期。

31. 《天津師範大學學報》2000 年第 5 期。

32. 《湘潮》2001 年第 5 期。

33. 《百年潮》2001 年第 8 期。

34. 《大地》2001 年第 12、13 合期。

35. 《天津日報》副刊 2002 年 8 月 25 日。

36. 《黨史博覽》2002 年第 10 期、2003 年第 6 期。

37. 《莫斯科華人報》2003 年 2 月 27 日。

38. 《合肥晚報》2003 年 5 月 19 日。

39. 《友聲》第 128 期（2004 年 3 月）。

40. 《文史精華》2004 年第 4 期。

41. 《中共黨史研究》2004 年第 5 期。

42. 《新月華》創刊號，2004 年 12 月。

43. 《徐州師範大學學報》2005 年第 4 期。

44. 《人民日報·華南新聞》2006 年 7 月 6 日。